语文教学逻辑思维研究

吴艳杰　隋桂芬　李婷婷　主编

吉林摄影出版社
·长春·

图书在版编目（CIP）数据

语文教学逻辑思维研究 / 吴艳杰, 隋桂芬, 李婷婷主编. -- 长春：吉林摄影出版社, 2023.5
ISBN 978-7-5498-5812-5

Ⅰ. ①语… Ⅱ. ①吴… ②隋… ③李… Ⅲ. ①中学语文课－教学研究 Ⅳ. ①G633.302

中国国家版本馆 CIP 数据核字(2023)第 083986 号

语文教学逻辑思维研究
YUWEN JIAOXUE LUOJI SIWEI YANJIU

主　　编	吴艳杰　隋桂芬　李婷婷
出 版 人	车　强
责任编辑	罗　晗
封面设计	瑞天书刊
开　　本	787mm×1092mm　1/16
字　　数	275 千字
印　　张	18
版　　次	2024 年 5 月第 1 版
印　　次	2024 年 5 月第 1 次印刷

出　　版	吉林摄影出版社
发　　行	吉林摄影出版社
地　　址	长春市净月高新技术开发区福祉大路 5788 号
	邮编：130118
网　　址	www.jlsycbs.net
电　　话	总编办：0431-81629821
	发行科：0431-81629829
印　　刷	济南文达印务有限公司

ISBN 978-7-5498-5812-5　　　　　　　　　　定价：78.00 元
版权所有　侵权必究

前　言

众所周知，语文属于一门具备较强实践性的学科，语文素养的强弱对个体其他层面的素养具备直观影响。处在高中这一个体学习、发展最为关键的阶段，必须在语文教学里面对学生逻辑思维能力的培养给予足够关注，如此方可介于本质上变革学生仅借由语感进行语言、文字交流与交际的现象，以全方位强化学生的听说读写水平，对其认知思维规律给予支撑，让其自主且科学应用思维规律。

语文教学和逻辑思维具备密切关联。听、说、读、写不仅为语文活动，同时也属于思维活动。听、读主要是借助语言知晓他人的思想感情，说与写则是借助语言表述自身思想感情，可见两者具备表里关系。如此也就促使语文教学中对学生逻辑思维的培养更具优势，且仅有对学生逻辑思维能力培育方可强化其语文素养。语文教学具备其独有的内部规律，依据此规律便可去繁留简，占据教学主动权，更好地开展工作，可见语文教学与逻辑思维培养彼此协作且相互制约，对学生逻辑思维的培养可以推动学生更好地学习语文。

语言文字是表现思想的形式。逻辑创始人亚里士多德就说过："口语是心灵的经验的符号，而文字则是口语的符号。"（《解释篇》）思维和语言相互影响，关系紧密。离开思维的语言是混乱的，同样，离开语言的思维是没有意义的。脱离逻辑，语言就会出现错误，就会觉得别扭，没有了语言，人的思维是否合乎逻辑也无法得到检验。在认识过程中，人们借助概念、概括、分析等思维形式去解释客观事物的特征，这就是逻辑思维。唯有人们运用逻辑思维，才能掌握客观事物的本质属性，实现对客观世界的认识，它是人的认识的高级阶段。可见，语言的学习离不开逻辑思维，同样，逻辑语文教学也离不开逻辑思维。

但当前，逻辑思维被人们忽视，形象思维、创造性思维的培育在中学语文教学中却占据了主要地位。语文教学中逻辑思维培育的缺席，会造成学生在理解文本时跟着感觉走的问题，学生把所看到的语言文字转变成思想的能力很差，表达时，更是混淆不清，概念模糊，推理缺乏逻辑，论证没有科学根据，语言不标准……因此，培养学生的逻辑思维能力必须在中学语文教学中得到关注，尤其是通过写作教学培养学生的逻辑思维能力，本书主要探讨的是在教学过程怎样培养学生的逻辑思维能力。

逻辑思维无法独立存在，思维过程里面所有思维均有各自的效用，彼此协作、支撑，整体强化各项思维可以推动学生全方位发展。就语文教学而言，其与逻辑思维的培养具备密切关联，实际教学期间，教师应当依照学生个体差异，选取适宜的教学方式，根据掌握的教材逻辑体系开展工作，从而对学生逻辑思维加以培养。

本书共十六章。由吴艳杰、隋桂芬、李婷婷编写，具体分工如下：来自辽宁铁岭市第一高级中学的吴艳杰担任第一主编，负责第一章至第四章以及第十一章内容的编写；来自山东省青岛市西海岸新区黄浦江路小学的隋桂芬担任第二主编，负责第五章至第七章、第九章、第十五章内容的编写；来自新疆农业大学附属中学的李婷婷担任第三主编，负责第八章、第十章、第十二章至第十四章、第十六章内容的编写。此外，特别感谢来自济南市历城区洪家楼小学的吕英、陆军装甲兵学院的曹雪立、吉林省梨树县第一高级中学的赵春玲对本书编写给予的帮助和指导。

本书在写作过程中参阅了大量的书籍和相关资料，在此对各位作者表示真诚的谢意。由于水平有限，加之时间仓促，书中难免存在疏漏之处，恳请广大读者批评斧正。

目 录

第一章 语文教学与思维创新的研究意义 1
第二章 语文教育教学方法基本理论 8
    第一节 语文教育教学的内涵和特点 8
    第二节 语文教育教学的基本理念 20
    第三节 语文教学方法的基本理论 42
    第四节 语文教学方法的变革 55
第三章 语文思维教学的基本内涵 65
    第一节 思维的概念和特点 65
    第二节 开发思维以及在教学中的作用 69
    第三节 语文思维教学的思想内涵 77
第四章 语文教学思维创新能力培养的实践策略 80
    第一节 语文教学思维创新能力培养环境的创设 80
    第二节 语文教学思维创新能力培养的文体教学策略 82
    第三节 语文教学思维创新能力培养的评价策略 93
第五章 语文教学中的思维类型与训练 95
    第一节 语文教学中的思维类型 95
    第二节 语文教学的思维训练 134
第六章 语文阅读教学逻辑思维能力培养概述 141
    第一节 逻辑思维简介 141
    第二节 阅读教学中培养逻辑思维能力的理论基础 144
    第三节 阅读教学中培养逻辑思维能力的优势 146
第七章 语文阅读教学逻辑思维能力培养的基本原则与主要任务 149
    第一节 语文阅读教学逻辑思维能力培养的基本原则 149

- 第二节　语文阅读教学逻辑思维能力培养的主要任务 **152**

第八章　语文阅读教学逻辑思维能力培养的实践策略 **163**
- 第一节　阅读教学中梯度化培养逻辑思维的方法与形式 **163**
- 第二节　建构培养逻辑思维能力的教学模式 **176**
- 第三节　重视训练逻辑思维能力的阅读练习 **181**
- 第四节　组织培养逻辑思维能力的课堂教学活动 **188**
- 第五节　拓展培养逻辑思维能力的课外教学资源 **192**

第九章　写作教学与逻辑思维能力培养概述 **196**
- 第一节　逻辑与逻辑思维能力概念 **196**
- 第二节　逻辑思维与中学生写作能力 **197**

第十章　写作教学逻辑思维能力培养的现状及原因分析 **207**
- 第一节　写作教学逻辑思维能力培养现状及原因分析 **207**
- 第二节　写作教学逻辑思维能力培养的写作现状及原因分析 **210**

第十一章　基于逻辑思维能力培养的记叙文写作教学策略 **212**
- 第一节　在塑造人物形象中培养逻辑思维能力 **213**
- 第二节　在记叙事件中培养逻辑思维能力 **215**

第十二章　基于逻辑思维能力培养的说明文写作教学策略 **217**
- 第一节　在把握事物的特征中培养逻辑思维能力 **218**
- 第二节　在选择恰当的说明方法中培养逻辑思维能力 **219**
- 第三节　在确定说明顺序中培养逻辑思维能力 **220**
- 第四节　在运用准确地说明语言中培养逻辑思维能力 **221**

第十三章　基于逻辑思维能力培养的议论文写作教学策略 **223**
- 第一节　形成论点中培养逻辑思维能力 **223**
- 第二节　收集论据中培养逻辑思维能力 **228**
- 第三节　进行论证中培养逻辑思维能力 **229**

第十四章　学生语文思维培养引入古诗词教学的重要意义 **231**
- 第一节　满足语文思维培养多样性的需求 **231**
- 第二节　为语文思维培养方法的优化提供借鉴 **237**
- 第三节　帮助学生语文思维能力的提高 **244**

第十五章 语文教学与文学艺术思维 **249**
    第一节 艺术思维的概述 249
    第二节 文学中的艺术思维类型 255
    第三节 语文教学艺术与学生艺术思维的培养 258

第十六章 逻辑教学重回语文课堂的构想 **270**
    第一节 观念上提高对逻辑教学的重视 270
    第二节 内容上呈现对逻辑教学的重视 271
    第三节 教法上体现对逻辑教学的重视 272

参考文献 **279**

第一章　语文教学与思维创新的研究意义

语文教学现实审视：从知识目的论开始

语文教学是由"语文"和"教学"两个词语组成的，是关于语文的教学，其由四个方面的内容组成：听说读写。但按照新课改的要求，"听"和"说"变成了"口语交际"，另外加上"识字与写字"和"综合性学习"两个不同的内容。这样，关于语文的教学就由阅读、写作、口语交际、识字与写字和综合性学习五个方面的内容组成，本节只论述口语交际、阅读和写作三个方面的问题。

一、口语交际教学中存在的问题

教育部在 2000 年颁布的《语文教学大纲》中提出了"口语交际"的概念，紧接着又在《语文课程标准》中将其提高到了前所未有的高度。这个概念的提出是对"听说"的整合和发展。但是，无论从口语交际教学的历史发展、理论建构还是教学实践来看，口语交际教学都呈现了不同程度的基础缺失。

（一）口语交际教学理论研究缺乏针对性

自"口语交际"的概念被提出以后，很多学者在理论上对口语交际教学进行了研究，取得了很多有价值的成果。然而，与阅读和写作教学的理论研究相比，无论是研究成果的数量还是质量上，都与之相差甚远，不可同日而语。从政策性文件到理论研究，再到实践论证和理论总结，这一系列的环节没有形成良性的循环。具体表现如下。

第一,概念的表述很笼统,没有规定所听、所说的范畴或类型,听说能力没有具体的指称,在语文课程和教学中无法形成清晰的目标。

第二,实际当中的"口语交际"教学被处理成"对外汉语"教学或"语文活动"。

口语交际教学的理论缺失,与有史以来"重文字轻语言"和"重读写轻听说"分不开。口语教学理论的缺乏又导致口语教学的盲目和无所适从。

理论成果需要广泛的实践经验做基础。口语交际教学历史的缺失导致了理论来源的缺乏。缺乏基础性的理论指导,要顺利开展口语教学就存在现实的困难。

(二)口语交际教学实践缺乏有效性

有很多研究者和一线教师做过相关的研究,得出口语交际教学基本上处于空白状态的结论。

应试教育的影响使许多学校未能真正开展口语交际教学,致使学生口语交际能力未能得到有效的训练和锻炼。口语交际教学的实践缺失导致学生口语交际能力的薄弱。语文教育的开展在口语交际教学及其效果上形成了"倒三角形"状态。小学生在课堂上有较强烈的口语交际兴趣和交际意愿,随着年龄的增长和受教育程度的增加稚气逐渐消失,那种一吐为快的欲望在不知不觉中悄然泯灭,到了高中阶段,学生越发不愿意在课堂上讲话。

造成这种现象的原因是多方面的,既有学生成长的心理原因,也有教育的不足因素在其中。随着年龄增长,人的思维创新能力逐渐从感性向理性的过渡,必然导致个体在言语上变得"理性",三思而后语,以降低"言多必失"的错误发生,这是从幼稚走向成熟的必然,也是社会进步的动因。对语文教育来说,高考不考、教学理论对教学缺乏指导性、操作困难和语文教师掌握的口语交际教学理论知识和教学方法的不足等因素,共同导致口语交际教学的理论研究陷入缺乏现实依据和实践论证的困境。

二、阅读教学中存在的问题

反思阅读教学低效的历史性难题可以发现,教学目标超越化、教学内容模糊化、教学过程虚拟化等是阅读教学中存在的主要问题。

（一）教学目标超越需要

教学目标源于课程目标，是教学的出发点和归宿，从课程目标到教学目标，再到教学和评价，完成课程与教学的循环。实现这一过程需要满足如下条件：①课程目标科学性，即课程目标反映了教育本真；②课程目标现实性，即课程目标能转化为教学目标；③教学目标可操作性，即教学目标能科学地指导教学；④教学目标回归性，即教学目标能通过评价回归课程目标，从而实现课程与教学的良性循环。

在语文教育中，这四个条件基本处于相互独立的地位，从而体现为教学目标的超越化。语文教学目标超越化主要表现为形式和本质的对立，具体体现在四个方面：①教学目标高于课程目标；②教学目标脱离课程目标；③教学目标不能有效指导教学；④教学目标不能准确评估。前两个方面是针对课程目标向教学目标转化过程而言的，后两个方面是针对教学目标指导教学过程而言的，都体现了教学目标，超越于课程目标和教学过程。

《语文课程标准》所提出的"工具性与人文性的统一"没能为教学目标的制定提供指导。文选型语文教材的教学目标来源于对每一篇文章的理解和分析，而理解和分析的个体性就必然导致教学目标的多样性、差异性和不确定性，继而导致了教学的多样性、差异性和不确定性，这样的教学也就与课程存在了一定的距离。

（二）教学内容模糊不清

教学内容是教学过程中所运用的素材和信息的总和。从教的层面来说，语文教学内容指语文教师在教学中呈现的种种材料及传递的信息，既包括对现成教材的沿用，也包括对教材的"重构"——处理、加工、改编乃至增删、更换。

沿用和"重构"是处理教材的两种方式，不仅体现了语文教师对教材的理解和把握，折射了教师的教材观、教学观，更是教育智慧的体现。这两种处理方式都蕴含了教学内容模糊化的因子。

面对文选型的语文教材，模糊不确定的教学内容显而易见。教材只是教学的载体或资料，教学面对的却是背后的教学内容。教学需要面对确定的教学内容，只有这样才能有的放矢。在这种矛盾的境遇中，语文教师承担了将教材内容转化为教学内容的任务。尽管这种转化为教师发挥主观能动性创造了条件，同时也使语文课堂成了"自由发挥"的地方。

从学科名称的模糊化开始延伸到教材的不确定，最后到教学的多样化，语文教学背后隐藏的逻辑基点就是教学内容的模糊化。面对模糊的教学内容，语文教学也就呈现了五花八门、杂乱无章的形式。

（三）教学过程背离生活

"工具性与人文性的统一"指出了语文课程的二重性：形式上的工具性和内容上的人文性。作为"工具"存在的语文课程在形式上体现为语文的交际性，培养学生恰当运用语言交际的能力，力争交际的准确性和贴切性。准确性要求语言确定无误，不能歧义、多义。贴切性指交际主体能恰当地阐述思想并让对方接受。作为"人文"存在的语文课程在内容上体现出对人的终极诉求的关注和重视，不仅要重视教材所体现的人文关怀和价值诉求，更要重视每一个学生在教学过程中所体现的思维状况和思想境遇。

作为"人文"的语文不仅存在于内容上，也同样存在于形式上。但作为形式而存在的"人文"是所有教育的表现形式，并不是语文独有的特质。脱离"人文"而存在的教育显然不能称之为教育。

语文教学处理不好"习"与"学"的关系也导致了教学的虚拟化。对语文来说，"习"与"学"应该处于同等的地位。美国教育家华特的名言"语文的外延与生活的外延相等"就揭示了"习"的重要性。但在阅读教学中，"说教"占据绝对地位，特别是应试教育环境下，"习"的地位已岌岌可危。

"习"与"学"相对应，阅读也有两种不同的表现形式：生活阅读和学校阅读，二者的区别显而易见。在目的上，生活阅读是无目的的、自由的，学校阅读是有目的的、强制的；在方法上，生活阅读侧重整体感悟，学校阅读侧重条理分明；在性质上，生活阅读为了阅读本身，具有休闲性，而学校阅读却为了考试，具有实用性。显然，具有实用性、强制性的阅读教学也体现了虚拟化的内在特质。

三、写作教学中存在的问题

（一）写作和作文

在当前的写作教学中有两个通用的概念：写作和作文。很多时候这两个概念的指向几乎是一致的，很少有人对这两个概念进行区分。但现实的问题是：这两个概念表达同样的内涵吗？为什么现实的写作教学中会出现通用的情况？

与这两个概念紧密相连的是"写作教学"和"作文教学"这两个概念，这两个概念在现实中几乎也是通用的。但是，"作文"和"写作"是两个完全不同的概念，有必要在中小学语文教学中出现"作文"和"写作"通用的情况做一番审视，而这种审视是语文教育科学化的必然之路。

"写作"一词在《现代汉语词典》中解释为："写文章（有时专指文学创作）"。"作文"一词在《现代汉语词典》中有两个解释：作为动词解释为"写文章（多指学生练习写作）"；作为名词解释为"学生作为练习所写的文章"。尽管《语文课程标准》中提出了"写作"的称谓，但在语文教学实际运用中，其只是一个写在《语文课程标准》中的称谓而已。百度百科就对"写作"和"作文"这两个词语进行了科学的区分：写作指"运用语言文字符号反映客观事物、表达思想感情、传递知识信息的创造性脑力劳动过程"；作文指"经过人的思想考虑和语言组织，通过文字来表达一个主题意义的文体"。很明显，其将"写作"看成一种活动，而"作文"就是该活动的结果。因此，只有"写作"才能表达"听说读写"中"写"的内涵。当前语文教学忽视了这种区分，从源头上直接导致了写作教学问题重重。

（二）"没法教、不会教、随意教"

重视作文的结果而忽视写作的过程直接导致了写作教学中"没法教、不会教、随意教"的现状。

"没法教"指写作教学内容的缺乏。这种缺乏的直接表现就是写作教材的缺乏。当前的写作教材几乎都是针对大学的，而中小学几乎没有可以适用的写作教材。

叙述学中，一般把"谁说故事""站在什么立足点上说故事"称为叙述角度。叙述角度可分为"全知视角"和"有限视角"两种。"全知视角",就是叙述者站在局外,不出现在故事中,但他仿佛是无所不知的"神",对事件的前因后果都十分了解,对人物的心理、过去和未来也都清清楚楚,有时甚至走到前台发表议论、对人物进行评价。传统小说,大多采用"全知视角",读者们好像面对作者而坐,听他讲故事。"有限视角",就是叙述者是当事人,参与故事的发展,我们依赖于他的眼睛看世界,依靠他的引领进入故事。现代小说家越来越喜欢采用"有限视角"。

在中小学写作课上,我们学习过叙述的三种人称:第一人称叙述,真实而有感染力,写亲身经历的文章多用这种人称;第二人称叙述,有对话效果,便于倾诉强烈的情感,一般书信、诗歌和赞颂、悼念的文章经常使用;第三人称叙述,灵活自由,不受时空的限制,可以全景式地表现生活。结合"全知视角"和"有限视角"来看,我们发现,第一人称是"有限视角",是通过自己的眼睛去看待生活,而第二人称和第三人称,则要具体分析,它可以是"全知视角",也可以是"有限视角"。在《边城(节选)》中我们通过作者"无所不知"的叙述,了解翠翠生活的环境和故事,是"全知视角";而《林黛玉进贾府》中我们是通过林黛玉的眼睛,去看贾府的环境和人物的,则是"有限视角"了。

了解叙述角度,对我们写作有什么帮助呢?

叙述角度不同,表达效果就会不同。选择恰当的叙述角度,对增强表达效果有很大的帮助。如果想突出事件的亲历性,一般选择第一人称"有限视角";如果想增加事件的曲折性、悬念感,可以考虑选择第三人称"全知视角"。如《金岳霖先生》一文中,作者只写自己看到听到的金岳霖,只写人物的所作所为,而不写人物的所思所想,审慎、含蓄,让人回味无穷。《边城(节选)》则得益于作者开阔的视界,"全知视角"的叙述,使读者如临其境,深受感染。

有时,为了克服单一叙述角度的局限,可以综合运用多种叙述角度。

《祝福》用第一人称"有限视角"描写"我"在鲁镇的见闻,又用第三人称"全知视角"叙述祥林嫂悲惨的一生,两种视角交错使用,以亲历者的身份见证人物的命运,使表达更加丰富和深刻。在《最后的常春藤叶》中,故事主要采用的是"全知视角",但结尾运用了"有限视角",设计了一个出乎意料但又合乎情理的"欧·亨利"式的结尾,给人震撼和冲击。

(三)"不会写、不愿写、不敢写"

教师的"不会教、随意教"也必然会在学生的写作过程中表现出来。首先就是学生"不会写",因为"不会写",但又"不得不写",所以就显得无比痛苦,慢慢地,写作的兴趣也就日渐缺乏,最后演变成"不愿写"。当然,有一些学生,即使老师不教,他们的作文也是能够写好的,这就是吕叔湘先生所言之"少数语文水平较好的学生,你要问他的经验,异口同声说是得益于课外看书。"他们靠着自己的悟性在课外阅读中摸索出了一套行之有效的写作方法,当然这与语文教师是没有关系的。

在心理上学生普遍对写作怀有不同程度的畏惧心理。怕写作文,却又不得不写,这就会形成一个结果:胡编乱造。这在两个方面可以体现出来:思想内容上假大空;语言形式上干瘪贫乏,枯燥乏味。思想内容上的假大空和语言形式上的干瘪贫乏,枯燥乏味又进一步恶化了写作教学的实践,从而形成了一个恶性循环,导致写作教学效率低下,学生和教师都视写作为"洪水猛兽",唯恐避之不及。

第二章　语文教育教学方法基本理论

语文学科性质、语文教学目的、语文教学原则这些语文教学的原理原则赋予了语文教学的灵魂。

语文教育教学的基本理念，是人们观察问题、分析问题和解决问题所依据的原理和观念，是语文教学活动的指导思想和行为准则。我们把语文教学的理念概括为三句话：人文关怀是语文教学的最高价值追求，个性发展是语文教学的根本指针，回归生活是语文教学的必然途径。

语文教学方法是语文教学的一种重要手段，没有良好的教学方法，就难以取得预期的教学效果。所以，学习语文教学的方法对语文教学有着重要的意义。

第一节　语文教育教学的内涵和特点

一、语文学科的内涵

（一）语文学科的性质

对于这个问题，长期以来，没有定论。有一性说，即语文学科是工具性学科；有两性说，语文学科既有工具性，又有思想性；有三性说，除了工具性、思想性，语文学科还有文学性；还有多性说，认为语文学科具有工具性、思想性、实践性、综合性。还有把语文学科的性质分为工具性、基础性、思想性等基本性质和文学性、知识性、社会性等从属性质两个层次。其中，只有两点是比较一致的,这就是语文学科的工具性和思想性。

什么叫语文?平常说的话叫口头语言,写到纸面上叫书面语言。语就是口头语言,文就是书面语言。把口头语言和书面语言连在一起说,就叫语文。

语文=语+文=口头语言+书面语言=(口头+书面)语言,语文是广义的语言。而语言本身是没有阶级性的。语言是人类最重要的交际工具。语言是工具、武器,人们利用它来互相交际、交流思想,达到互相了解。

这些揭示了语文的本质意义,同时也证明,工具性是语文学科的本质属性。语文虽然是工具,但却并非从事物质生产的工具,而是一种表情达意的工具;语文本身虽无阶级性,但是一经人们使用,它就被赋予了思想情感。"语言是思想的直接现实",语言是思想的物质外壳,是思想和思维活动的物化。更何况语文教材大多是古今中外脍炙人口的名家名篇,强烈的思想情感自然流露,跃然纸上。可见思想性是语文学科的显著特点。

因此,语文学科是以工具性为本质属性,以思想性为显著特点,是工具性和思想性相辅相成、辩证统一的基础学科。这就是语文学科性质的定义。正确把握这一性质,语文教学设计就必然注意到:既然具有工具性,就应当培养学生掌握并运用这一工具的能力,即理解语文和运用语文的能力,也就是听、说、读、写的能力;既然具有思想性,就应当因势利导、水乳交融地对学生进行思想教育和美感熏陶。

(二)语文教学目的

教育是有目的的行为,是教育者有计划地对受教育者施加影响的过程。语文教学目的是语文教学的缘起和归宿。语文教学的全部过程、所有层面和一切工作都要服从并服务于语文教学目的的实现。语文教学的目的主要是由语文学科的性质以及总体教育目的和社会发展需求所决定的。语文学科的工具性要求语文教学加强基础知识教学和基本技能训练,语文学科的思想性要求语文教学加强学生的思想品德培养,语文学科的科学化和现代化要求语文教学加强智力开发。双基教学、品德培养和智能开发三要素的有机组合,构成语文教学三维结构的整体。当然,不同社会形态和不同历史时期对语文功能有不同的要求,对语文教学目的也就有不同的表述。

（三）语文教学的原则

语文教学原则是从语文教学实践中概括出来，又反过来指导语文教学实践的理论，是语文教学中最主要、最本质的内在规律的集中体现，是语文教师处理教材、组织教学必须遵循的法度和准则。

1.语文"习得性"教学原则

语言学家研究认为，语文中的语言与言语是不同的两个概念。语言是言语的总结和系统化，是由语音、词汇和语法等部分构成的理论体系。言语是个体在特定情境中为完成特定的交际任务对语言的使用。换句话说，言语是人们掌握和运用的语言。

语文教学就是语言和言语的教学。语文课既向学生传授语言知识（如语音、词汇、文字、语法、修辞、逻辑等方面的基础知识），更要发展学生的言语（口头言语和书面语言）能力。所谓言语能力即学生的朗读、默读、复述、背诵、看图说话、对话、发言演讲、写话、作文等方面的实际操作语言的能力。而这种言语能力的培养主要靠实践、训练习得。这就是语文教学首先遵循"习得性"原则的原因所在。语文"习得性"原则在语文教学中具体表现在语文听、说、读、写能力的训练上。由于听、说、读、写能力的整体性、互补性特点。在语文教学中我们除了对学生进行单项训练外，还应对学生进行听、说、读、写能力的综合训练。读写、说写、听说、听写、听读、读说等相结合训练，以求达到学生"习得"言语的目的。

总之，教学是教学生学会学习。把教学的重心放在学生"会学"上，才是现代教学。语文教学是教学生学会言语使用，把教学重心放在学生"会言语"上，才是现代语文教学。皮特·科德说得好："我们应当做的是教人们一种语言，而不教给他们关于语言的知识。""我们要培养的是使用语言的人而不是语言学家，是能'用这种语言讲话'的人而不是'谈论这种语言'的人。"这是语文教学的实质，是语文教学的方向，每个语文教师都不能忘记！这是我们应该树立的新观念。

语文"习得性"原则还要求语文教师十分重视学生语感培养。所谓"语感"，就是社会的人对语言的感觉，就是在视听条件下不假思索从感知语音、字形而立刻理解语音、字形所表示的意义的能力。这种能力当然是靠实践、训练习得的。

2. 语文"开放性"教学原则

20世纪80年代中期，河北特级教师张孝纯提出了"大语文教育"主张，并进行了长达10年的教改实验。他在《一条广阔的语文教改之路》中阐述了他"大语文教育"的构想。他认为，语文教学应是"一体两翼"的，"一体"即课堂教学主体，"两翼"即配合主体的语文课外活动和家庭、社会生活的语文学习。这一思想符合语文学科的社会性、生活性的特点。语文教学与其他学科有本质的区别，它除了学校课堂的教学外，更应走向广阔的社会生活，充分利用一切有利的语言环境、言语生态来训练学生的语文能力。语文教学"开放性"原则要求语文教师，更加重视语文的课外活动、语文的课外阅读。不仅如此，语文教师还要有目的、有计划、有针对性地开设"语文活动课"，促进学生在生动活泼的过程中学会言语、使用言语，让学生走向生活、走向社会、走向自然、走向心灵，做生活的主人。

在贯彻这一原则时，一要"得法于课内，受益于课外"，教学生学习方法，培养自学能力，养成良好的语文习惯；二要体现语文学习"多师性""随时性""随地性""终身性"的特点，走开放性、长期性的语文教学道路；三要引导、教育学生从我做起，共同创造良好的语言环境，与那些不文明的语言现象做斗争。

3. 语文"创新性"教学原则

所谓语文创新性原则，是指在语文教学中教师要充分利用教材发挥学生的积极性、主动性，开动脑筋发现、分析、解决教学中的新问题，培养创新性思维的教学原则。

这一教学原则提出的依据是：第一，语文学科思维性特点及语文学科"开发智力"的教学任务。第二，素质教育的需要。21世纪素质教育实施的核心是创新教育。"为创新而教"已成为学校的主要目标。第三，社会发展的要求。当今世界，科学技术突飞猛进，知识经济初见端倪，国力竞争日趋激烈。时代呼唤创新人才，培养创新人才靠创新教育。

语文创新性教学的主要目标是培养富有创新思维的人才。所谓"创新思维"就是"创造过程中的思维活动"。它包括发现新事物、揭示新规律、创造新方法、建立新理论、解决新问题、获得新成果等思维过程。语文教学的新方法、新模式、新观点、新措施、新媒体、新角度，都是创新教育。

创新性教学原则还要求语文教师尊重学生学习的主体地位，让学生积极主动的思维，形成一种主动适应、开放多样、向前发展的教学新局面。《全日制中学语文教学大纲》指出："要激发学生学习语文的兴趣，调动学习的积极性和主动性，反对注入式，提倡启发式。通过多种方式，引导学生积极思考，鼓励他们进行创造性思维活动，让他们自己动脑、动口、动手，在学习语文的实践中，自觉地提高认识，获取知识、增强能力、发展智力。"这为我们进行创新教学指明了方向。

法国教育家斯普朗格说："教育的最终目的不是传授已有的东西，而是把人的创造力量诱导出来……"这才是语文教学的真正意义。

如何实施这一原则呢？我们认为，语文教学要做到：第一，尊重学生的主体地位，发挥教师的主导作用。第二，培养学生求异求新求优意识、能力。第三，启发诱导，鼓励学生积极探索。第四，因材施教，扬长避短，发展个性。第五，引导学生在创造实践活动中学习创新，强调学生多动脑、动口、动手。

4.语文"审美化"教学原则

语文审美化教学原则，也称"语文艺术化"教学原则。它是指施教者按一定时代的审美意识，充分发掘施教媒介的审美因素，向受教者施加审美影响，从而开启其内在情智的一种教学原则。

它的要求与传统的科学只重视"传道、授业、解惑"有着明显的区别。因为传统的语文教学是注重"认知规律"的教学，因而平淡枯燥，缺乏情趣。审美化的语文教学是现代语文教学鲜明的特点，它不仅仅重视"认知规律"，更重视"美学规律"，按美学原理、艺术原则从事语文教学，因此比传统语文教学更加富有形象性、感染性、愉悦性、和谐性、新奇性和情趣性。学生因在课堂上得到的不仅仅是知识，由此更直接、更深刻地得到震惊感、倾慕感、景仰感、欣慰感、荣誉感等各种美的感受。

审美化的语文教学原则要求语文教师尽可能发掘教学媒介，主要是教材中的自然美、科学美、社会美、艺术美，努力提高学生的感知美、理解美、评价美、欣赏美、创造美的能力，从而塑造学生美的心灵，培养学生对完美人格的涵养和对美的人生境界的追求。

语文审美化教学作为一大原则，它指导着语文教学的方方面面。一方面，审美教育是语文教学的目的之一，语文教学要尽可能让学生身心得到愉悦，情操得到陶冶，心灵得到净化，从而增强发现美、欣赏美、创造美的能力；另一方面，审美教育作为手段，贯彻于整个语文教学的进程，施教者以美的语言、美的形式在课堂上发现美，引导学生感知美、理解美、评价美，在学生主动参与、情感愉悦的同时掌握知识、培养能力、发展智力。语文教育家阎立钦说得好："教育是科学，也是艺术。教育理论若不包括美育的研究，就是不完备的理论。语文学科教育缺乏美的教育，将是贫乏的教育。"

5.语文"个性化"教学原则

21世纪是一个"知识化时代"和"学习化时代"。为了适应这个时代，教育工作者的重点，不再是教给学习者固定的知识，而应转向塑造学习者新型的自由人格。学校教育的根本任务是培养个性化的主体，培养独特的、独立的个体，身心和谐统一的个体。在这一背景下，我们提出了语文"个性化"的教学原则。

我国目前正轰轰烈烈地推行素质教育。素质教育是针对"升学教育"提出的教学理念。它要彻底打破升学主义的束缚，在人人成功的教育原则下，主张多价值教育；根据每个学生的特点、性格、兴趣爱好、需要、天赋等来培养和发展学生。语文教学是实行素质教育的主要途径。因此，语文教学必须走"个性化"的道路。

所谓语文"个性化"教学原则，有两个含义，其一，语文的教学要尊重受教育者的个性，挖掘教材的"个性""人格"等因素，对学生因材施教，培养学生独立的人格。邓志伟先生说："个性化的目的是实现自由的人格。"这便道出了"个性化"教学原则的宗旨。其二，语文教学"个性化"还表现在语文教师教学艺术的个性化，即语文教学积极追求教学风格的多样化，形成不同的风格流派。风格的形成是教师成熟的标志，流派的产生是教育繁荣的征兆。我们倡导语文教学的风格化、个性化。目前，我国出现以钱梦龙为代表的"导读派"、以魏书生为代表的"自学派"、以于漪为代表的"情感派"、以陆继椿为代表的"得派"、以段力佩为代表的"茶馆派"等都是语文教学流派的典型代表，是语文教学个性化的典型例子。

"个性化"教学原则要求教师必须尊重个体发展的特征，服从个体身心变化的发展规律，借文质皆美的课文塑造富有个性的人格。这一原则还要求语文教师走自己的路，创造富有自己独特风格的教学方法，形成自己的"个性化教学"风格。

6.语文"民主化"教学原则

世界正加紧"民主化"进程，教育正加速"民主化"的步伐。现代"民主化"教育要求教育机会均等和教育平等，要求恢复人类求知的自然动力。

语文教学更讲民主。言语学习讲究语感、语境，追求美感、愉悦，因此它要求施教者与被教者平等相处，形成和谐、宽松、活泼的课堂气氛。只有这样，语文课才能真正做到潜移默化、熏陶感染。当年魏书生打出"科学""民主"的口号进行教学改革，取得了令人瞩目的成功，值得我们深思。

学生是学习的主人，他们享有自由发展的权利。只有使学生主动学习语文，语文才能真正学好，这是不争的事实。因此，我们提倡师生共同协商、平等相处。上课要求语文教师态度温和、语言幽默、方法灵活、手段多，提倡使用富有现代化民主思想的问题教学法、谈话法、讨论法、辩证法。

以上是我们根据时代的要求、语文教学的特点提出的六大教学原则。我们相信，它将成为新世纪语文教学的方向、现代语文教师的教学指南。

这六条原则，实际上反映了语文教学最基本的内在规律，是语文教学所要遵循的最起码的教学原理。

语文教学的过程实质上是一个矛盾运动的过程。语文教学的每一条原则，都反映了语文教学过程中彼此对立而又相互联系的两个方面，体现了既矛盾又统一的一对辩证关系。在语文教学原则的具体表述上，或曰"相统一"，或谓"相促进"，或称"相结合"，无一例外地都体现出一种正确处理语文教学过程中矛盾运动的辩证思想。这给语文教学设计以深刻的启迪：语文教学要用辩证思维，要讲辩证法。因此，站在哲学的高度，运用辩证唯物主义的认识论和方法论，正确认识和处理语文教学中人和书、师和生、文和道、知和能、内和外诸种矛盾关系，便是语文教师教学设计的匠心所在。

（四）语文教学的活动对象

教育是人的活动。人，不仅是生产力中最基本最活跃的一个因素，而且也是教育结构中最本质最活跃的一个因素。教学过程是师生双边活动的过程。无论是作为施教者的教师，还是作为受教者的学生，都是教育教学活动的主人。

教学，就是教学生学。学生在语文教学过程中是认识和发展的主体。教会学生学习，是语文教学的出发点和落脚点。如何教学生学？教学方法从何而来？何时需要引导，如何进行启发？这就需要了解学生、熟悉学生，以期充分调动学生学习语文的积极性、主动性、自觉性和创造性。

二、语文教育的特点

对语文教育的特点，从不同的角度可以有不同的认识。《语文课程标准》在"基本理念"部分主要强调了三个方面。

（一）语文教育的人文性

语文属于人文学科，它与数学、物理、化学、生物等自然学科不同。自然科学的学科可以由原理、公式、定理、法则等组成。这些原理、公式、定理、法则是人们对客观世界的认识，具有客观真理性。语文则不同，一方面它是对人们精神领域起作用，而且对人们精神领域的影响又是深远的；另一方面，许多语文材料本身就是多义的，具有丰富的内容和很强的启发性，人们对语文材料的反应往往也是多元的。

重视语文的熏陶感染作用，通过优秀作品的浸染，感化人的性情，提高人的人格和道德水准。语文对人的影响是深广的，有时是隐性的、长期的、潜移默化的，短时期不容易看出来，而且，常常是"有意栽花花不开，无心插柳柳成荫"，因而不能指望立竿见影，不能急功近利。如果像理科学习那样，围绕知识点、能力点做大量的练习，难以让学生领悟语文丰富的人文内涵。

注意教学内容的价值取向。学生学习语文，接触大量语文材料的过程也是一个文化建构的过程。语文对人的影响往往是终生的，其影响之深广不可低估。语文课程应该从对人的发展负责、对国家未来负责的高度来选择教学的内容。

尊重学生的独特体验。学生的多元反应是正常的，也是非常珍贵的。尊重学生在语文学习过程中的独特体验，是对学生的尊重和鼓励，也是对真理的尊重。这是语文特点所决定的。

（二）语文教育的实践性

在人文学科中，语文与哲学、历史等学科有所不同。哲学可以由概念、范畴、法则、方法等构成一个知识体系，历史则是由大量的史实和历史观构成历史知识，而语文课程却具有很强的实践性。阅读与表达本身既是一种实践的行为，又体现了实践的能力。着重培养学生的语文实践能力，这包括识字、写字、阅读、写作、口语交际、搜集处理信息的能力以及良好的语感等。

重视学生的语文实践活动，在语文实践中培养语文实践能力。靠传授阅读的知识来培养阅读能力，不如让学生多读书；学生记住了一整套完整的写作知识，而没有写作的实践，也难以形成写作的能力；学生背诵了许多语法规则，而没有在大量的语言实践中形成良好的语感，还是说不好话。这些都是很明白的道理。这样的知识没有实践的环节是难以转化为能力的。因此，语文实践能力应主要在语文实践中培养，而不能片面强调"知识为先导"。

义务教育阶段不宜刻意追求语文知识的系统和完整。语文知识是需要的，但是诸如语法修辞之类的知识，在初中阶段不必讲授过多，也不必追求系统和完整。这一时期学生还处于感性的时期，应该让学生多接触感性材料，参加感性的实践活动，在实践中提高实践能力，把握语文规律。

语文课程要注意学习的生活化。这是与实践性联系在一起的。语文是母语课程，它与外语不同。学生进校前都有一定的语言基础，因而，不必像学外语那样从零开始，花很多气力去记忆大量的词汇，掌握语法的规则。学生生活在母语环境中，生活中处处都是语文学习的资源，时时都有学习语文的机会。正如《语文课程标准》所说："学习资源和实践机会无处不在，无时不有。"因而，应该充分利用这些资源，在生活中学习语文，运用语文，在大量实践中接触大量的语文材料，丰富语言积累，形成良好的语感，培养阅读与表达的能力。应强调日常生活中的习得，强调日积月累。尤其是在高中阶段，更要注重语文应用、审美和探究能力的培养，是实践性的深化，可以更好地促进学生均衡而有个性地发展。

（三）语文教育的民族性

语文课程应该考虑汉语言文字的特点，考虑这些特点对识字、阅读、写作、口语交际和思维发展等方面的影响。

汉语特别具有个性，它是具象的、灵活的、富有弹性的，可创造的空间特别大。汉语没有多少强制的规矩，应该说，它是一种真正从人的思维与表达的需要出发的以人为本的语言。

汉语的文化性也特别强，尤其是它的词汇和词组系统具有非常深厚的文化底蕴。与这些相联系，我国文学以抒情性强而著称于世。中国的诗歌代表了中国的艺术精神，可以说，中国的文化就是诗性的文化。

中国语文重视积累、感悟、熏陶和语感，提倡多读多写；应该克服浮躁焦虑的心态，不能急功近利，不能期望立竿见影；不应照搬西方分析的思维方法，要重视培养整体把握的能力。

三、语文教学的过程

（一）语文教学过程内涵

语文教学是一个系统，它的各个子系统、各个要素相互联系、相互制约，形成纵横交错的坐标式网络。系统中的各种关系，不是孤立的、静止的、杂乱的，而是联系的、动态的、有序的，是按照一定的内在规律发展变化的。语文教学过程就是其中的一个子系统。它以教学目标、内容、形式和方法等为横轴，以教学阶段、环节、步骤等为纵轴，构成纵横交错的坐标系。不同单元、不同课题、不同课时的教学过程，犹如在这种平面直角坐标系中形成一个个不同形态、不同规模的象限。

教学过程，也称为教学程序（教程），或教学流程。不同的语词表达相同的概念，都具有教学的进程、历程、经过、推进与演变等内涵。它反映了教学发展的各个阶段、各个环节之间的紧密联系，相对独立，并且是有规律地交替和推进。

第一个明确地提出完整的教学程序的理论和方案的，是德国的哲学家、心理学家和教育家赫尔巴特。他在19世纪上半叶，通过对儿童心理活动规律的探究，认为学生在教学过程中的一切心理活动都是观念的运动，提出教学程序要经过四个阶段。第一阶段，明了。主要由教师讲授新知识，并运用直观性原则，集中学生的注意力，使他们专心致志地学习，正确理解所学内容。第二阶段，联合（也作联想）。运用谈话的方式，使学生把新学知识同他们已有的知识和经验联系起来，促进新旧知识的同化，深入理解所学知识。第三阶段，系统（也作概括）。指导学生深入探究和理解，对所学知识进行整理和贯通，使之系统化，寻求规律，归纳出原则或概念，得出结论。第四阶段，方法。指导学生独立思考，运用所学的系统知识进行练习或作业。赫尔巴特运用心理学来阐释教学过程，认为教学过程中"明了—联合—系统—方法"四个阶段，同儿童获得知识的心理过程中"注意—期待—探究—行动"这样几种心态是一致的。这种教学程序的理论后来风行欧美，盛行50余年，竟逐步形成"赫尔巴特学派"。赫尔巴特被公认为教学过程理论的首创者，成为近现代教育史上传统教育学派的开山鼻祖。

（二）语文教学过程的特征

语文教学过程是教师根据语文教学的目的要求和学生身心发展的特点，引导学生有目的有计划地学习语文知识、培养语文能力、开发智力、陶冶情操、完善人格的过程。从系统科学的观点来看，语文教学过程是由教师、学生、语文教学内容和语文教学手段等要素构成的动态系统，缺少其中任何一个要素都不能构成语文教学过程的系统。

语文教学过程具有明显的多层次性和复合性。从认识论、课程论、学生论、教师论等多视角，可以归纳出它的本质特征是。

1.语文教学过程是一种特殊形态的认识过程

语文教学过程首先是一个师生双边活动的认识过程。辩证唯物主义的认识论认为，认识从实践开始，实践—认识—再实践—再认识，循环往复，螺旋式上升，从必然王国走向自由王国。在语文教学过程中，教师的教既是一种教学语文的实践，又是一种对语文教学规律的认识，学生的学既是一种学习语文的实践，又是一种对语文知识和能力的认识，符合辩证唯物主义认识论的一般规律。同时，语文教学过程又是一种特殊的认识过程。

其一，它是有目的的认识过程。语文教学过程是在有经验的教师的组织下，按照既定目的，在特定教学制度和教学形式规范之下，有计划地引导学生主动完成的。这种认识，缩短了摸索的距离，速度快，效率高。学生学习语文知识，不必再像前人认识语文规律那样去长期搜索，而是在老师的指导下，通过语文教材，以十倍、百倍、千倍的速度超越前人。

其二，它的实践具有一定的间接性。一般对事物的认识，大多事必躬亲，身体力行。而语文学习，主要是学习书本知识、间接知识，并非都是直接经验。"一切真知都是从直接经验发源的。但人不能事事都依赖直接经验，事实上多数的知识都是间接经验获得的，这就是一切古代和外域的知识。""一个人的知识，不外直接经验的和间接经验的两部分。因此，就知识的总体说来，无论何种知识都是不能离开直接经验的。"

2.语文教学过程是具有专业特点的教学过程

首先，语文课是口头语言和书面语言合称的语言课。其次，文学是语言的艺术，文章借语言而表现。教学时，要使学生通过诵读课文受到形象感染，进而分析欣赏，认识形象的社会意义和现实意义。学习一般文章，同样必须符合文章学、文体学教学的规律，记叙文、说明文、议论文、应用文各有不同的教法，不能千篇一律，公式化，刻板化。再次，语文是具有工具性和思想性的基础学科。语文教学过程要体现学科特点。既是工具，就要练习运用，因此教学中必须强调听、说、读、写训练；既有思想性，就要进行思想熏陶、审美教育，以此净化和美化学生的心灵。这样就把双基训练和思想教育紧密结合起来。

3.语文教学过程是促进学生发展的教育过程

语文教学过程还是使学生身心得到全面培养和发展的教育过程。语文是学校的一门主课，开设时间最长，课时最多，内容相当丰富，使学生受到的教育也最多最深。一方面，语文课是语言课，而语言与人的心理发展密切相关。听、说、读、写的各种语言训练，可以从各个层面开发学生的记忆力、观察力、联想力、想象力、具体的和抽象的思维力等。另一方面，语文课里丰富多彩的知识，教育、情感教育（审美教育）和品德教育，将使学生各种心理过程以及个性心理特征和行为习惯得到相应的培养和发展，产生以认知为基础，知、情、意、行全面发展的效应。

4.语文教学过程是促使教师自我提高的过程

教师在语文教学过程中起着主导作用，引导学生积极主动地学习，并在教书育人中自我提高和自我完善，不断获得新知识，提高认识能力，锻炼育人本领。

5.语文教学过程是语文教学信息的传输过程

凡是有序的符号系列都可以承载信息。以语文教科书为主的语文教学内容是教学信息的重要载体。

6.语文教学过程是一个错综复杂的动态过程

语文教学过程既是一个连续不断的思维流程，又是一个错综复杂的结构系统，表现为一种纵横交错的动态结构。它既有共同性，又有差异性。它既有连续性，又有阶段性。整个语文教学过程是一个连续的教学流程，而其中又可以分为许多不同的教学阶段。它既有独立性，又有渗透性。教学阶段是相对独立的，而各个教学阶段之间，在教学内容和形式上可能又有交叉渗透。它既有稳定性，又有变通性。

第二节　语文教育教学的基本理念

所谓理念，是指人们观察问题、分析问题和解决问题所依据的原理和观念，或者说是原则和准则。语文教学的理念就是语文教学活动的指导思想和行为准则。

《语文课程标准》中关于语文课程的基本理念有四个方面的要求：一是要全面提高学生的语文素养，二是要正确把握语文教育的特点，三是要积极倡导自主、合作、探究的学习方式，四是要努力建设开放而有活力的语文课程。根据这四点要求，我们把语文教学的理念概括为三句话：人文关怀是语文教学的最高价值追求，个性发展是语文教学的根本指针，回归生活是语文教学的必然途径。

一、语文教育的人文关怀

语文教育要促进个体的身心和谐发展，要使个体的发展过程获得精神上的价值和人生上的意义。也就是说，个体通过在语言上的学习和训练，文学上的熏陶和习染，不仅要获得各种知识和技能，而且还要体验到各种深刻的人类情感，唤起自身的主体意识，从而追问人生的意义，探寻人生的道路，形成独特的人生态度。我们把语文教育的这种功能称之为语文教育的人文关怀。

语文教育目标是整个基础教育目标的有机组成部分，对于培养德、智、体、美、劳全面发展的社会主义建设者和接班人具有重要的导向作用。语文作为一种兼具人文性和工具性的综合性学科，在人的发展过程中起着核心性的决定作用。同其他学科相比，语文教育除了要完成一般学科必须共同承担的智育任务之外，还要密切关注审美教育、人生观教育与人格教育，并以此作为自己的最高价值追求。语文学科这种人文关怀的功能是标示其学科独特性的根本要素，也是语文教育目标的最高追求。我们把语文教育的人文关怀的功能提到这么高的位置，一方面取决于对语文学科性质的深刻洞察，一方面又取决于对人的最终发展目标的深刻认识。人的发展的最高境界是精神上的自由和解放、人格上的完善与独立，而所有为此目的所进行的知识的学习、技能的训练、能力的获得及社会生活的实践等工具性行为都必须服从这一最高目的。要实现人作为发展手段的工具价值到作为发展目的的精神价值的飞跃，必须通过人文教育的洗礼。在现行基础教育体制中，语文教育只有自觉地承担起人文教育这一历史使命，把人文教育贯穿到整个语文教育过程中去，关注人的精神世界的构建和人格的养成，才能为人的全面发展开辟道路。

（一）语文教育的人文精神价值

人文精神不是徜徉流溢在语文教育本体之外的美丽动人的幻影，而是发自语文文本之中的人性之光。它飘忽不定、难以捉摸，是因为它只对那些敏感睿智、关注内心精神生活的心灵展现自己的魅力。它至刚至大、吐纳宇宙，是因为它超然于万物之上，寄身于纯真、至善、完美之境。

语文教育的人文价值，从静态的文本分析来看，文学与人生的关系是它的集中体现。吴宓教授指出哲学是汽化的人生，诗是液化的人生，小说是固化的人生，戏剧是爆炸的人生。文学与人生这种水乳交融、血肉一体的内在联系，使文学成为人生的另一种存在，尽管它不是社会现实自身，却比社会现实更加真实、深刻、感人。人们更多的是从文学艺术创作这面镜子中发现并认识了人自身，因此，文学就是人学。

文学把人的精神不断地引向光明和崇高，是文学在维护着人类那脆弱的社会良知和道德心，也是文学在不断地拓展着感性人生的丰富性与多元性，捍卫着人类理性的尊严和纯洁。因此，语文教育一定要重视文学作品的人文教育价值，把语文教育从工具中心论中解救出来，还其人文教育的本来面目。

语文教育的人文价值，从动态的教学过程来看，其人文性主要体现在师生关系的民主性、文本解读的多元性、写作训练的生活化上。只有以民主化的师生关系作为教学的前提，才能充分激发调动师生两方面的积极性，使语文教学充满生命的张力，从而对文本展开开放性、多元化、个性化的阐释，释放出文学作品中深层的人性力量，引发情感上的共鸣，启迪思想上的解悟。

（二）语文教育目标的人文追求

语文教育成为人文精神之载体。因此，人文关怀理应成为语文教育之鹄的。语文教育目标是一个有机的整体，按现在比较流行的观点来看，它由德育目标、智育目标、美育目标三部分构成，而这三个目标之内又有更细致的分目标。人文关怀同它们之间是一种什么关系呢？这是我们应该解决的根本性问题。

人文关怀作为语文教育的最高目标，它不等同于技术操作层面的教学要求，而是着眼于语文教育根本性的价值导向。也就是说，人文关怀与现行的语文教育目标体系不属于同一层面的问题。前者植根于语文教育本体论，后者立足于语文教育方法论，前者制约语文教育的根本价值取向，后者决定语文教育实践的进程与开展。因此，人文关怀不可能以技术化、操作化的方式单独地起作用，它只能以精神导引的方式进入语文教育目标体系，通过影响语文教育目标系统的内在调节与协作间接地发挥作用。

坚持语文教育的人文精神的价值取向，那么，语文教育的德育目标除了重视传统的政治品质、思想品质、道德品质、个性心理品质等发展目标之外，还要关注人的主体性发展、人格的完善、精神生活的和谐。在智育目标上，除了重视传统的知识、能力、智力发展之外，还要注意智力与非智力因素的协调发展、情感陶冶与生命体验。在美育目标上，除了重视传统的审美知识、审美能力的发展目标之外，还要尊重个体的审美经验、审美感受，激励个体的审美想象、审美创造以及倡导对人生的审美观照、对人格的审美塑造。也就是说，人文关怀是一切语文教育手段与工具的灵魂，人的精神发展是所有操作性目标的最终归宿。

语文教育人文关怀目标不是空洞的口号，它既具有悠久的精神价值传统，又具有生动具体的时代内涵。作为一种优良的文化传统，它孕育了生生不息的人类文明；作为一种新兴的社会思潮，它发出了振聋发聩的时代呼声。吴宓提出的文学教育八个方面的作用，可以作为传统语文教育人文关怀目标的历史性总结：涵养心性、培植道德、通晓人情、洞悉世事，表现国民性，增长爱国心，确定政策，转移风俗，造成大同世界，促进真正文明。面对21世纪风起云涌的社会变革，人文精神的时代风貌也将经历时代性的变换。

英格尔斯提出现代人应具备的14个特征，归纳起来主要有三个方面：第一，现代人具有开放性，乐于接受新事物。他们准备和乐于接受他们未经历过的新的生活经验、新的思想观念，准备接受社会的改革和变化。他们思路开阔，头脑开放，尊重并考虑各方面不同的意见和看法。第二，现代人具有自主性、进取性和创造性。他们注重现在和未来，守时惜时。他们有强烈的个人效能感，对人和社会的能力充满信心，办事讲求效率。他们尊重事实和验证，注意科学实验，认真探索未知领域，不固执己见。第三，现代人对社会有责任感，能正确对待别人和自己。他们能相互理解，能自尊并尊重别人。他们有可依赖性和信任感，不相信命运不可改变，而认为依靠社会力量能使人生活得更好。语文教育的人文性应着眼于新世纪创业者人文素养的培植。我们把新时代的人文精神的内涵概括为以下八个方面：人格健康、高创造力、主体意识、求实求真、乐于竞争与善于合作、个性和谐、乐观开放、热爱生活。这八个方面是新价值观的具体体现，也是未来人才培养的方向和标准。以此为基础，语文教育的人文价值应包含以下几个方面。

1.引导学生走近生活、观察社会、体悟人生。帮助他们形成乐观开放、乐于竞争与合作的人生态度。

2.培养学生的人文品质，继承民族文化传统，汲取现代文化精髓，奠定文化底蕴。

3.陶冶学生的情操，启迪学生的悟性，培养学生的批判思维和创造思维，形成健全独立的人格。

4.培养学生的主体意识，确立学生在教学过程中的主体地位，发挥学生学习的主动性、能动性与创造性。

（三）人文意蕴的开掘

语文教育中人文价值目标的最终实现取决于语文教育实践的正确走向。从语文教育过程的展开来看，选择文质兼美的教材，加强语文教学过程的审美性，立足现实生活激发学生的自我表现与表达，是开掘语文教育人文价值的有效途径。是否符合文质兼美的标准，是制约语文教育人文关怀目标实现与否的关键因素。选文是否具有深刻的思想文化内涵、广阔的文学视野、浓郁的人文情怀，直接决定着语文教育人文性的深度、广度和力度。桃李不言，下自成蹊。文质兼美的选文作为人文精神最好的寄寓之所，对于培养学生的人文精神具有本源性决定作用。

我们认为，文质兼美应包含以下几层基本含义。

1.文道兼美，一多并举

我们不仅要求选文的思想内容与语言表达做到有机统一，而且还要求选文在思想内容上具有深刻的文化意义、人文意蕴和审美价值，在语言表达上生动准确、隽永晓畅、富有个性。这样的文道观对于语文教材的选文标准才具有真正的实际意义。

文道兼美的选文标准，并不意味着把文道关系限定在狭窄的意识形态、伦理道德和正统文论的域界，而是应该一多并举。从"道"的标准来讲，"一"指的是教材选文应体现人类所崇尚的以真善美为代表的终极精神价值；"多"指的是选文要体现人类思想文化的丰富性、多元性、开放性。我们应以一种博大的文化胸襟和高远的发展眼光来看待文章的思想文化内涵，切忌鼠目寸光、意识狭窄。在选文中，既要有传统的政治伦理教化内容，还要有体现人类普遍的精神价值追求的内容；既要有以明道为旨归的皇皇之论，还要有抒发个人性灵的小品佳作。从"文"的标准来看，"一"指的是选文的语言表达，必须规范、准确，具有代表性、示范性，思想内涵必须源于生活、积极向上；"多"则是强调语言艺术特色的多样化、个性化和风格化，文化内容的开放化、立体化、层次化。唯其文思泉涌、灿烂其华，方能风行水上、自然成文、行而广远，也只有放眼宇宙，博采万物之精华，才能广开眼界、启人心智、有益身心。

2.内外兼顾，和谐统一

教材选文，作为语言学习与文化陶冶的范本，应具有内外两个方面的价值，或曰本体价值与工具价值，即精神陶冶价值和语言教育价值。只有做到这两种价值的有机统一，才能体现文质兼美的全面要求。选文的语言教育价值体现在对学生听、说、读、写等基本语文能力的培养上，而精神陶冶价值则立足于学生的精神发展、人格完善上。这两者是相辅相成、互为依存的。因为，从文章本身的统一性来看，语言因素与思想因素是水乳交融、不可分割的。没有思想的语言表达没有实际意义，脱离了语言轨道人的思想同样难以表达。从学生语文学习过程的综合性、复杂性来看，学生的语言发展同学生的思维发展、思想成熟、精神成长有内在统一性。它们之间相互影响、相互作用、和谐共存、共同发展。脱离开思想教育、精神陶冶的语言训练会使语文教育变得枯燥乏味、机械生硬；而脱离语言训练的思想教育同样会把语文教育变成迂阔的道德说教。因此，选文的这两种价值标准不可偏颇，应当兼顾。

3.兼顾选文内外价值的和谐统一

除了独具慧眼外，还要具备科学的编辑加工能力。选文的编排、教材体例的选择、语文知识的穿插、课后作业的设计等环节，都应该体现选文内外教育价值的统一。既要避免唯知识智能训练为中心，也要防止唯主题思想分析推理至上。教材的编辑加工向来不被重视，只被看作是一种技术性的工作。其实这是一种错误的看法。它是展开语文教育价值、实现语文教育目标的重要途径，它需要以正确的哲学观、教育观、心理观为指导，以语文教育的内在规律、师生相互作用的互动模式作为依据，并要对语文知识掌握、能力发展与精神发展的内在统一关系有深刻的洞察与理解。它既需要有哲学的眼光，又需要有科学的程序，还需要有艺术的手法。从选文到编排，从封面到插图，从设计到印刷，所有步骤都关系到教材的质量和生命。因此，文质兼美不只是一种对文本的内在要求，还是一种指导具体编辑工作的根本原则。

4.开放思维，审美观照

人文精神从某种意义上讲又可以理解为人类对真善美、孜孜不倦的价值追求。因为真善美代表了人类精神的最高境界。这种追求不仅仅包括对知识形态的科学、道德、美学领域的探索，它还指向人类在获取这些知识的过程中所孕育滋生出来的科学精神、道德意识和审美体验。其中，审美体验不仅具有相对独立的价值意蕴，而且还是科学精神与道德意识所追求的最高境界。美存在于自然之中，而科学的发现，不仅指向知识，还要关注审美体验。在道德与审美的关系上，审美同样是道德境界的需求。古人强调"文以载道""文以明道"，其用意也在于此。只有把抽象的道德规范和理念渗透到由文学语言所塑造的美好的道德理想人格形象中，才能使个体获得道德实践的驱动力。审美是沟通知识和德行的津梁，是培植人文精神的必由之路。语文教育要走向人文关怀，就必须通过开掘隐含在文本中的真善美精神价值以唤醒激励学生的求知、向善、爱美之心，通过审美教育塑造他们的人文精神。

5.语文教育的审美观照，尤以阅读教学为重

语文阅读活动中的审美教育是美学在阅读活动中的具体应用。它的任务和作用是按照美的规律，用美的信息去激发、引导阅读活动的主体——学生的审美心理和情感，培养学生符合人类崇高理想的审美意识，帮助学生获得健美的心灵和高尚的审美情趣，使他们在开放的语文阅读活动过程中逐步形成正确的审美观念和健康的审美品质，把握辨真伪、识善恶、分美丑的正确的审美，提高学生的审美素质和审美能力，以培养全面发展的人。语文阅读活动与审美教育有着难解难分、血脉相承的特别关系。加强审美教育有助于提高语文阅读质量，深化语文阅读效果。语文教材编选的课文，大都是依照美的法则创造出来的"文质兼美"的典范佳作，是集中反映社会、艺术、科学、语言等客观美的结晶。文章精美的语言，展示出崇高的美的艺术境界，而好的艺术境界本身，又丰富并加强了语言的艺术表现力。在阅读活动中，

一方面可以抓住精彩传神的关键性字词语句，把学生引进它所展示的优美境界，使他们在美的艺术享受中受到熏陶，提高审美能力；另一方面，又可以抓住令人心灵颤动的意象、情境和形象，引导学生翻转过来深入体味、领悟文章中高超的语言艺术技巧，提高运用语言表情达意的能力。语文教师要充分利用文章的美学意境，创设审美情境，善于敏锐地发掘文章中的美点，揭示深蕴其中的审美情趣；要善于借助审美意象，启发学生的审美想象，根据文本的特点设计审美议题，以诱发学生的审美体验；还要确定审美目标，指导学生展开审美鉴赏活动。调动各种手段，把学生引入美的艺术境界，诱发学生联想探求，观察体验，既对学生进行了审美教育，又把审美教育和语文阅读活动有机地交融在一起，使学生深入理解了课文，提高了阅读效果和质量。在这种活动中，教师要从各种不同的审美角度、不同的审美层面引导学生深入地分析和理解。这样既可以使学生受到审美教育，又有助于学生对课文从表层性的体味感知到深层性的领悟理解。

二、语文教育的个性发展

（一）语文教育个性发展的内涵

人的发展的核心是个性的和谐发展。语文教育在学生的良好个性的形成与发展中扮演着主导性角色。传统语文教育在这方面存在着一定的缺陷，没有认识到语文教育对个性培养的重要意义，在教育理念和实践中都陷入了机械化的教育模式，过分追求语文教育的应试价值，忽视了语文教育在个性培养方面的积极作用。

斗转星移，教育日新，放眼海内外，个性教育已成为世界教育改革所关注的重大主题。"儿童中心教育学"认为，"每个儿童有其独特的特性、兴趣、能力和学习需要"，儿童之间存在差异是"正常的"。因此，学习必须据此来适应儿童的需要，而不是儿童去适应预先规定的、有关学习过程的速度和性质的假设，儿童中心教育学有益于所有的学生，其结果将有益于作为整体的社会。

我们认为，"儿童中心教育学"概念的重申，表明国际社会在宏观的教育理念和教育政策上确立起了个性发展的方向。怎样理解个性发展？

1.个性是完整的,创造力、想象力等品质是个性健全发展的表现

把一个人在体力、智力、情绪、伦理各方面的因素综合起来,使他成为一个完善的人,这就是对教育基本目的的一个广义的定义。因此,个性是道德、体力、智力、审美意识、敏感性、精神价值等品质的综合,是一种"复合体",即一个个完整的人,不能把某一种或某几种品质从完整的人分离出来孤立地培养。所以,为了培养人的想象力和创造性应首先培养"自由的人",这应该向青少年提供一切可能的美学、艺术、体育、科学、文化和社会方面的发现和实验机会。

2.个性是独立的、具体的、特殊的

尽管个性发展离不开与他人交往,但每一个性都首先具有内在的独立性。每一个人都有其独特的发展史,因此每一个人都是具体的、特殊的、活生生的。

每个人都有自己的历史,这个历史是不能和任何别人的历史混淆的。每个人都有自己的个性,这种个性随着年龄的增长而越来越被一个由许多因素组成的复合体所决定。这个复合体是由生物的、生理的、地理的、社会的、经济的、文化的和职业的因素所组成的。

3.个性发展内在地包含了社会性的发展,每个人的发展必然带来整个社会的发展

把个性发展与社会性发展、每个人的发展与整个社会的发展孤立起来、对立起来或并列起来,都是二元论思维方式的产物,都不能正确理解个性发展的本质。

4.个性发展是一个无止境的完善过程

人和其他生物的一个重要区别是人的"未完成性",即是说人的生存是一个无止境的完善过程和学习过程。终身学习不只是社会要求,还有着个性发展的内在需求。由此看来,追求学习者的个性发展是世界教育改革或课程变革的重要趋势。从本原上看,每一个性都是完整的,亦是独立的、具体的、特殊的。因此,培养个性应尊重个性的完整性、独立性。个性发展内在包含了社会性,因此个性的成长是在生活中、在持续的社会交往中进行的。个性发展是无止境的完善过程,因此终身学习应成为每一个人的内在需求。在我

国，当代教育改革也在20世纪80年代后期把个性培养列为教育的主题与使命之一。把发展人的个性作为教育的培养目标，因为教育在今天只有赢得了个性和个性发展，才能赢得社会发展的未来。个性教育，就是真正的、具体的、独特的人的教育，就是使一个生物意义上的实体不仅获得社会性、文化性，更是获得自身独特性、自我确认性的过程。因此，语文教育凭借其自身的人文学科优势理应成为个性教育的核心，发挥中流砥柱的作用。

（二）语文个性教育的作用

1.语文个性教育的价值追求

语文个性教育的价值观是语文教育功能观的直接反映。汉语文教育有其独特的功能和价值，其功能和价值又具有多层次复合性。

功利本位与人文本位是最能概括当前各种对立观点的一对范畴。功利本位论强调把语文教育的功利性放在首要地位，把学生对汉语的听、说、读、写水平和能力作为语文教育追求的根本目的，突出语文教育的工具价值。在此前提下，他们一般不反对语文教育的人文价值，甚至也十分强调语文教育的教化作用。人文本位论则认为语文教育的最大功用在于教化，最大价值在于弘扬人类和民族的优秀文化传统和人文精神，培养学生健康的人格。在此前提下，他们一般也不反对语文教育的工具追求和工具价值，甚至认为人类精神传递的前提是对语言文字工具的掌握。

汉语文教育的特点决定了汉语文教育的功能绝非单功能，而是复合功能。所谓复合功能，就是将语文教育的各种功能有机地整合为一体的功能。汉语文教育的复合功能由两大类要素组成，即由工具性要素和人文性要素组成为复合功能球形图，两类要素组合不存在孰先孰后、孰上孰下的问题。

工具性要素的主要内涵是：听、说、读、写、知识方法、思维。人文要素的主要内涵是：情思、审美、伦理、历史文化。工具性要素和人文性要素之所以能够合二为一，关键在于中介要素的作用，中介要素就是汉字和汉文，其作用就是语文教育过程。通过汉字汉语的教育，使要素之内涵发生联动和整合，使两大类要素产生有机连接和整合。汉语文教育的复合功能是一个有机的开放的组合系统，是一种弹性机制，它在信息交换过程中不断地做出自己的选择和应对，系统也会因此发生相应的变化。汉语文教育的复合功能铸就了我国民族文化特性，发挥了全面综合的素质教育作用。汉语文的复合功能观念对于语文个性教育价值观的构建起了决定性的作用。语文个性教育的核心就是要通过语文教育促进学生的个性和谐健康发展。它打破了以往单功能观的狭隘视野，把语文教育置于一个更为广阔互动的历史文化背景之中，突出强调了语文功利性价值与人文性价值之间互为依存、相辅相成的血脉一体的内在联系，从而为人的个性发展铺就了一条更为切实、明确、广远的通道。

语文教育的多功能整合观很好地协调了语文教育的工具性价值和人文性价值、内在价值与外在价值，把个性教育与社会需求有机地结合起来，这对于培养符合社会需要的良好个性品质起到了积极的促进作用。因此，多功能复合的语文教育价值观是语文个性教育的重要理论基石，在当代具有重要的现实意义。在新世纪里，语文个性教育的价值追求表现在受教育者的素质规格上就是要重视个人的自由发展，尤其是人格的健康成长。这一点具有世界性、终极性意义。通过教育，尤其是以人文性为核心特征的语文教育，重塑现代人的人格精神，是促使社会和个人协调发展、可持续发展的重要基础。

2.语文个性教育在个体人格的塑造方面应发挥积极的作用

通过对自身的人文价值、文化底蕴、思想内涵的充分释放和展开，为个体的精神发展、人格形成创设一个良好的成长环境。语文个性教育在人格塑造方面要坚持以下三方面的价值追求。

第一，重塑人格基础，由关注知识技能转向关注个性整体发展，并主要关注精神世界的构建。语文教育要重塑人格的基础，必须正视这一现实，努力扭转这种不良局面与风气，重新把语文教育的重心放在对个性人格的塑造与培养上。要实现语文教育的根本价值，促进个性的和谐发展与人格的健康成长，必须做到两个转变。从理论上要转变对语文教育本体价值的认识，树立起牢固的多功能复合价值观，真正理解汉语文本体的质的规定性对语文教育多功能复合价值观的内在的决定作用。在实践上要处理好语文知识技能掌握与文学熏陶、精神启迪、审美体验等隐性因素的关系，使前后两种因素相互联系、相互支持、相互转化。一方面把语文知识、技能因素融入个体精神活动、人格意识、行为模式的整体中去，使其有所附加；另一方面，则把个体的精神世界建构在牢固的语文知识技能之上，为个性的发展打下坚实的语文基础和文化根底。

第二，重塑人格形成机制，由关注教学目标转向关注教育目的，将人文关怀贯彻到教学实践中去。现在的语文教学过分追求教学目标的细目化、可操作性、确定性、完整性等行为性标准，相对忽视了情感性、体验性、审美性、情境性等隐性目标。这种目标教学的偏颇在应试教育模式中表现得尤其突出，忽视了学生的主动性和创造性。我们知道，语文教育的目的着眼于个性的全面和谐发展，尤其是个体人格与精神的发展。它是整个语文教育的立足点，也是归宿，对于具体的教学实践具有终极性的决定意义与规范价值。语文教学目标则是为了便于实践操作而从教育目的中分化出来，它对加强语文教学的程序性、规范化具有实际的指导作用。但是，这并不意味着在教学实践中按部就班地完成了各种具体的教学目标就能够达到教育目的的要求。按照教学系统论的观点，教育目的的内涵要高于各种具体教学目标。因此，个体个性的自由、充分的发展，精神世界的积极构建，要以教学目标的实现为基础和媒介，又要超越其上，对其进行积极的转化、扬弃和提升，使其获得个性的特征、人格的意义。各种语文教学目标所规定的知识、技能、思想、文化等学习内容，必须通过个体自我意识的同化，顺应的整合、行为模式的内化与外现的转化，才可能真正地变成个性的有机组成部分。这一过程的实现，一方面要以各种具体语文教学目标的实现为前提，另一方面又要借助于特定的教育环境，通过个体的自我教育、自我发展、自我提升来实现。教育环境除了包括课堂学习，更重要的是心理氛围、情景诱导、教师的人格魅力及教学活动的潜在影响等隐性因素。因此，语文教育要重塑人格养成机制，必须标本兼治、内外双修，为个性的和谐发展创设良好的教育环境。

第三，重塑人格境界，由"功利人生"的定位提升到"审美人生"的设计。应试教育以其功利主义价值取向为主，忽视了语文教育的审美价值，把文学教育驱逐出语文课堂。语文教育要重塑人格境界，必须加强审美教育。因为只有审美教育，才能为个性的精神世界创造一个超越功利的自由发展空间，才能使个体认识到人生就是一件弥足珍贵的艺术品，从而唤醒他们热爱美、向往美、创造美的美好情感。因此，语文教育只有成为审美教育的过程，才可能充分释放汉语言文字及文学作品中的美感，把学生的精神引向纯净、高尚、理想之境。

（三）语文个性教育的实践走向

语文个性教育价值观的确立为语文个性教育实践指明了方向。语文教育在教学实践中应始终坚持以个性的和谐发展、人格的健康成长为指针。个性的发展、人格的形成是多方面、多层次、多方位的，其中创造性是核心因素。从某种意义上说，个性教育就是创新教育或创造性教育。我们知道，个性独特性是个性得以确立的根本依据，个性教育就是要立足于客观存在的学生的个别差异性，通过因材施教，充分调动每一个学生的积极性、主动性、创造性，让每个人都体会到成功的快乐，体验到作为学习主体的自主感、成就感，从而释放每个人的学习热情和创造能量，培养出个性鲜明、朝气蓬勃、积极进取、勇于创新的社会主体。只有承认学生的个性差异和客观事物的多元性，才能真正地培养出学生的创造性。因此，个性教育必定是创新教育，而创新教育又是促进个性发展的关键因素。语文教育多功能复合价值观决定了语文创新教育内涵的丰富性、多元性。一方面，作为工具学科，语文教育对培养学生独特的个人语言表达能力、语言风格具有促进作用；另一方面，作为人文学科，语文教育对培养学生独特的人格精神、审美意趣、道德素养又具有重要意义。因此，语文个性教育的创造性就是要培养学生的良好语感、独特的语言风格、语文思维创造性以及积极向上的创造性人格。

1.语感教学与语言风格的养成

一个人的语言往往就是他的精神世界的表征。尤其是以文字为表达手段的书面语，更能较系统、全面、深刻地反映一个人的文化修养、价值取向、审美趣味以及精神追求。而语言风格又是标示一个人语言独特性的重要因素，它是一个人的符号化外貌。语言风格的形成有赖于个体语言的积累与语感生成，良好语感的获得是形成个人语言风格的根本前提。因此，语感教育是语文创新教育的重要内容。

2.语感的性质及语感教学

什么是语感？语感是一种修养，是在长期的规范语言应用和训练中养成的一种对语言文字（包括口头语言、书面语言）比较直接、迅速、灵敏的领会和感悟能力。它具有敏锐性、直觉性、完整性、联想性、体验性。语感虽然具有模糊性、会意性等非理性化的特点，但可以将它做科学的、辩证的分解，分项确定其训练目标。从大处看，语感可以分为听感、说感、读感、写感。从语文理解的过程及方式的角度来看，一个人的语感能力大致可以分解为相互关联的两种判断力：一是对语言对象在语言知识方面的判断能力，包括语音感、语义感、语法感和语气感，这是直觉性语感；二是对语言对象在内容上真伪是非与形式上美丑的判断能力，它包括思想观念、情感意志、人格状态、审美鉴赏等，这是理解性语感。老一代语文学家把语感和语感教学看作是语文教学的本质和核心，是语文教学的最终目的。

3.语感训练的途径和方法

语感之"感"源于所感之"语"。它是客观语言对象对人的语言器官长期雕琢、不断积淀的结果。因此，要培养准确、敏捷的语感必须注重语言的积累，加强语感的实践训练。

第一，培养学生对字词的感受力。要做到有效的语言积累，多看多记。多看，既看生活，又看书本。多记就是要在理解的基础上背诵一定数量的名篇佳作。

第二，强调诵读。

第三，凭借生活经验获取语感。

第四，依靠对语言行为意义的感知。语感实际上是经由言语、通过言语又超越言语去感受语言使用者的内心情感和他的思维。

语感分析训练是提高语言感受力、加强语言意象积累的重要手段。语感的分析侧重是在对文本整体感性理解与把握的基础上，针对某些具有文学解读意味的句子或词语进行深层次的理性分析。语感分析最大的难点是把握语言的隐含信息、语言的自我表达。语言的自我表达能力是语文教学所要培养的重要技能，它集中地体现了个体的语言个性、创造性和独特风格。

语言表达能力的培养并不仅仅是一种简单的技能训练，它是同个性的思想发展、精神成长、人格追求紧密相关的。促进语言表达能力的发展，必须从促进个性精神和谐发展入手。自我表现是个性精神发展的一个重要方面，它对个体的语言表达能力的发展起决定性作用。激励学生勇于表现自我，敢于发表自己的见解，抒发自我的生活感悟，这是提高个体语言表达能力的重要原则。

（四）语文思维创造性培养

语文能力的核心是思维能力，思维能力的最高层次是创造性思维。创造性思维是一种具有开创意义的高智能的思维活动。它既具有一般的思维基本性质，又具有自身的独创性、突破性和新颖性。

语文学科作为基础教育中的基础学科，对培养学生的创新意识和创造能力具有决定性的意义。这也是深化语文教育改革、实施语文素质教育、实现语文教育个性化的关键。培养学生创造性思维能力的途径和方法主要有：

1.立足个性差异，培养求异思维

由于每个学生先天遗传特质和后天所受的教育及经历不同，心理发展又不处于同一水平，思维能力便有较大的差异。所以，发展学生的创新能力，就必须承认学生的个性差异和客观事物的多元性。传统的语文教学往往忽视学生的个性差异，按照一种整齐划一的僵化模式对待个性迥异的学生。这不仅损害了学生的自主性和积极性，也抹杀了他们的创造欲望。因此，加强语文个性教育，就必须积极培养学生的求异思维，发展学生的个性，鼓励他们的创造性。

2.深挖教材内蕴，积极诱导启发

学生作为学习的主体，对同一篇文章的感受是不同的。"一千个读者心目中就有一千个哈姆雷特。"因此，教学切忌求同过多，而应尽量引导学生用发散眼光，立体地、全方位地审视文章的立意、题材、结构和语言，尽可能地激发学生去感受体味、大胆想象，形成自己的独特见解。教师只有用全新的、多角度的眼光分析教材，才能开阔学生的视野，使他们运用与众不同的思维方式对问题进行分析、比较、抽象和概括。我们应鼓励学生去思考、去发现，从而在潜移默化中提高自己的鉴赏力、创造力。

3.激发求知兴趣，鼓励创新精神

创造性思维能力的培养，是以激发求知兴趣为前提的。《论语》中有"不愤不启，不悱不发"的启发性教学原则。语文教学应坚持启发性原则，提问设疑，强烈刺激学生的学习情绪，活跃思维，使学生振奋起来，产生积极探求新知的欲望。激发学生的学习兴趣，关键在于精心设疑。问题是创新之源，疑问是探究思索的动因。在语文教学中，基础知识训练、阅读和写作等均可通过精心设疑来激发学生的学习兴趣和创新精神。

4.丰富想象能力，捕捉直觉灵感

直觉思维是人脑对事物及其本质和规律做出迅速地识别、敏锐地观察、直接地理解和整体判断的思维过程，它是构成创造性思维活动的必要因素，培养创造性思维能力，就必须加强直觉思维能力的培养。

一要通过阅读教学，发展学生的想象能力。二要加强朗读和进行语感训练。汉语重语言主体的心理因素，强调直观感受。这种直观感受正是直觉思维力强的表现。加强朗读，进行语感训练，正是凭借着阅读活动的经验直觉对言语做出敏锐感受，从而瞬时性地感知和领悟言语，是培养直觉体味语言的重要途径之一。三要创设情境，触发创新灵感。创设情境是触发创新灵感的有效手段。生活展示、实物演示、表演体会、音乐暗示等手段都是触发灵感的重要手段。在语文教学中应注意发挥这些因素的作用。

（五）创造性人格的养成

语文创新教育不仅仅是语文创新能力的培养问题，创新人才培养的最核心问题其实是自由精神的培植、创造性人格的养成。创造性与其说是一种能力，毋宁说是一种精神气质、人格倾向。自由精神是一个人创造力的灵魂，它体现在教育管理者、教师与学生三个层面。创新教育不仅要求学生做好知识、技能及思想上的准备，而且还要求教育管理者和教师具有开放的意识、民主的管理、勇于探索的精神，使创造性成为教育的一种自觉的价值追求。培养创造性的关键是教师要站在学术的前沿，切实了解社会的发展及学生发展的需要，灵活多变地调整自己的教学计划与教学设计，以激发学生的创造力为旨归。教师要通过设置特定的问题情境，让学生感受到问题的现实挑战，诱发他们克服困难的内驱力、意志力和人格信念，从而使创新教育与人格的发展联系起来。

语文个性教育要通过语言载体，充分挖掘依附其中的人文精神、价值意蕴，去引导学生求真、求善、求美，培植其主体性，鼓励其自由创造精神，真正把创造性教育与个性的人格发展融合起来，使创造教育获得持久稳定的内驱力。

三、语文教学的生活归属

面对信息社会、知识经济时代挑战的教育使命，课程脱离生活世界，学生缺乏承担社会义务的态度和参与社会实践的能力的现实，国内外一系列课程改革呼吁，把教育回归生活世界、培养社会实践能力作为强调的重点之一。

终身教育的宗旨是"四种基本学习"（即"四个知识支柱"）：学会认知、学会做事、学会共同生活、学会生存。

传统教育过分倚重"学会认知"，然而教育新概念应谋求"这四个'知识支柱'中的每一个应得到同等重视"，谋求这四者的整合。这四个支柱中，"学会做事""学会共同生活"和"学会生存"集中体现了教育、课程回归生活世界的发展取向。"学会做事"绝不只是熟练某些操作技能、学会某些重复不变的实践方法。

"学会做事"意味着要特别重视发展处理人际关系的能力，也就是说"人格智力"在知识经济时代具有特别重要的意义。"学会共同生活、学会与他人一起生活"，是信息社会对教育的又一挑战，因为日益发展的信息技术既便于人与人的交往，但也可能造成"地球村"里人的孤独和疏离。因此，教育应采取两种相互补充的方法，既要教学生逐步"发现他人"，懂得人类的多样性和差异性，又要通过从事一些社会公益活动而帮助学生寻找人类的共同基础。当人们"学会做事""学会共同生活"的时候，就能够在人类社会生活中"学会生存"。

教育在社会生活中的主体地位，指出"教育处于社会的核心位置"。认为教育是与家庭生活、社区环境、职业、个人生活、社会传媒融为一体的。但教育并非被动适应纷繁复杂、良莠并蓄的社会生活，而要对社会进行主体参与式回归，要通过培养每个人的判断能力而对社会进行批判与超越。由此看来，回归生活世界是课程变革的重要趋势。回归生活世界的课程在目标上意味着培养在生活世界中会生存的人，即会做事、会与他人共同生活的人。

这种人既具有健全发展的自主性，善于自知，又具有健全发展的社会性，善于发现他人。回归生活世界的课程在内容上意味着要突破狭隘的科学世界的束缚，除了科学以外，艺术、道德、个人世界、自由的日常交往都是重要的课程资源，这些资源在教育价值上丝毫不亚于科学，而且只有当科学与这些资源整合起来的时候它才能在走向"完善的人"的心路历程上发挥作用。要秉持一种"课程生态学"的视野，寻求学校课程、家庭课程、社区课程之间的内在整合。

（一）语文教学必须贴近生活

语文是最重要的交际工具。语文是工具性极强的基础学科。它既是人们交际的工具、学习的工具、生活的工具，还是人类文化的重要组成部分、文明程度的标志、历史文化的结晶。在当代信息社会，语文能力更成为一个人获取、加工、输出信息，进行思维创新的重要工具。语文教学必须贴近生活，这是由社会生活所具有的独特的语文教育作用所决定的。

首先，丰富多彩的社会生活是语文课文的源头活水。语文课在学生面前打开了现实生活的一扇窗口，通过它的选择和过滤，学生们可以自由地观察这个千变万化的世界，洞察生活的秘密，领悟人生的真谛。所以，生活是语文的来源，是学生学习的内容，语文教育不应忽视学生的自主发展对社会生活的内在需求。

其次，现实生活为学生的语言交际活动提供了直接经验的情境和基本的发展动力。儿童最初的语言能力是从现实生活中习得的。语言能力在某种程度上可以说就是一种基本的生活能力。现实生活为学生言语交往设置了特定的对话情境，激发了交流的欲望，使学生的言语交流能够获得一种持续的稳定的内驱力。在生活中学生所进行的这种语言上的交流深刻地反映了个体语言学习的内在规律：语言学习需要特定的情境来提供背景信息的支持以创造交流的可能性；同时，语言交流又必须是有所指的、定向的，交流的动力来自某种生活情境而产生的思想和思维上的碰撞或冲突。正是现实生活中所存在的各种矛盾、冲突和问题，才引发了学生语言交流的动机，促进了其思想的发展以及语言水平的提高。

所以，语文教学要重视生活情境在教学过程中的暗示、激励作用，为语言能力的发展铺设一个坚实的生活基础。

再次，语文的工具性决定了语文教学的生活化方向。语言作为理解的工具，不仅为个体与个体之间的思想情感交流创造了可能，提供了手段，而且在个体与历史、个体与传统之间架起了一座沟通的桥梁，个体通过它把历史与文化灌注进自己的精神生活和生命意识之中。历史和传统之所以能够进入到当代并影响到个人生活，就是由于语言的作用。

语文教育既要满足个体生活的工具性需要，又要关注个体精神生活的发展，在生活中沟通历史传统与现实，探索理想的人生价值，构建生命的终极意义。所以，语文教育必须贴近生活，关注生活。

（二）语文教学必须植根生活

学生语言学习的规律表现在三个方面，一是语言的发展与思维的发展紧密相连、相辅相成，而思维的发展起源于动作与活动，是一种经验的建构过程；二是语言的习得必须借助于特定的生活情境，语言能力不是一种抽象的形式，它必须包含实质性的生活经验与价值体验；三是语言的学习是实践性的，它的途径不应局限于课堂教学，而应面向生活实际，因为生活的变化对语言学习具有实质性的影响。这三个基本规律，基本上体现了语文教学与生活之间的密切联系。

认知心理学的研究成果已经证明，儿童的语言与思维的发展同儿童自身的动作与活动具有实质性的联系。从发展过程来看，人的思维的发展要经历动作思维、形象思维与抽象思维几个阶段，个体在与环境相互作用的过程中思维能力不断地由低级阶段向高级阶段发展。在儿童思维发展的早期阶段，儿童自身的动作是沟通环境与主体之间意义联系的桥梁。儿童通过自身动作，在动作中进行思维，借助于动作表达思维的成果，在成人的语言的引导下，儿童逐步把语音刺激与动作建立起稳定的联系，从而使思维获得了最初的语言表现形式。随着儿童动作的复杂化以及活动范围的日益扩大，儿童的形象思维开始发生，并不断地向前发展，形成抽象思维能力。儿童的语言能力也相应地从感性水平发展到理性水平。在这一过程中，儿童不断地修正所习得的概念，从而使语言能力不断地发展变化，逐步形成了一定的语感。教师要使学生所习得的语言获得实质性意义，具有经验上的价值，就必须加强语言学习与生活经验的联系，在生活的经验中使语言及概念获得稳定、准确、真实的意义，从而使个体的思维水平不断地由动作思维、形象思维向理性思维转化，不断地由即时性、联想性向推理性过渡，也就是说，生活经验在思想与语言之间架起了一座沟通的桥梁。因此，语言学习在本质上与生活相连，只有通过生活，并在生活中学习语言，才可能真正培养学生的听、说、读、写能力，使其获得真正的发展。

语言学习必须借助一定的生活情境，才能形成积极有效的思想沟通。语言学习之所以需要一定的情境，是因为情境能创造语言交流的可能性，还可以提供语言交流所必需的背景信息，此外它又构成了语言交流的动力基础。学生掌握语言的过程其实是一种心理图式不断建构的过程，这种建构需要特定的生活情境提供发生的契机。在特定情境的诱发和激励下，个体才可能形成一定的问题意识和思维定向，促进思维的发生和发展。思维的过程其实就是概念的运算过程。因为生活情境变动不居，个体的思维活动就会处于不断地适应与调整状态。思维的适应与调整的过程，就是内部言语不断地生成、转化、运作、发展的过程。

从生活的发展变化对于语言学习的影响来看，语文教学必须联系现实生活，使学生的语言发展获得源头活水，变得生气勃勃。语言系统相对于社会生活，是一个相对静止的封闭的系统。社会生活不断发展，尤其是现代信息社会瞬息万变，必然对语言系统产生重要的影响，促使其做出相应的反应、调整和变化。除了语言学习自身的规律要求语文教学要生活化外，在语文教学中学生对各种文化知识的掌握、对价值观念的习得、对精神世界的探究等方面都要求学生具有深厚的生活经验作为基础。因为生活的切实经验不仅提供了各种学习的初步的感性知识基础，而且还孕育了学习的直接兴趣与心理动力，培植了学生基本的生活态度与价值观念。因此，生活化是语文教育走向深入的必然选择。

（三）语文教学必须聚焦生活

语文学科课程向生活化发展的方向，应该由原来的重视语文知识的教学转向对语文能力的培养，特别是对生活实践中运用语言能力的培养，这是编写语文教科书应掌握的重要原则。语文教材通过广泛取材，兼收并蓄，沙中淘金，成为社会生活的聚焦，人生智慧的结晶。在编写语文学科教材时，应充分拓展语文教材的生活价值、发展价值，处理好以下几个关系。

1.处理好语文知识序列、个体心理发展序列和个体生活序列的关系

理想的语文教材应该是语文知识序列、个体心理发展序列与个体生活序列的有机统一。三者之间应是相互渗透、相互促进、相辅相成的关系。也就是说，语文教材的编写既要考虑到语文知识的系统性、逻辑性和完整性，又要考虑学生心理发展的阶段性、递进性、反复性，还要考虑学生实际生活的需要与社会生活的需要。

语文教育的一个根本任务就是要发展学生的语文能力，而学生语文能力的发展是同认知能力，尤其是思维能力的发展紧密相连的，而个体的思维能力的发展又具有普遍的序列性和规律性，即要经历动作思维、形象思维与抽象思维的过程。因此，学生语文能力的发展也必然具有一个基本的序列，这个序列理应成为我们设置语文知识与技能阶段性目标的依据，成为不同学段语文教材选文的标准。另外，学生的实际生活经验对语文的学习具有重要影响，不同年龄阶段的学生具有不同的亚文化特征，往往形成不同的生活经验序列。

我们应以学生的心理发展序列为基础，以学生的实际生活序列为指导，以语文知识的可接受性为标准，以语文能力的发展为目标，设计生活化的语文教材。

2.要处理好阅读、写作与生活的关系

阅读和写作并不是一一对应的线性因果关系，而是由量变到质变的过程。阅读是学生感知、吸收、消化并理解语言材料的过程，它是写作的必要准备。因此要提高学生的写作能力，就必须扩大学生的阅读量，开阔学生的视野，使学生积累大量的语言材料，获得丰富的语感刺激，形成一定的思维能力。写作不仅需要学生的阅读能力，它还需要以个体的生活感悟作为触媒或催化剂。否则，语言就失去了生命力与创造性，写作就会陷入痛苦的技术制作之中。学生只有通过对生活的独到的观察，切身的体悟，深刻的反思，才可能激活头脑中已有的知识经验、事物形象和语言材料，才可能文思泉涌、下笔千言、一气呵成。因此，语文教材一方面要扩大信息量，加大阅读的力度；另一方面又要设计一些引导学生观察社会、体验生活、思考人生的课堂语文活动，以激发学生写作的欲望，创造学生写作的契机。

3.要处理好语文知识学习与语文能力发展的关系

语文课程生活化,意味着要在语文知识与语文能力之间架构生活化的桥梁,使语文知识的学习为语文生活能力的发展服务。学生语文能力的发展并不是单纯地由语文知识转化而来的,它还要借助于个体的生活经验、语言交际的经验以及模仿他人语言的学习经验等多方面的因素的支持和作用才可能获得发展。因此,语文课程生活化要在坚持语文知识基础地位的同时,加强对语文能力的训练,突出语文生活经验对语文能力发展的重要作用。

4.要处理好文言文和白话文的关系

语文课程的生活化,要以白话为主体,但这并不意味着否定文言文的生活经验价值。文言文作为古典文化的载体,它是历史生动、逼真的写照,具有极其丰富的生活教育价值。因此,语文课程生活化不但不应排斥文言文教学,而且还要在适当的范围内加强它。

文言文内容的选取要充分尊重历史的真实性与现实性,不可以政治功利主义的眼光武断地、不负责任地对经典文献进行肆意地歪曲、附会与篡改,使文言典籍中的传统精神遭到肢解和割裂。文言文的教学要采取渗透原则。文言与白话之间存在着千丝万缕的内在联系,白话中有不少有生命力的文言,因此,在白话文中渗透文言文教学,不仅是可能的,而且是可行的。文言文教学要从现行的以语言文字的学习为中心的课程目标转化为以古典文化的学习为中心的课程目标,处理好语言与文化之间具有的既有机统一又分主次本末的关系。对于学生来讲文言文主要是认读经典的工具,对文言表达能力不做要求,因此,切不可以枯燥的古典语言文字学的要求和标准设计语文课程,以免误导学生对文言文的学习。

我们所追求的是使学生通过文言文的学习,获得基本文言阅读能力和对传统文化经典基本思想的掌握,并在学习过程中获得传统文化的陶冶、习染和精神的教育,而不是培养专门的古汉语文字学家。

第三节　语文教学方法的基本理论

语文教学方法是语文教学的一种重要手段。没有良好的教学方法，就难以取得预期的教学效果。哲学家黑格尔把方法喻为耕地的犁，生物学家达尔文说最有价值的知识是关于方法的知识。什么是方法？从现代科学意义上理解，方法是指人们在有关的活动领域，把握事物规律，完成某种任务而采用的途径、手段、工具和方式的总和。语文教学方法是教师引导学生自觉而有效地完成学习语文知识、培养语文能力、陶冶品德情操的任务所采用的方式、手段和途径。

一、语文教学方法的基本原理

语文教学方法，首先要了解语文教学方法的内涵、特征和分类，明确优化语文教学方法的标准和要求。

（一）语文教学方法的内涵

方法是一个多视角的复合体。从哲学的视角考察，它是人类认识世界和改造世界的方式和手段，人们称之为方法论。从心理学的视角考察，它是人类自主控制的行为程序。"科普宁认为方法不能直接规定为客观世界中存在的某种东西，方法就是指人在认识和实际行动过程中应该怎么办。"

方法实质上就是一定对象运动规律的规定性和活动模式，它在一定的范畴内规范着人们的行为方式。

语文教学方法具有多层次的内涵。从宏观、从广义、从整体来看，它是概指实现语文教学目的所采用的教材编排、教学过程、教学原则、教学形式、教学设施、教学技术等一切方面。人们平常泛指的"改进语文教学方法"，实际上多指"语文教学方法论"。从微观、从狭义、从局部来着，它是师生为达到语文教学目的而进行的相互联系活动的形式，也就是独立的、具体的语文教学方法，是教法和学法的统一。我们所说的语文教学方法是狭义的，为了完成教学任务所使用的工作方法，它包括教师教的方法和学生学的方法。

（二）语文教学方法的特征

语文教学的方法不是一种孤立的现象，而要受到多种教学因素的制约；语文教学的方法也不是一种单一的模式，而是多姿多彩、变化多端的；语文教学的方法更不是凭空产生、一成不变的，而是发展变化、推陈出新的。正确认识语文教学方法的基本特征，认识它的整体功能，这是选择运用和改革创新语文教学方法的基础和前提。也就是说，无论是选择运用，还是改革创新，都必须充分考察语文教学方法在语文教学整体坐标系中的位置和功能，它与各种教学因素、教学环节以及方法与方法之间相互联系、相互作用、相互影响，进行教法结构的整体设计，提高语文教学的实际效益。

语文教学方法的基本特征可概括为三个方面。

1.语文教学方法具有依存性和变通性

这是从它与其他教学因素的关系来说的。所谓依存性，就是语文教学方法要受各种语文教学因素制约。首先，教学思想统帅教学方法，教学方法是教学思想的直接体现。教师设计某种教学方法，总是有意或无意、自觉不自觉地受一定教学思想的支配，完全不受任何教学思想支配的教学方法是不存在的。坚持"教师中心""书本中心"的教师，往往习惯于"老师讲，学生听"，大多采用讲和读的方法，时常由教师唱"独角戏"，讲述、讲解、评析，一讲到底，难免有"满堂灌""注入式"之嫌；主张"学生为主体，教师为主导"的教师，注重"导读"，尽量设计各种有利于调动学生主体意识地讲、读、议、练、看的教学方法。因此，从这个意义上来说，语文教学方法的改革，归根结底是教学思想的改革。其次，教学目的决定教学方法，教学方法为教学目的服务。如果以传授知识为教学目的，则主要可以采用讲授法；如果既要传授知识，又要培养能力，则必须讲练结合。此外，语文教学方法还要受到语文学科性质、语文教学内容以及学生年龄和心理特征等多种因素的制约。所以说，语文教学方法具有较强的依存性，不能主观随意地盲目设计和使用。但是，与此同时，语文教学方法又具有较大的变通性。它的依存性并不能限制它的灵活变通。不同的情态可能采用相同的方法，相同的情态也可以运用不同的方法。比如，各类文体教学都可以采用讲练结合的教法。又如，传授知识，既可讲授，也可讲读议多种方法综合运用，即有用讲的方法，也有用启发式还是用注入式的高下优劣之分。这种变通性就是"弹性"。语文教学方法的"弹性"特征，说明"教无定法"，要求教师设计和运用时采取相应的灵活态度，不拘一格，不遵一法，学会变通，善于权变。

2.语文教学方法具有多样性和综合性

这是从它的表现形式来说的。语文学科性质的综合性，语文教学内容的丰富性，语文教学过程中师生相互联系活动形式的多样性，以及语文教学方法自身的变通性，决定了语文教学方法具有多样性。比如，语文学科内涵丰富多彩，语文教学方法也就绚丽多姿。识字、释词、析句、习篇可有多种教法，语法、修辞、逻辑、文学知识可有多种学法；听、说、读、写各种能力，各有各的训练方法。记叙、说明、议论、应用各类文章，各有各的讲法、读法和写法。而多样化的教学方法的交织使用，势必形成语文教学方法的综合性。实践证明，任何一种教学方法都有它的长处和优越性，也有它的短处和局限性，叫作"尺有所短，寸有所长"；哪怕是再好的教学方法也不是"万应灵丹"；各种教学方法各有其长，各得其用。因此，语文教学中决不能使用某一种具体方法。比如一堂新授课，光讲不行，还要读，可能还要议和练；即使是讲，也不能只用讲述法，还要交错运用讲解法、讲析法乃至于串讲法、评点法等。所以，在语文教学中，以某种方法为主、其他方法为辅、多种教学方法交错使用的情况是常见的，这也是语文教学方法综合性的特点所决定的。

3.语文教学方法具有继承性和创造性

这是从它的发展变化来说的。"不愤不启，不悱不发。举一隅不以三隅反，则不复也。"这种举一反三的启发式教学法构想，是两千多年前孔子首倡，至今仍然具有强大的生命力。由此可见，语文教学方法既不是从天上掉下来的，也不是人们的头脑里所固有的，而是从历史的沃土中生长出来的。历史是无法割断的。试想，谁能够在现代语文教学中完全排除古人和前人创造出来的教学方法呢？语文教学方法具有历史继承性，这是不言而喻的。

但是继承传统决不等于故步自封。任何事物都在不断地发展变化，停止发展也就会丧失生命力，语文教学方法同样如此，总要在继承的基础上创新。

仅以阅读教学方法为例，从古到今、从传统教法到现代教法，它就经历了"串讲法、诵读法、评点法、讲读法、分析法、谈话法、精讲多练法、讲读法、读书先导法"这样一条发展轨迹，不时发展变化，推陈出新。

这种"出新"包含三个层次。一是新的组合，那就是将现有的具体单个的教学方法经过科学的排列组合，形成一种新的教学方法，比如读、写结合法；二是新的引进，也就是从外国引进一些先进教法，结合本地教学实标，进行消化、推广，比如情境教学法、五步读书法等；三是新的创造，也就是总结自己和他人的丰富教学经验，遵照教育教学原理，结合实际，别出心裁地设计创造出一种新的教学方法来，比如"读、划、批、写"教学法等。教学方法的设计和使用，既是一种技术，更是一种艺术，特别需要避短扬长，推陈出新，发挥创造性。

概括地讲，上述语文教学方法的三大特征，体现了语文教学方法本身的三对辩证关系。正确地处理好这三组对立统一的矛盾，也就可以整体把握语文教学方法的本质。

（三）语文教学方法的分类

语文教学方法到底有哪几种？这就牵涉到一个教学方法分类的问题。而这个问题，长期以来，言人人殊，见仁见智。

达尼洛夫、计叶希波夫则分为这样三类："保证学生积极地感知和理解新教材的教学方法；巩固和提高知识、技能和技巧的教学方法；学生知识、技能、技巧的检查。"

而有人则把教学方法划分为三个相互联结的层级：第一层级，包括以语言文字为传递媒介、以传递知识为主的五种基本方法，即讲授法、谈话法、读书指导法、练习法、检查法。第二层级，以实物为媒介，除传递知识以外，具有培养实际技能、操作能力的功能，即演示法、实验法、参观法、实习作业法、课堂讨论法等。第三层级的教学方法是新的综合的方法。

教学方法的分类是多视角、多层次的。

对语文教学方法的分类，既要借鉴普通教学方法分类法的原理，又要依据语文学科教学自身的特点，还要顾及语文教学方法的历史和现状，集中起来，就是要确立一个能够反映语文学科特点、便于区分的划分标准。

这个标准，可以由以下几个方面组成：第一，从教学论来看，语文教学方法作为一种教学手段，它主要采用的活动形式；第二，从信息论来看，作为一种传递信息的通道（信道），它主要凭借的传递媒介（传媒）；第三，从生理学来看，作为一种外部刺激，它主要作用于生理感官；第四，从心理学来看，作为一种心理调节方式，它主要调节于心理机能。根据这种划分标准，语文教学方法可以分为四类：

第一类，运用语言的方法，包括讲述法、讲解法、评析法、串讲法、评点法、谈话法、问答法、商议法、讨论法、默读法、朗读法、背诵法、吟诵法、复述法等。它主要采用讲、议、读的活动形式，凭借语言符号这种传媒，刺激人的言语器官，主要促进学生的记忆和理解。

第二类，直观感知的方法，包括观察法、观摩法、参观法、演示法等。它主要采用看和听的活动形式，凭借模型、实物和图像等传媒，刺激人的感觉器官，主要强化学生的感知。

第三类，实际操作的方法，包括提纲法、抄摘法、作业法、作文法等。它主要采用动手做的活动形式，凭借人的肢躯等传媒，刺激人的效应（运动）器官，主要训练学生对知识的应用技能。

第四类，综合交错的方法，比如板书图示法、讲练结合法、读写结合法等。它采用多种（两种或两种以上）活动形式，凭借多种传媒，刺激多种生理感官，多方面调节学生的心理机能，发挥多种语文教学效应。

（四）语文教学方法的优化

谈到语文教学方法，必然论及语文教学方法的优化。按照巴班斯基的观点教学最优化的基本办法，既能提高教学质量，又能节省时间和精力的那些做法。对教师的教来说，是"选择能有效地解决相应任务的组织学习、刺激学习和检查学习的方法和手段"；对学生的学来说，"在学习中合理地自我组织、自我砥砺、自我检查"。语文教学方法究竟如何优化？近几年来，我国语文教育专家学者对此进行了专门研究，推出了一套套方案，亮出了一个个标准。比如：有的认为，语文教学方法的优化至少应包括这样四项内容：一是提高教学方法改革的自觉性。二是加强教学方法研究的科学性。三是注意教学方法运用的灵活性。四是提倡教学方法的多样化。有的则提出了教学方法是否优化的四条标准：一看时间效应，即运用这种教学方法，时间上是否经济；二看质量效应，即运用这种教学方法，质量上是否能够保证；三看心理效应，即运用这种教学方法，是否符合学生心理发展过程；四看社会效应，即运用这种教学方法，社会效果是否好。所有这些观点和主张都能给人以启迪，具有理论价值和现实意义。

语文教学方法的优化，对于语文教师来说，应当努力做到：科学选用，巧妙组合，刻意出新，自成体系。这四句话，既是四项教学要求，也是依次递进、逐步上升的四个发展阶段，四种教学境界。

科学选用是基础，也是优化教学方法的基本要求。选择运用教学方法，必须依据正确的教学思想、既定的教学目的、学科的性质、教学的内容、学生的特点以及教学环境的状况，并且做到课时少而效果好，尽量提高单位时间的教学效益。概括地说，就是必须符合语文教学的规律和教学过程最优化的原理。这是科学性的要求。

巧妙组合讲变化，在科学性的基础上讲究灵活性，能够将不同的方法巧妙地排列组合，使之更好地为完成教学任务、提高教学质量服务。刻意出新求发展，对原有的、常规的教学方法进行分析评价，汰选扬弃，通过引进改造和更新换代，创造出新颖的教学方法来。

自成体系日臻完善，要求语文教师在长期的教学实践和艰苦的教改探索过程中逐步形成一套自己的教学方法体系。事实上，每个教师在毕生的教学实践中都可能形成一套自己适用的教学方法，问题是这套方法是否成为完善的体系。而体系的完善性，就是科学性、灵活性和创造性的总和。

二、语文教学方法的基本形式

语文教学是建构起常规教学方法系统。这个常规语文教学方法系统，主要是由讲授、诵读、议论、练习、观察五个大类的几十种具体教学方法构成的。

（一）讲授法

讲，是语文教学最基本的方法，既是传统的，又是现代的。

张志公先生说得好："所谓启发式，是教学用的一个术语，指的就是采取这种启发的办法进行教学，来代替完完全全地由教师来讲，学生完完全全被动地来听的这种方式。……可是我们万万不能从这里得出来教师不能讲，教师一讲，或者教师讲得多一些，就是满堂灌了，不能得出这样一个结论。教师就是要讲，得会讲，得善于讲，得讲得好，讲不等于灌。"苏霍姆林斯基也曾强调："教师的言语是一种什么也代替不了地影响学生心灵的工具。"所以说，讲授的方法在语文教学中占有重要的甚至是首要的地位。

语文教学的讲授法是一个大的门类，包含下述主要的具体教学方法。

1.讲述法关键在"述"

教师采用叙述和说明的方式来讲授语文知识。它以班级学生为对象，充分发挥教师的主导作用，在较短的时间内集中传授密集的书本知识，保证知识传授的系统性、完整性和深刻性。一般用来介绍作者和时代背景和叙述课文内容，描摹情境气氛，阐发中心思想，总结写作特点等。

它纵贯教学全过程，横穿各类文体教学，是各种教学方法中使用频率较高的一种方法。教师要吃透教材，掌握精髓，把最能体现内在规律性的知识教给学生，做到"少而精"；突出重点，突破难点，围绕教学目的，集中讲述必要的知识，不致旁逸斜出，横生枝节；要语言精练，讲述生动，尽量运用语言直观以及表情、手势等体态吸引学生，感染学生；要启发诱导，双边协同，充分调动学生感知、思维等多种心理机能，把教师讲述和学生讲述结合起来。

2.讲解法关键是"解"

教师采用解说和诠释的方式来讲授语文知识。这是一种释疑解惑、点到为止的教学方法。主要用于解释字词，串解难句，解说概念史实典故，诠释名物典章制度等。运用讲解法，要保证准确性，有根有据；要具有明晰性，解说清楚，表述中肯，不能模棱两可，含混不清；要富于针对性，哪些要解说，哪些是诠释，事先心中有底，课上有的放矢，解学生之所惑，释学生之所疑，讲学生之所需。

讲述法和讲解法都是讲授法，实际教学中，要彼此配合，相互作用。

3.评析法

教师采用评价、分析的方式来讲授语文知识。主要用来剖析课文内容、评论写作特点、讲评作业等。教师运用理论思维对语文教学内容进行判断、推理分析、综合，归纳、演绎，从而引导学生加深领会，提高认识，由初步感知教材到深入理解知识。采用评析法，既要精当，有的放矢，切中肯綮，要言不烦，一语破的，又要实在，有感而发，言之有物。

4.串讲法

这是一种古文教法，也适用于某些艰深语体文的教学。它依照篇章结构顺序，逐段逐层乃至于逐句逐字地重点讲解，串通文意。串，就是贯串、连接，用以疏通语句文意，讲，就是解字释词。串讲的步骤一般是：读——讲——串。读一段（句），讲一段（句），然后贯通文意。串讲法适用于教学内容深奥，文字艰深的课文，特别是有利于文言文教学。正如古人所云："每句先逐字训之，然后通解一句之意，又通解一章之意，相接续作去。明理演文，一举两得。"运用串讲法，并非每字每句都要详加讲解，而应突出重点、难点。重点一般指思想内容或写作技巧方面在全篇中处于关键地位或者是有特点的句段。难点可以是：没有注释而又难于理解的，或读了课文注释仍难理解的，或可能有歧义、有多种解释的字词句段，涉及社会历史背景和名物典章制度的内容，表述含蓄深奥甚至晦涩难懂的地方。

5.评点法也是一种古文教法

评，指品评；点，指圈点。评点就是对文章写作方法和思想内容加以品评圈点，指出其突出之处，比如，指点炼字遣词的精当，品评修辞表达的巧妙，赞赏立意谋篇的奇特等，有时也对重点字词或关键词语做些注解。古人读书评点重在圈点，并各自设计了圈点标记办法，比如南宋朱熹有《读书分期标记法》、明代归震川有《史记圈识凡例》等；今人阅读评点重在品评。评点时一般是逐句评点，逐段小结。运用评点法，要言不烦，明白准确；注重写法，兼及内容；抓住关键，设问置疑。

（二）诵读法

读，也是语文教学的基本方法。此法创设历史久远。古称"讽诵"。最早见于《周礼》。郑玄注释："倍文曰讽；以声节之曰诵。"讽，"背文"，即背诵；诵，"以声节之"，就是朗诵。时至朱熹，倍加强调："大凡读书，须是熟读，熟读了自然精熟，精熟后理自见得。"

诵读法就是通过反复诵读，疏通文字，体会感情，理解内容，同时培养语感，积累语言材料，训练读书技巧，增强语言的感受力和记忆力，提高语文素养。诵读包括朗读、背诵、吟诵等具体教学方法。

朗读就是把书面语言转化为响亮的口头语言。这是一种眼、口、耳、脑等多种生理机能共同参与、协调动作的阅读。它能增强语感，训练语音，再现课文情境，加深课文理解，培养学生的记忆力、语言感受力和口头表达能力。朗读的要求：一是准确，做到语音正确，语句完整，句读分明，停顿合理，不哼读，不唱读，不拖泥带水读，"须要读得字字响亮，可误二字，不可少一字，不可多一字，不可倒一字，不可牵强附记，只要多诵遍数，自然上口，久远不忘"。二是流畅，读得连贯流利，恰当把握语调和语气，体现抑扬顿挫、轻重缓急。三是传神，也就是有感情地读，熟练地运用语音和表情，表达出文章的风格神采。

"可是在目前的语文教学里，大多数还没做到好好地读。有很多地区，小学里读语文课本还是一字一拍的，这根本不成语言。中学里也往往不注意读，随口念一遍，就是读了，发音不讲究，语调不揣摩，更不用说表出逻辑关系，传出神情意态了。这是不能容忍的。读得马虎，就减低了语文教学的效果，哪怕你其他的方面做得相当好。"

叶圣陶先生早在1955年就批评指出，语文教学应当从根本上改变不好好读书的局面，要运用多方式进行朗读教学。首先，要加强教师的范读（或播放优美录音）为学生树立样板，并以此为手段，帮助学生深入体会课文的情感意蕴，增强教学效果。其次，要交替使用散读（自由读）、弃读、个读、引读、跟读、伴读、轮读、对读、指名读、分角色读、表演性读等方式，经常性地进行专门指导，授之以法，从严训练，形成敢于和乐于高声而有感情地朗读的风气和习惯，使学生真的学会读书。

背诵法凭借记忆念出读过的文章词句，在理解的基础上熟读而成。背诵有助于积累丰富的语言材料，模仿名家名篇行文说话，提高语文素养，所谓"熟读唐诗三百首，不会吟诗也会吟"便是这个意思；背诵还是语文教学中的一种"记忆力体操"，长期适度训练，可以强化并开发学生的记忆力。但是不能把死记呆背和背诵法简单地等同起来。

运用背诵法教学必须注意：一要坚持数量要求，每个学期必须要求学生背诵一定数量的诗文选段。二要精选背诵材料，所背诗文，或是名家名篇，或是典范段落和精彩片段。三要加强方法指导，提示所背文章脉络或关键词语，作为记忆的"支点"，帮助考生较快理解所背内容。

吟诵法，一种古老的诵读方法。它用唱歌似的声调来诵读作品，以声入情，因声求义，以此感受作品的思想内容和韵味情调。包括两种方式：一种是按一定曲调唱，又叫吟唱、吟咏、吟哦、吟讽，适用于律诗、绝句、词、赋等抒情性强的古典文学作品；另一种曲调感不强，诵读成分较多，听起来朗朗上口，连贯流畅，又叫吟读、朗吟、讽诵，适用于读长篇歌行体诗、古代散文中叙事性强的文学作品。运用吟诵法，既要深刻把握作品意境，使吟唱腔调与作品内涵协调一致，又要掌握一些吟诵的基本技巧。

（三）议论法

议，语文教学基本方法之一，是通过师生之间回答问题或者展开讨论来完成语文教学任务的教学方法。它本是一种古老的教学方法，一部《论语》，就是孔子与其弟子门生的讲录。古希腊大哲学家苏格拉底在论辩中运用问答法，通过巧妙地诘问，引导对方承认自己的观点是错误的，所谈的是自相矛盾的，并将这种谈话法称为"助产术"。

议论法以问、答、议、论为主要表现形式，使学生有较多的质疑问难、发表见解的机会，有利于激发学生的学习热情，发挥其主观能动性，促进和发展他们的积极思维，养成敏捷思考、迅速作答的习惯和能力，同时有利于提高口头语言表达能力。议论法主要包括谈话、讨论等具体方法。

谈话法也叫"提问法"。由教师提出一些问题，引导学生积极思考，得出正确答案。这种教师提问、学生作答的对讲形式，就像日常生活中的谈话，故称谈话法。谈话的过程实际上就是启发学生分析问题、解决问题的过程。

有效地运用谈话法，关键在于教师如何设计提问和组织问答。一是谈话设计的整体性。对于提问、作答要做通盘思考，整体设计，不要"东一榔头，西一棒子"，零打碎敲，使教学失去系统性和条理性。二是谈话设计的启发性。设计提问要有利于开拓学生思路，引导他们积极思维。既不过浅过易，保持一定的思维力度，又要让学生"跳起来摘果子"，通过努力可以达到了，同时还要顾及全班，所提问题难易搭配，使各种水平层次的学生都有答问的机会和能力，用以调动全体学生的学习热情。三是谈话设计的艺术性。要善于设疑、引趣，巧于曲问、点拨，还要注意教态和蔼亲切，坚持诱导激励，造成一个融洽生动的谈话氛围。谈话法的最大特点，就是充分发动学生既质疑问难又释疑解惑，便于充分发挥学生的学习主体作用。教师必须真正吃透教材，牢固把握教学重点，精心设计教学步骤，善于驾驭课堂，做得活而不乱，游刃有余。

讨论法也称课堂讨论法，问题讨论法。在教师精心运作下，以集体（小组或全班）的组织形式，围绕某一教学要点或专题，展开议论甚至争辩，从而获得知识、开发智力的一种教学方法。

讨论法的形式多种多样。从组织形式分，有同桌对话、小组活动、全班讨论等。从讨论内容分则有：质疑问难，可用于文字艰涩、内涵深邃作品的释疑解难，心得交流，适用于课内外读写心得交流；专题评述，多用于评述文学作品，也可用于评析同学作文，进行作文集体讲评、问题辩论等。

运用讨论法，必须注意：一要充分准备，选好论题，明确要求，妥善安排，指导学生做好参阅资料、起草发言提纲等项准备工作；二要严密组织，加强宏观调控，引导学生踊跃发表意见，围绕中心进行；三要认真总结，从中得到提高，收到实效，不能虎头蛇尾，有始无终。

（四）练习法

练，也是语文教学的基本方法。这是教师指导学生反复训练、将知识转化为技能的一种教学方法，孔子要求"学而时习之"，夸美纽斯则明确指出："一切语文从实践去学习比用规则学习来得容易。这是指的听、读、重读、抄写，用手用舌头去练习，在可能的范围以内，尽量时时这样去做。"练习法的最大功能就是使学生运用学过的知识，投入听、说、读、写的各项实践，促使知识迁移，形成必要的语文技能和熟练技巧。

练习的方式方法很多。既有课堂练习，又有课外作业；既有单项训练，又有综合训练；既有书面作业，又有口头练习。练习主要有复述、提纲、抄摘、作业等。

1.复述法以课文为依据，根据理解和回忆，用自己的语言叙述课文内容的练习方法。能够促使学生熟悉课文，理解课文，锻炼和培养理解、记忆、概括、想象和口头表达等多种能力。复述方式很多：简要复述，以简明的语言，扼要叙述主要内容，一般用于检查预习或复述长篇课文，可以训练学生的概括能力；详细复述，包括复述课文基本内容和重要词句，多用于低年级或短文教学；摘要复述，摘取课文中的重点部分或精彩段落等，复述可详可略；创造性复述，以原文为依托，展开合理想象，进行必要的创造性描述。运用复述法，应当指导学生恰当地运用课文中的语言和自己的语言，正确而有选择地表述课文内容。复述前要明确要求，让学生准备充分；复述中要启发鼓励，使学生正常发挥；复述后要总结讲评。

2.提纲法用准确、简明的语言扼要概括课文内容并揭示其内在联系的教学方法。可以帮助学生深入理解课文，受到语言和逻辑思维能力的训练。编列提纲类型繁多：从内容分，有段落结构提纲、情节线索提纲、人物描写（或评价）提纲、景物（环境）描写提纲、论点论据提纲、说明顺序提纲等；从形式分，有条文式提纲、表解式提纲、表格式提纲、图示式提纲、词句辑录式提纲、综合式提纲等；从范围分，有全篇提纲、段落提纲、片段提纲等；从作用分，有预习提纲、分析提纲、板书提纲、练习提纲等；从繁简分，有详细提纲、简单提纲。编列提纲的步骤是：首先，将课文内容划分段落层次；然后，用简明扼要的词语概括每个段落层次的内容；最后，按照一定的逻辑顺序，将这些概括性词语正确地排列组合起来。提纲可以师生共同编列，也可由学生单独编拟；可在课内讲习、练习时结合教读进行，也可在课内外自读时进行，还可作为课外预习、复习的作业安排。

3.抄摘法，也叫摘记、摘抄。是有选择而又扼要地抄写摘录的一种练习。抄摘实际上就是抄读。"抄读就是边抄边读。前人治学，重视抄读，他们认为抄读的益处不仅在于积累资料，而且还有促进注意和强化记忆的效果。"抄摘种类也不少。从范围分，有全文（多是短篇）抄录、片段摘要、语句摘抄、词语抄写等；从内容分，有精美诗文抄录、优美描写摘要、名言警句摘抄、重要词语抄写；从形式分，有课堂笔记、课后作业、课外读书笔记等。指导学生运用抄摘法，一要养成随手抄摘、工整书写的习惯；二要多读多抄、边抄摘边思考；三是组织全班性抄摘活动，如由学生在黑板上开辟"名言角"

"每日一句"等专栏，举行班级抄摘比赛等；四是要求学生设计并开展各种课外抄摘活动，如做名言警句书签、编图文并茂的文萃册等。

4.作业法指教师为了巩固、深化和提高教学效果而给学生布置学习任务，要求学生限时完成的一种教学方法。作业一般在教完新课后集中进行，可在课内，也可在课外，和其他教学方法交叉进行。它的形式多种多样。从表达形式分，有口头作业、书面作业；从训练方式分，有朗读、背诵、复述、听写、抄写、组词、造句、解释词语、分析句子、编列提纲、回答课文内容或形式方面的问题等。运用作业法，要加强科学性，讲求实效。

（五）观察法

它是教师指导学生运用自己的视听器官，直接感知客观事物，增强感性认识的直观教学方法。一般来说，人主要靠视、听觉摄取信息。实验表明，人的各种感官所获知识的比例，视听共占94%，而其中视觉占83%。观察是人的智力活动的起始，是人认识世界、将物象转化为表象的桥梁。

苏霍姆林斯基指出："从观察中不仅可以汲取知识，而且知识在观察中可以浮现起来，知识借助观察而进入周转，像工具在劳动中得到那样。如果说复习是学习之母，那么观察就是思考和识记知识之母。一个有观察力的学生，绝不会是学业成绩落后或者文理不通的学生。"

观察法包括观摩、演示、参观等具体方法。

1.观摩法即组织学生观看利用幻灯、投影、电视录像、教学电影等电教媒体展现的与教学有关的内容，从而增强感性体验，深入理解教材内容的一种方法。比如：结合学习课文《祝福》，观摩电影《祝福》；结合学习《林黛玉进贾府》，观看《红楼梦》电视录像片段；结合学习《天山景物记》，观摩有关天山风光的幻灯片等。运用观摩法，一是要求教师学会操作一般电化教具，并学做教学幻灯、投影片；二要认真组织和指导学生观摩，做到事前明确要求，观摩过程中插入解说指导，事后进行讨论和总结，使观摩的过程成为一个完整的教学过程。

2.演示法指利用教学卡片、挂图、实物、标本和模型等教具辅助教学的一种方法。运用演示法，特别注意教具出示和收取的适时性，要紧密配合教学需要，指导学生及时细致观察，不能顾此失彼，分散学生注意力。

3.参观法配合教学概要,组织学生到一定场所参观访问,以增加感性认识,深化对课文的理解,获取作文素材的一种方法。比如:结合教读《荷塘月色》参观校园荷塘;结合教读《中国石拱桥》等说明建筑物的课文参观当地的建筑物;结合教读山水游记课文,组织郊游并指导写作游记;等等。运用参观法,一要确定参观目的,制订参观计划,明确参观要求;二要严密组织,具体指导,要求学生做好参观记录;三要指导学生整理参观笔记,组织讨论、座谈,写观后感或写作预定的有关作文,把感性认识上升到理性认识。

第四节 语文教学方法的变革

一、语文教学方法的创新

创新,是语文教学方法变革的重要途径。广大语文教师把握改革开放的大好时机,充分施展自己的创造才华,推出了一批语文教学的新方法。下面择要介绍其中几种。

（一）自学指导法

也称自学法,自学辅导法,是教师指导学生自学获取语文知识、培养语文能力的一种教学方法。这种教学方法的创新和推行,是以"学生为主体,教师为主导"教学思想的重要体现。学生根据教师规定的教材或自学材料、指定的作业,自己阅读或做习题,教师适当指导、答疑和小结。这种方法适用于小学三年级以上的学生。优点是,以学生自学为主,注重培养学生的自学能力和自学习惯,有利于创造型人才的培养。弱点是,基础差的学生常常力不胜任,如果指导不力则容易使教学放任自流。

它有各种不同的方式:一是划块式,即在一节课以内,划出一块时间,用于学生自学和教师指导自学。二是整堂式,即用整整一堂课的时间,专门用于学生自学和教师指导自学。三是课外式,即在正课结束后,规定一个时间,指导学生自学,一般以学习吃力的学生为对象,也有全体学生都参加的。

运用自学指导法，必须注意：一要明确学习的目的和要求，结合自学内容提出激发学生学习兴趣的思考题和练习题，让学生心中有数，带着问题自学；二要指出自学内容的重点和难点，指明自学的步骤和方法；三要给学生提示或提供参读材料或自学手段，帮助他们自行解决学习中的问题；四要进行巡视指导，对于自学吃力的学生还要有重点地进行个别辅导，细致观察和掌握学生自学情况，及时解决需要教师指导的问题；五要创设良好的自学环境和条件，让学生专心自学，提高自学效率；六要检查总结自学情况，肯定学生自学的成果，解决学生自学中的疑难问题，不断提高学生的自学质量。而关键在于教给学生自学的步骤和方法。比如：魏书生老师总结了"四遍八步读书法"：一遍跳读（记梗概、记主要人物），二遍速读（复述内容、厘清思路），三遍细读（掌握字词句、圈点摘要、归纳中心），四遍深读（分析写作特点）。自学指导法正在全国范围内逐步推行，有着广阔的发展前景。

（二）读写结合法

它就是从读学写，以写促读，读写结合，实现读写水乳交融齐步发展目标的教学方法。影响最大并自成体系的要数广东省潮州市小学特级教师丁有宽。他经过八轮教改实验，逐步创设了"以记叙文为主体的读写结合五步系列训练法"。针对过去语文教学模模糊糊一大片的弊端，提出"杂中求精，打好基础，乱中求序，分步训练，华中求实，突出重点，教给规律"的教学思想和教学方法，运用心理学、工程学、系统论等科学理论，指导学生读写结合，反复训练，开设"15 分钟观察口头表达课""寻美作文课"等多种特殊训练课程；在四、五年级学生中提倡自学自得、自拟标题、自改作文，甚至取消传统的专门的作文课，而把大量的写作片段训练和综合训练糅合在阅读教学之中。

（三）比较教学法

这是把两种或两种以上的语文因素集中起来，进行比较、分析，探寻规律，加深理解的一种教学方法。我国著名幼儿教育家陈鹤琴先生曾经将它用于幼儿教育，将两种相近的物体让孩子进行区别，分清其特征属性，使孩子对所学事物认识正确，印象深刻，记忆持久，在幼儿园的教学中起着重要的作用。而作为一种语文教学的具体方法，它的兴起、推广和逐步定型还是近几年的事。运用比较法进行语文教学，可以使学生明了知识构成规律，系统巩固所学知识，并培养举一反三、触类旁通的自学能力。

比较的方式主要有四种：一是横比，即两个或两个以上同类的语文因素相比，比如字词句篇，主题、题材、手法，人物、事物各自之间的相互比较。二是纵比，即同一语文因素的前后发展变化相比，比如词的本义与引申义，古今语法特点，课文修改前后的比较。像教《藤野先生》，用原句"从此就看见许多新的先生，听到许多新的讲义"比较改定句"从此就看见许多陌生的先生，听到许多新鲜的讲义"，就发现作者遣词造句的准确、精当。三是对比，即将相对或相反的语文因素进行比较，比如同义词与反义词、对偶句、对立人物形象、相对写作方法之间的比较。四是类比，即用同类的两个语文因素中的通俗易懂的一个来与另一个相比，实际上是进行类比推理。

比较的类型大致有两种：一是求同比较，对相同或相似的语文因素，通过横比或类比寻找共同的规律。二是求异比较，对同类而不同特点的语文因素，通过对比或纵比，区分差异。

比较教学法运用的途径主要有四条：一是新旧联系。学习新知识，启发学生联系旧知识，从旧知识中寻找比较对象。二是设问求比。教师根据教学需要提出问题，要求学生围绕问题去收集课内外语文材料，寻找比较点。三是单元教学。一次学习几篇同类课文，启发学生认识它们之间的联系与区别，确定比较点。四是对比讲评。学生作文之后，以学生作文为例，展示同一题目不同写法，引导学生比较分析。

（四）得得教学法

简称"得得法"，也称"一课一得，得得相连"。所谓"得"是指教学必须使学生有所得，不仅要使学生学懂，而且要学生学会。整个教学过程是教一点，学一点，懂一点，会一点；只有懂了、会了，才算是"得"了。一篇课文在为训练点服务时，教学全过程大致分为三个阶段：一是自学预习阶段。先由教师做自学启发，然后由学生自学，再由教师着重提示课本中作为例子的部分，为突出训练点的要求做准备。二是逐点落实阶段。教师突出训练点的具体要求，引导学生精读、深入钻研并解剖范例，进行单项训练，落实一"得"。三是读写结合阶段，学生在剖析范例后进行写作的模仿和创造。

上述三个阶段形成一条"综合（课文）—单一（举例训练）—综合（作文）"的完整的思维链。"得得法本是一种教学体系，并非一种具体的教学方法；但是，这种"一课一得，积小得为大得"的语文教改精神，贯彻到广大的面上，不少教师已将"一课一得"作为一种独立使用的具体教学方法。

（五）情境教学法

根据课文内容和教学要求，运用各种教学手段，创设适合于学生学习语文的生动情境，使学生入境会意，触景生情，从而加深理解，学习语言，开发智力，陶冶情操。情境教学法，作为一种具体的教学方法，已在全国各地逐步推开。

运用情境教学法，关键是创设一个语文教学的生动情境，主要方式有三种。

第一，模拟情境。一般是通过图画、照片、音乐、文学语言、电化教具等教学手段，再现教材提供的情境。根据儿童思维与注意的特点，模拟的情境要具有形象性和生动性，可以通过五种途径模拟情境，即以生活显示情境，以图画再现情境，以音乐渲染情境，以语言描述情境，以扮演角色体会情境。五种途径，可以从中选用一种，也可综合使用几种，最终都要落实到语言学习上。

第二，选取情境。阅读教学，可以借助电教手段配合课堂教学，比如结合课文放映有关的幻灯、投影、录像和教学电影，使学生如闻其声、如见其人、如临其境；作文教学，可以带学生走出课堂，实地观察，开阔视野，丰富素材。

运用情境法，一要因文设境，不同文体、不同课文创设不同的情境；二要随机取境，尽量做到因陋就简，就地取材；三要情智交融，创设情境的根本目的还是为了更好地完成语文教学的任务，通过情境教学要使学生更好地学习知识，开发智力，陶冶情操，而不是为情境而情境，走向趣味主义。

要进入学习情境，必须进行情境诱导，情境教学法就是使学生在教师的作用下完成学习过程。因此，教师教学中要注意以下两个方面。

1.施教的趣味性

兴趣是推动学生学习的直接动力，兴趣的主要职能就是使学生把学习化作自己的动力和需要。"知之者不如好之者，好之者不如乐之者。"这是古代教育家孔子的经验之谈;"所有智力方面的工作都要依赖于兴趣。"这是现代心理学之父皮亚杰的著名论断。教学实践证明,激发学生在思考探索的过程中体验到乐趣,感受到兴奋和激动,是提高教学成果的捷径。而要使学生对学习产生兴趣,教师就要把课讲得情感横溢,趣味盎然,生动活泼。趣味性,是情境教学法的重要内涵之一。语文教师要千方百计把课上得有味,讲得有趣,让学生在活泼的气氛中,在愉悦的心境里,在轻松的环境下去学习,去探索,品味到语文课的甘甜与芬芳。如要求背诵古典诗词,每次早读一首,日积月累,以提高学生的文学修养和兴趣,每堂课设计引人入胜的导语,一开始就紧紧吸引住学生。有很多行之有效的方法,常用的有直观演示、开拓想象、抓点拎线、形成悬念、展现意境、激发情感、讨论答辩等。这样的方法克服了学生厌倦消极的心理状态,促使学生以极大的热情投入语文学习的天地,来提高学习的积极性,激发了求知的兴趣。

2.求学的主动性

"'教'不是'统治',不能代替'学',而是启发学生'学',引导学生'学'。语文教学应该把立足点'从教出发转移到从学出发'。"教学过程是开发学生智力、培养学生能力的发展变化过程,教学的对象是充满情感和个性各异的活生生的人,教学的目的只有通过学习者本身的积极参与、内化、吸收才能实现。学生是学习活动的主体,学生能否主动参与,成为教学成败的关键。情境教学法的目标就是为了提高学生的学习兴趣,开启学生思维之门,培养学生积极主动的学习态度。常言道:好的开始等于成功的一半。激发学生的学习动机,多在导入新课时进行。此时或确定学习重点,让学生有一个目标;或者介绍学习方法,使学生前进有路;或导入有术,令学生进入情境。情境教学法十分讲究和重视这一环节的设计。根据不同的教材,针对不同的对象,采用不同的导语。常用的方式有问题悬念式、诗词曲赋式、格言警句式、故事传说式、温故入新式、解题式、练习式、知识式等。学生的学习动机被激起后,无论是好奇、新鲜,还是情感、关注的需求,都形成一种努力探求的力量,积极参与到学习活动之中,成为学习的主人。培养学生的参与意识,是教学民主的具体体现,它能给学生尊重感、信任感、理解感。学生在主动参与的内驱力推动下，为求知而乐，为探求而兴奋、激动，到达了一个比教学预期目标还要广阔的境界，体验到成功的乐趣，得到一种精神的享受。变"要我学"为"我要学"，学习成为一种自我需要，使学习动机更为稳定和强化。情境教学法使学生在愉快的学习情境中产生学习动机，教师全力创造适于学生潜力发挥的条件，让学生全体参与、主动参与。诚如是，那么在语文教学的舞台上，定能演出有声有色的话剧来。

3.情知的对称性

语文教学的过程既是一个认识过程，即智力因素活动过程，还伴有一个意向过程，即非智力因素活动过程。语文是培养学生优美的情感素质与优秀的智慧素质的重要课程。在这门课程中，既有一个完整的认识结构，还有一个极丰富的情感世界。情境教学法就是把这两个方面紧密地结合在一起，不仅仅把语文作为工具性的学科，只追求知性目标，还让它成为培养品格与智能双向发展的载体。情境教学法要在循文、析像、悟理的过程中领情、注情、传情，充分运用情感在认知过程中的特殊功能，从学生的学习需要出发，根据教学目的创设教学情境，提供具体的场景或氛围。当学生置身其中，"物色之动，心亦摇焉"，所以"登山则情满于山，观海则意溢于海"。在教学情境中，学生与情境之间发生种种信息交流，加强听、说、读、写的全面训练，努力使语感训练、文感训练、情感训练、智能训练协同发展，全面完成传授知识、发展智力、培养能力、陶冶性情的教学任务。情知对称，经过长期的探寻和实验，"每个情感目标都伴随着一个认识目标"，"你中有我，我中有你"，一石二鸟，一举两得，达到了理性（认识）与非理性（情感）的高度默契，实现了教书育人的统一。

情境教学法建构起以"情境"为主体、以"情感"为中心的教学框架，以"趣味"动其心，以"情知"移其意，引导学生主动参与，以发展智能为终极目标。在"爱"的氛围中，在"美"的情境里，在"情"的感染下，活化学习动机，开启心智，陶冶情操，使学生不断获得成功的快乐，对于提高教学效率，进行审美教育都具有重要作用。

（六）思路教学法

叶圣陶先生指出："作者思有路，遵路识斯真。""看整篇文章，要看明白作者的思路。思想是有一条路的，一句一句，一段一段，都是有路的。这条路，好文章的作者是决不乱走的。"思路就是作者写作时的思维过程，它外化为文章的结构线索。教师根据作者的思维过程和文章的结构线索，指导学生分清段落层次，把握文章结构，概括思想内容，体会作者思维逻辑性，进而学会独立阅读、分析的教学方法，就是思路教学法。

思路不同，思想境界就不同。所谓"思想境界"是指文章中作者立意所达到的高度（指中心思想或主题思想），而思路则是作者的逻辑思维通过一定的语言文字的表达，体现思维的条理性。思路有别于语感。所谓"语感"是读者对作品中具体的语言文字的一种敏锐的感受，并非对文章整体结构层次的理解。思路教学要注意思路"接通"，也就是把作者所写文章的思路、教师教学的思路和学生学习的思路三者统一起来，让学生能理解文章的思路。"接通"的关键在教师，教师的教学思路是联系其他两种思路的桥梁和纽带，所以教师教学时必须吃透两头，一头是文章思路，一头是学生思路。通过深入钻研教材，精心设计教学，运用各种切实可行的教学方法，把两者"接通"，使学生正确理解文章结构和内容。

思路教学的具体做法很多。一是自读探思路，就是通过引导学生自读，探索文章条理；二是分段显思路，用划分段落层次，归纳段意、层意来显示文章思路；三是提纲理思路，即引导学生编写课文提纲，理清文章结构；四是设疑引思路，教师按照文章线索设置一连串疑问，引导学生释疑解惑，认识文章思路；五是讲解析思路，主要凭借教师对课文的讲解分析，理清思路；六是板书明思路，用板书设计来显示课文思路。

二、语文教学方法的发展

语文教学方法是语文教学动态系统中的一个动态的要素，它本身就是一个动态的子系统，是不断运动变化的。语文教学设计应当探寻语文教学方法运动变化的规律，把握它的发展趋向，遵循它的发展途径，做语文教改的"弄潮儿"，将语文教学方法改革推向前进。

（一）语文教学方法的发展趋向

纵观国内外语文教学方法变革的历史经验和现实状况，在今后较长一段历史时期，语文教学方法的发展趋向主要表现为三大特征。

1.主导主体有机结合

语文教学方法是教法和学法的有机统一。随着一个时期处于支配地位的教学论思想的更替，教学过程理论和教学方法理论也相应变更。一时主张教师中心，以教法的灌注为主；一时提倡儿童中心，以学生的自动为主。这种变更，古今中外几百年乃至几千年来，已经发生过数次。"读史使人明智"，历史的经验促人警醒。"经过一番否定后，我们才有主导、主体辩证统一的教学观。"语文教学必须坚持教师为主导、学生为主体，语文教学方法应当体现这种主导主体的有机结合。

2.知识能力同步教学

语文教学过程是一个传授知识、培养能力的教学过程。语文教学方法既是知识传授法，也是能力训练法。传统的教学理论注重知识的传授而忽视能力的培养；现代教学论的某些新观点片面强调能力的培养，有意无意地否定了知识的功能，走向另一个极端。我们需要用基本事实的知识来发展和增进每个学习者的思考力，"而正确的知识必须和技能，即运用知识的技巧结合起来"。语文教学方法必须有利于知识和能力两种教学的同步进行。近年国外出现"第三程度"的理论，即学生掌握知识和运用知识，按深度分为三种程度：第一程度是掌握信息，第二程度是具有运用知识的技能技巧，第三程度是善于创造性活动。像发现法、问题教学法、范例教学法、暗示教学法等新的教学方法便是以实现第三程度为目的。我国语文教学方法的改革，应当瞄准国际教育科学理论的新水平。一个学生只有掌握了牢固的知识，具备了较强的能力，才有可能进行创造性活动。

3.认知个性和谐发展

认知指学生的认识能力，也就是智力；个性指学生的个性心理，即非智力心理因素。智力和非智力因素的和谐发展，实际上就是人的全面发展教育思想的体现，已经逐步成为教育理论工作者和实践工作者的共识。苏霍姆林斯基提出："作为全面发展的理想的个性是和谐的，没有和谐的教育工作就不可能达到和谐的发展。"赞科夫则认为："这里所说的达到更高的发展水平，不仅指智力发展，而且指一般发展。所谓一般发展，就是不仅发展学生的智力,而且发展情感、意志品质、性格和集体主义思想。"对于语文学习来说,观察、记忆、联想、思维、想象等智力因素,是学生学习的操作系统;而动机、兴趣、习惯、情感、意志等非智力因素.则是学生学习的动力系统。两者的和谐发展.才能全面促进学生的语文学习。今天的中小学生,特别是独生子女,处于科学技术高度发达的信息社会,智力并发一般是不成问题的,关键在于非智力因素的培养。因此,未来的语文教学方法既要有利于开发学生的智力,又要有利于培养学生的非智力因素,而且要把两者有机地统一起来,促进学生认知水平和个性心理的和谐发展。

（二）语文教学方法的发展途径

叶圣陶先生指出要把学生教好,必须有好的教学方法。好的教学方法从哪儿来？来源无非两个："一是向别人学,一是自己通过实践,摸索得来。"学习和摸索,可以求得语文教学方法的发展。

1.批判继承,推陈出新

语文教学方法具有继承性和创造性,这是语文教学方法的基本特征之一。今天的教学方法大多是从古人或前人手中继承过来的。不用说讲授、诵读、议论等常规教学方法的基本做法承继了自孔夫子到叶圣陶两千余年教学方法的衣钵,就是创新或引进的新教法,追根溯源,从中也可窥见沿袭的影子。比如,比较教学法是现代著名幼儿教育家陈鹤琴先生提出并在幼儿园教学中起过重要作用的。

这种批判继承的过程、扬弃的过程,便是推陈出新,便是创造,便是发展。对于过去的教学方法,凡是合理的成分,比如启发式的,结合教学实际的,有利于传授知识、培养能力、开发智力、陶冶情操的做法,予以肯定和吸收；凡是不合理的成分,比如注入式的,脱离教学实际的,不利于传授知识、培养能力、开发智力、陶冶情操的做法,则予以否定和剔除。任何全盘否定和全盘肯定的态度都是不科学的。语文教学方法要发展,就要充分发掘我国教学方法的历史积淀,正确地扬弃,注入时代的生机和活力,创造出更新的更有成效的教学方法来。

2.优化组合,避短扬长

具有多样性和综合性,是语文教学方法的又一基本特征。语文教学方法的这一基本特征，也为它自身的发展开拓了无限广阔的天地。优化组合，是语文教学方法发展的重要途径。这种优化组合，也就是语文教师的创造。如果说继承传统和借鉴外国是"向别人学"，那么这种优化组合便是"自己通过实践，摸索得来"，"二者都重要，但是有主次之分，自己摸索得来比向别人学更重要，就中学和小学的语文课来说，尤其如此"。

优化组合的诀窍在于避短扬长，发挥个人教学的优势。比如同样一篇朱自清的《春》，不同的教师可以有不同的教法。

可以"导之以情，以读带讲"，像于漪老师那种"情感派"的教师执教，首先设计一个充满激情的导语，将学生引入"绿满天下"的动人境界，然后边读边讲，步步深入，使学生的情感融入融融春意之中，潜移默化地受到课文内容的感染熏陶。

可以"朗读领先，带动全篇"，善于普通话朗诵的教师，从朗读入手，通过朗读的指导和反复的朗读，使学生领会文章的思想内容和写作特色。

可以"范文引路，指导观察"，善于观察指导和写作训练的教师，则以课文为范例，通过课文分析和观察指导，培养学生观察能力和表达能力。

可以"一课一得，以读促写"，紧扣景物描写这个重点，让学生领会按照顺序写景和抓住景物特点的写作方法，并付诸作文实践。

"教亦多术矣，运用在乎人，孰善孰寡效，贵能验诸身。"任何具体的语文教学方法都不是"万应灵丹"，都必须接受实践的检验而决定弃取。

第三章 语文思维教学的基本内涵

学生的思维蕴藏着极其宝贵的资源,开发思维资源,学生的潜力将得到更大发挥,听、说、读、写能力将得到更快发展。在人的智力结构中,居于核心地位的思维,是整个智力活动的最高调控者。如果思维不能积极参与智力活动,知觉会缺乏理解性,记忆变成了机械重复,想象也难对表象进行加工,写作创新将是一纸空文。

本章论述了思维的定义与特点、思维资源的开发、思维与语文教学、语文教学中的思维训练等基本问题,回答了如何发展学生的思维能力,要发展哪些思维能力,怎样科学地训练学生的思维能力等主要问题。

第一节 思维的概念和特点

一、思维的概念

思维是多学科研究的对象,如哲学、逻辑学、语言学、神经生理学、脑科学、心理学等,这些学科都从不同侧面揭示了思维的实质。

我们取与语文教育最接近的心理学对思维的有关解释。

思维是一种心理现象,是心理这种能动反映的高级形式。具体来说,思维是人脑反映事物的一般特性和事物之间有规律地联系,以及通过已有知识为中介,进行判断、推理、联想、想象,解决问题或进行创造的过程。人类所特有的第二信号系统的活动,是人的思维活动的生理机制与心理机制。思维具有概括性,就是指它所反映的绝非个别事物及其个别属性,而是事物的一般特性以及事物之间的有规律性地联系。思维具有间接性,就是说,它不是反映直接作用于人的感官的事物及其个别属性,而是以已有的知识经验为基础,以语言为中介,去反映未曾直接作用于人的感官的一般事物及其本质和规律。思维具有目的性,人的活动总是为了解决某一理论或实践问题。语言是直接与思维联系着的,思维活动的进行和其结果的记载与巩固,都离不开语言。

综上所述,思维是人脑对客观现实的本质和事物内在规律性的概括的、间接的、有目的的反映;这一反映是以已有的知识经验为基础,以语言为中介去进行的活动。

二、思维的特点

（一）思维的（物质）外壳是语言

思维依靠语言来进行,思维通过语言表现出来,也通过语言固定下来。例如高中语文课文《蒲公英》的构思,就是要通过语言来表达与固定:本文借物抒情,以蒲公英为中心,借对蒲公英的描述,表现作者憎恶战争、向往和平的思想感情。作者并未直接描写战争的残酷、罪恶和对美的毁灭,而是通过细致叙述自己生活中与蒲公英有关的一些生活片段,非常自然地突出了反战的主题。这些思维活动,通过语言文字的表达固定了下来。

（二）思维的问题性

思维要指向解决某一个或某几个问题,完成某一项任务。如果没有问题或产生问题的情景,就不会引起思维。因此,思维具有"问题"的性质,并往往表现为一种有组织、有目的、颇为紧张的过程。思维中的问题,既可以是来自别人的提问,也可以是自己主动的思索,这便是"好奇心"。

（三）思维的概括性

思维是对客观事物的一种本质的认识。它要揭示客观事物的本质特点,反映并把握诸多事物的共同特征。思维的一般概括,要能反映客观事物的本质特点。由于掌握了本质,人们既能完成当前的任务,也能看到未来,在思想上解决后来所要碰到的问题。

第三章 语文思维教学的基本内涵

（四）思维的间接性

人类通过思维，利用事物相互影响的结果，利用其他有关的媒介，来间接地正确认识事物。由此，我们可根据古今中外所总结出的各种知识，来解决自己所面临的问题。

（五）思维的能动性

思维可以能动地反映客观对象，是一个信息的加工、改造过程。因此，就产生了对同一事物不同的人有不同的理解的现象。例如有一篇《为骄傲正名》的文章，就谈到了对骄傲的各种不同的理解。

骄傲自大是无知、浅薄的表现，属于对自己认识的一种盲目性。这是一种理解。由于人们的立场观点、认识事物的角度不同，对同一事物，就会有不同的思考，有不同的理解。

思维的能动性表现在两个方面：其一是构思假设，形成问题。思维一旦形成假设，就能指导我们的认识活动，减少盲目性，提高认识活动的水平。以骄傲而论，可形成这样的一些问题：骄傲若属于自信心强，会不会有人认为是狂妄自大呢？假设有人认为骄傲是坚持真理，是否有人认为是自我膨胀呢？其二，要把这些问题搞清楚，就要进行推理，从这些假设性的问题中，推衍出新的知识来。可见，思维的能动性也是十分明显的，它体现出一种自觉的努力，一种积极的思维活动。

这里我们不妨把思维和意识、认识做一比较。比较思维和意识、认识，我们认为，思维与意识、认识虽然都是人类所特有的，人们通常把它们通用，但它们并不完全一样。不一样的原因，就在于思维具有能动性。就思维和意识而言，应该看到，思维和意识是有通性的，这是因为意识包含了思维，思维体现了意识。因此，在某种意义上，通用思维和意识是可以为人接受的，思维和意识虽然密切联系，不可分割，具有通性，但毕竟有差异，这是因为，思维是意识中最高形式、最深刻内容的体现，它有能动性，显示了主观对客观的能动作用，而这种作用并非是人类意识中都具有的。因此，笔者认为，现行哲学教科书提及的"意识能动性"并非妥当，它应由"思维能动性"所替代。就思维和认识来说，我们知道，认识是主体对客体的反映，而这种反映分低级阶段和高级阶段，前者为感性认识，是对客观事物的现象、各个片面和外部联系的反映;后者为理性认识,是对客观事物的本质、内部联系的反映。比较前后者的反映内容,我们以为,前者是一种机械的反映,后者则是一种能动的反映。思维是认识,但并非认识都是思维,只有能动的反映,即理性认识才属于思维。由此,我们认为,思维的根本特点在于能动性,缺乏能动性,就无所谓思维,人的意识、认识也就无法显示出对实践的指导作用,而一切把思维和意识、认识混为一谈的做法都是不妥的。

(六)思维的创造性

思维的能动性是和思维的创造性密切联系在一起的,古人云:"行成于思,毁于随。"这里的"思"指新的探索,"随"指因循守旧。要"思"就必须有新的探索,即创造性,抛开因循守旧,否则就不能取得任何成就,这就是古人给我们的告诫。思维贵在创造。所谓创造,就是指思维能根据人类的需要去反映世界,能触及事物内部反映其本质和规律,能按照人类的希望,建构出一个理想的世界。创造的实质是创新,即"想前人所没有想过的事",而达到"干前人所没有干过的事"。这正如我国著名学者陶行知所说:"敢探未发明的新理,即是创造精神。"思维不能没有创造,有了创造,才有思维的能动性,才有思维对人们的实践的指导作用,因而,也才能完成思维的任务。

三、国内思维教学研究概况

思维学的研究深入到教育学研究领域,就产生了思维培育学。思维培育学的研究深入到语文教育的研究领域就产生了语文思维培育学。

思维科学的建立,无疑为学校培养学生思维品质和思维能力送来了东风。张得绣的《创造性思维的发展与教学》和陈龙安的《创造性思维与教学》便是在思维教学方面最早开出美丽的鲜花。一些语文教育界的学者还把语文思维培育的专题研究也纳入了思维科学的体系,作为思维科学的一门应用理论学科的体系。卫灿金先生著的《语文思维培育学》、彭华生先生著的《语文教学思维论》、黄亮生先生著的《中学语文思维培育导引》、陈玉秋先生著的《思维学与语文教育》等相继问世,一些研究语文思维教学的文章也陆续出现在我国各类杂志上,这就大大丰富了语文思维教育研究的理论。这些理论均有其科学性、合理性、可行性和可操作性,因而也就具有实效性。但是时代总是在向前跃进的,人类的思维能力、创造能力要不断地发展,启迪思维教育的理论也需要与时俱进,需要继续完善、深入、丰富和发展。这些理论运用到语文教学实践中取得的经验需要认真总结和推广,出现的问题和矛盾需要正确地处理和解决,产生的各种认识误区也需要尽快地得到纠正。这一切,正是本书需要研究的问题,也是本书与其他语文思维教学理论研究的不同之处。

第二节　开发思维以及在教学中的作用

学生的思维蕴藏着极其宝贵的资源,开发思维资源,学生的潜力将得到更大发挥,听、说、读、写能力将得到更快发展,每个学生将得到更丰富的学习资源。

一、开发学生的思维资源

开发思维资源,应注意以下几个方面。

（一）开发儿童的思维资源

开发思维要从儿童抓起,思维的器官是大脑。幼儿大脑的发育关系着未来的思维能力。怀孕初期,胎儿的神经系统开始发育。第四周时,胎儿就有了神经管,神经管上又形成端脑、间脑、中脑、后脑、末脑。3个月后,大脑开始形成。5个月,胎儿头部已占身体的1/3,并能记录出脑电的活动。7个月,胎儿大脑沟回已形成,大脑皮层迅速扩大。出生时,胎儿大脑的细胞分化、细胞层次的分化已基本完成,大脑神经元的数量也基本达到成人的水平。

胎儿期和婴幼期是大脑发育的关键阶段,必须提供充足的物质养料与信息养料,开展适合儿童思维发展的活动,为儿童学习语言,推动思维发展创造必要条件,以保证儿童早期智力的开发。为此,要注意三方面的问题。

1.智力开发宜早

儿童智力的早期开发,关系着人类的进步。从婴儿坠地,就开始了受教育的过程,就开始了思维发展的过程。

美国心理学家布鲁纳做过一个试验,他把一群孩子分为两组,一组放在一间有着雪白的墙壁、天花板和地毯都有彩色花纹的房间里,还有音乐、玩具;另一组放在一间有雪白的墙壁和天花板的空荡荡的房间里。数月后测定智力,发现在有彩色的环境中生活的一组,比在单调的环境中生活的一组智力发展要快。

这说明智力开发,的确应从婴儿时代抓起。就拿语言学习来说,语言具有概括性,它对概念的形成,对抽象思维的发展,都有重要的意义。让儿童在 1 岁内学会说话,其智力往往超过一般儿童的 5%~20%。二三岁时,是儿童学习语言的敏感期,语言掌握较丰富的儿童,思维也较活跃。

2.智力开发要循序渐进

从儿童到青少年,智力发展有一定的顺序:如幼儿的智力总是先从感觉动作阶段发展到形式运算阶段。幼儿时期(3 岁前后)左半球语言中枢、判断机制还未成熟,其思维就是"情境思维",这种"思维"是形象思维和情感思维的某种雏形。人的成熟的形象思维、情感思维就是在"情境思维"的基础上形成的。中学生的智力开发、思维训练,不同的学生虽有不同特点,但也有一个共同的顺序,那就是从以形象思维为重点,逐渐发展到以抽象思维为重点,进而加强辩证思维训练的过程。

3.智力开发要注意综合性

抽象思维或逻辑思维是侧重于以左半球大脑皮质第二、第三机能联合区为物质本体(生理机制)来进行工作的思维活动方式;抽象思维是以第二信号系统"词"为单位"细胞"的思维。

大脑右半球没有语言中枢。所以,在右半球的大脑皮质第二、第三机能联合区里,就发展了对除"词"以外的各种信息的加工能力。于是,就出现了右半球同形象思维、视觉图形、整体性映象、音乐鉴赏有关的事实。

脑作为一个整体,大脑两半球作为一个对立统一体,又是不可分割的。上述抽象思维侧重在大脑左半球为物质本体,就是说,进行抽象思维,左半球是矛盾的主要方面。与此同时，矛盾的非主要方面右半球仍起作用；反之，当大脑皮质第二、第三机能区联合成为形象思维的物质本体时，右半球是矛盾的主要方面，而左半球仍起作用。大脑左、右两半球被命名为"屏胝体"的两亿多根神经纤维连接着，一个脑半球学到的知识可传给另一脑半球，一个脑半球起作用时，也会受另一脑半球的影响、制约。可见两脑半球是既分工，又协同互补。例如，中学生读诗、写诗，主要是形象思维、情感思维、灵感思维在起作用，但绝不能排斥抽象思维的作用。而且，智力是一种综合的能力，它是由多种因素组成的。观察、注意、记忆、想象、思维、创造、语言等能力都属智力的重要因素，都需综合培养。只有这样，学生的智力才能更好地发展。

（二）引导学生进行积极思维

语文教学活动是一个以学生为主体、教师为主导，通过有目的有计划地科学训练，使学生获得知识，并发展智能的过程。而学生知识的获得、智能的发展，必须通过积极的思维、科学的学习方法来实现。教师应从如下方面引导学生进行积极思维。

首先，语文教师必须明确：只有使学生把知识的学习与崇高的理想结合起来，才能产生真正的积极性。因此，语文教师应满怀深情向学生讲明，并利用各种机会证明，语文在学习、工作、生活中的重要性，使学生也怀着深情来学习语文。为此，教态应亲切。所谓亲其师，方易信其道。态度亲切，说话风趣，学生听课如坐春风，又何乐而不为。这样，学生必能沿着教师引导的思路，在学习上孜孜以求。

其次，教学语言应力求简明、生动，力避累赘重复。简明，指教学语言逻辑严密，适合学生接受水平；生动，学生才乐于接受。教师讲课语言干瘪、枯燥、缺乏情趣，啰唆重复，只能使学生昏昏欲睡，感到厌倦，教学用语"华丽"，但艰涩、散乱，学生听不明白，抓不住要领，同样不能充分调动学生学习的积极性。

再次，教师的导，要突出重点，要有启发性。重点是"纲"，以点带面，则纲举目张；讲述重点明确，学生听课思路清晰，还有利于发现学习中的新问题。人的思维总是以发现问题开始，以解决问题为目的来不断深入的。语文学习是在"不知"与"知"这对矛盾的对立统一中不断发展。这就要善于启发提问，以引起学生的探索与思考。

比如在作文指导中，就可提出这类问题让学生思考：你这样写也可以，是否还有更好的写法呢？这种看法真有道理吗？能否提出相反的看法？这样写理由是不是很充分？是否有例外？有人会反驳吗？多提类似问题，让学生结合自己的、同学的习作思考，作文的提法、措辞就会准确、严密，少犯逻辑错误。教师的提问就是向学生调查的一种方式，让学生自己思索释疑，较之由教师给以现成答案，更适合训练学生思维，学生兴趣也就更浓。

教学应该适合学生水平。因为学生学有所得，是使学习积极性持久和高涨的基本条件。教师从制订计划到进行教学，只有适合学生水平，才能使他们经过努力，不断进步。这就有个因材施教的问题，教师只有善于对不同的学生进行切合实际的引导，才能大大提高语文教学质量。

最后，还必须改变教学方式。语文教师的教学方式如能常教常新，适当变换、交替，则易吸引学生学习的注意力。当然，教学程序变化太大，也会使学生难以适应。有的老师交替运用不同教法，以调动学生积极思维，效果很好。如教宋词《雨霖铃》《扬州慢》着重让学生诵读，引导他们深入讨论其中的造句特点和抒情手法；教《子路、曾皙、冉有、公西华侍坐》，着重分析如何通过语言表现人物性格；教《齐桓晋文之事章》，着眼于本文围绕中心层层深入的论证方法和对孟子政治主张的评价。在讲读方式上，《宋词二首》由示范朗读开始；《子路、曾皙、冉有、公西华侍坐》由学生分段翻译，兼以教师点评；《齐桓晋文之事章》则从标题所示的历史事件导入。这一切，均以教学需要为转移。

当然，调动学生积极思维的方法很多，如通过比较事物异同，可以帮助同学打开思路，发现问题，提高鉴别力。

中学语文教材以单元编排，为进行比较思维教学提供了广阔的天地。

引导学生积极思维的方法有不少，教学的具体组合方式也灵活多变，但对思维的研究，对语文教学中的思维能力的培养，则应坚持以下三条方法论原则。

1.整体性原则

学生学习语文，进行思维活动，从选取、存储信息，到加工改造信息，再到输出信息，进行听、说、读、写的实践，中间必须经过一系列的中介系统与反馈过程。因此，要从整体着眼，分散训练，取得最佳的效果。

2.系统性原则

语文教学从单元到一册课本，到整个教学计划的贯彻、教学目标的实现，都有一定的系统结构。教师与学生的思维活动，必须放到这个系统结构的"框架"中，才能取得好的效果。从学生的认识活动过程看，认识一般要由感性阶段发展到理性阶段，再进入实践的过程。在这个过程中，认识的每一阶段都是作为系统结构的要素存在并发挥作用的。正是这种系统性，思维才表现出连贯性和逻辑性。完成语文单元三种类型课文的教学过程，也正体现了这种连贯性和逻辑性。

3.层次性原则

语文教学中的思维活动，如果只看到整体性和系统结构性的特点，而忽视层次性，往往会流于空泛和抽象。但若把某一层次当成思维的全部或整体，也会流于偏狭片面。语文教学从字、词、句、篇到与整个教育的关系，都存在着一种有层次的系统结构，每一层次都是处在一定系统结构中的要素。就拿字的教学来说，它也是由音、形、义的结构层次构成的。

宏观上把握了以上原则，就能使微观的思维训练方法更好地为语文教学改革服务。

二、思维在语文教学中的作用

（一）对语言的理解

语言是一种信息符号，语言是人类创造的以语音和意义相结合的信息符号系统，其特征如下。

1.语言是人类特有的一种能力。动物传达某种感觉、表达某种意思的手段，如鸟语、虫鸣、鸡叫等，并不属人类所特指的语言范畴。只有人类才通过语言进行交流或交际，借助语言表情达意。

2.语言比其他符号系统更为复杂，并具有"强生成性"，即每一种语言符号（如音位、语素、词）数目有限，但按一定的规则或模式，可以生成无限的句子。这个特点就决定了语言只包括口语和文字形式的"自然语言"，以及数学表达式、计算机程序语言等人工语言。

3.语言是载有信息的符号系统，它不仅可以传达思维信息，还能通过思维携带自然信息和社会信息。没有信息量的语言只是空洞符号；语文教学绝不能只教空洞的语言文字，应把语言文字同思想内容结合起来，同文化内蕴结合起来。

4.语言符号具有约定性。语言符号（语音、文字）与意义的结合是约定俗成的。约定俗成是任意性和强制性的统一。语言符号在制定阶段具有任意性，但在使用阶段具有强制性，否则无法进行正常的交际。从这个意义上讲，必须让学生牢固掌握语文这个基础工具和文化载体。

语言是包括语音、语义和语法的有层次的结构系统。语文教学也应有逻辑层次地把《大纲》要求的语言知识交给学生，这就必须明确：语言有两个方面——语言和言语。前者是语言集团言语的总模式，是世代相传的语言系统。后者是指个人的说话，是个人运用语言的社会行为。语言和言语是一般和个别的关系，语言是从言语中抽象出的共性、本质方面，言语则是语言的个性、现象的方面，言语指言语行为，也指言语结果，前者为动态，后者为静态，语文教学就是言语教学。中学生只有通过语文学习学好言语，才能不断净化、美化自己的言语。

（二）思维与语言的关系

1.思维和语言之间，是一种相对独立的关系

思维是一种包含物质内容的精神现象，语言则是一种包含精神内容的物质现象，是思维的物质外壳或思想的直接现实。思维与语言绝对不能分开，但它们之间也有相对的独立性。

2.思维和语言的区别

从生理基础考查，思维与语言活动都是大脑与感官的综合效应，但思维器官主要是大脑，语言器官主要是口腔和喉头等执行说、写、听、读功能的效应器官或感官。

再从信息论的角度来看，思维与语言过程的区别：思维过程可按"信息

输入—信息加工—信息输出"分阶段。语言过程则按"信息编码—信息传递—信息解码"分阶段。从次序与内容看：语言过程的信息编码与思维过程的信息输出部分重合，即为了表达思想进行语言编码时，思维过程就向语言过程转化。语言过程的信息传递包括"发送—传输—接收"，发送主要由发音器官负责，思维只起控制作用；传输是靠声波，完全与思维脱钩；接收又回到思维过程的信息输入阶段，但感官只是接收到全部输入的语言信息的一部分，思维尚需非语言信息输入方可正常进行。语言过程的信息解码与思维过程的信息加工亦部分重合，但思维的信息加工，除对解码后的语言信息综合处理外，还要加工各种非语言信息。再一个区别是思维具有人类性，语言具有民族性。

（三）思维对语言的决定作用

语言是在劳动和思维相互作用的推动下产生的。有了语言，思维就获得了向抽象性、概念性发展的手段，它可凭借实物和动作进行，也可只用语言符号进行，思维成果也在语言中得到保存，通过语言进行传达、交流。从这时起，精神劳动就可以和物质劳动分离。

文字的产生与发展，更足以证明思维所起的决定作用。文字的产生和发展，不同的民族大致都经历了从实物到图画文字、象形文字、拼音或音节文字几个阶段。实物、随后的刻痕记事、结绳记事皆非文字，乃是同彼时的直观动作相适应的。图画文字记载的不是言语而是直接的知觉和表象形象，乃是同彼时具体形象思维相适应的。音节文字和拼音文字则是抽象思维发展到一定阶段的产物。

至于"人工语言"，如世界语、计算机语言等，思维在其创造中也是起决定作用的。以人脑为起点，以电脑的"电子—语言"为中介，最后又回到人脑，这就是人脑电脑统一活动的实质。通过这一思维活动，就实现和扩大了人的智能。

（四）思维在语言使用过程中的作用

我们用短语来表达思想时，通过思维，在遣词造句前，可以形成比较明确的思想。但在较长的语言过程发生之前，我们常常不能清楚地估计到我们要说的每一句话是什么，脑海里似乎是模模糊糊的。有时在课堂讨论中的即兴发言，更是如此。如果词不达意，未说清楚想说的问题，或者说了未认真想过的问题，可能会感到遗憾；如果说话的客观效果好，也可能很满意。这除了表达能力的强弱外，也与思维指向性的强弱密不可分。

在学习、生活中对一定问题思考时间愈长、范围愈宽、内容愈深刻、要求解决问题的压力愈大，思维的指向性一般就愈明确与灵活，语言表达也就愈主动与清晰，如不假思索、信口开河，语言表达就会东拉西扯、一团乱麻。

语言学习，在某种语言单位中确定一词多义的一种切近意义，在一义多词的语言现象中选择恰当的词句，这显然是思维的功能。如果头脑加工的不是语言信息，那就要进行某种转换。如看图作文，思维对语言的选择性功能就更大，而且要更多地发挥创造性思维。

人们每天都要接触大量的语言，但输入大脑加工的只是一部分，其余的则视而不见，听而不闻。可见言语的接收，绝非仅由感官被动承担的任务，而有一个由大脑思维活动指挥的主动筛选过程。可见，言语的使用，直接体现着思维的选择性与创造性。同时，思维内容还决定着语义。语义即语言的意义，一般指词、词组与句子所表达的意思。它是思维和语言关系中的核心问题。

首先，单词的普遍意义和特殊意义是统一的。单词离开具体的语句，仍保留着普遍的稳定的意义。单词进入具体的语句，就会获得特殊意义。孤立的词的意义是"死"的，在语言学上称词汇意义，可以在词典里供任何人查阅。人们将孤立的单词用入句、段、文章，"死"的词汇意义就变成了"活"的结构意义。因此，孤立的单词进入语句篇章，就从普遍意义向特殊意义发生转化。促成这种转化的正是思维内容和思维操作（主要是编码和解码）过程。

单词的一般思维内容则是在特殊思维内容的具体运用中体现出来，是表达一般思维内容向表达特殊思维内容转化的结果。由此可见，对语义的理解和运用离不开思维，思维能力愈强，愈能通过一定语境，正确理解词句的特殊意义，可见语文教学与思维密不可分。

第三节 语文思维教学的思想内涵

一、"语文思维教学"的定义

首先要弄明白什么叫语文思维。所谓语文思维,是指一切参与各种语文学习活动的思维。这种思维既要受语文学习活动的制约,从而打上语文学科性质的烙印,又会对各种语文学习活动施加积极影响,从而成为提高学生语文素养的助推器。

我们认为,语文思维教学是指在语文教学活动中,运用相关的思维理论知识,通过识字写字、阅读、写作、口语交际以及综合性学习实践活动来训练学生各种思维素质和思维能力,进而促进学生语文素养全面提高的教学。语文思维教学的核心就是在各种语文教学活动中对学生的思维素质和能力进行扎实而有效的训练。语文思维训练的过程是在科学先进的语文观指导下,让思维主体(学生)的语文思维结构,作用于所要研究探讨的语文知识与能力上,并使之产生分析、综合、比较、抽象、概括这一过程。在思维训练过程中,师生之间、生生之间、师生与文本之间要进行多方交流,持续不断地进行信息的传递和加工,异中求同,同中求异,使学生这个思维主体的思维意识不断地得到优化,不断地在"聚合—发散—聚合"的碰撞过程中将思维推向高潮,推向深处。

二、把握语文思维教学的特点

既然语文思维教学的落脚点是各种语文教学活动,在加强对学生思维素质与思维能力的训练上,我们就要首先明确语文思维教学中开展思维训练的基本特点。

(一)思想的交流性

引起思维意识的主要方式是交流。师生大脑内部的信息在思维交流中得以交换，思维得以不断的调整。在这种持续的交换、调整中，学生的思维更趋于系统化、具体化。在语文的听、说、读、写教学活动中，学生通过讨论、争论、辩论、鉴别、思考、验证，使思维的方向、范围、内容、进度得到积极调整，对教师反馈的信息进行变通性的加工整理，使其对客观事物的认识迈向更新更高的境界，为思维的深化和创新创造良好的条件。学生在交流中互相质疑、互相启发，思维由疑而生，经交流而发散，再由发散到聚合，这样学生对文本的解读也就逐渐趋于正确，思维逐渐趋于辩证。这充分体现了思想交流在思维训练中的妙处。

（二）训练的整体性

基础教育课程改革的基本理念就是要面向全体，全面发展，主动发展。语文课程标准也强调要全面提高学生的语文素养，而思维品质的培养已纳入提高语文素养的范畴。从这个意义出发，必须强调思维训练要面向全体学生，面向每一个基础知识有差异的学生，使每个学生都能在原有基础上得到发展和进步。所谓"全面发展"是指平等发展、自由发展、和谐发展、个性发展。语文思维训练要特别突出学生思维个性的最优发展，要从学生思维特点出发寻找突破口，因人施教，因材施教，让学生在扎扎实实的语文思维训练中得到思维个性的充分发展。学生探讨问题的兴趣受自身认识水平差异的制约而有所不同，教师的功夫要下在调动所有的学生都能参与到对问题的思考和探索之中，让不同程度的学生都有发表自己意见的权利和机会。对于思维能力差的学生，不能冷淡他们，疏远他们。教师要小心翼翼、循循善诱地呵护他们，让他们得到更多的思维训练的机会和获得成功的喜悦，从而提高他们参与思维训练的主动性、积极性，这有利于班级的整体思维能力上一个台阶。思维训练中，学生发表与教师想法不一致的意见是常有的事，教师不能压制不同意见。如，一个语文教师向学生提出一个问题：玻璃杯里面放了一个乒乓球，有多少种办法把它拿出来？这个问题有利于激活学生的发散思维。学生七嘴八舌，有说用手抓出来，有说用筷子夹出来，有说把玻璃杯倾斜，将乒乓球倒出来……老师听了——含笑点头，因为这些答案都在教师的意料之中。可是，有个学生说："我把玻璃杯摔碎，乒乓球就出来了。"教师把脸一沉，然后指责学生："小聪明，烂点子，这是损坏公物，这样做是要犯错误的!"教师的这种指责只会打击学生主动参与思维活动的积极性,使他们的思维处于抑制状态。教师要深入学生,去接触、了解、研究学生的思维方式,使思维训练更能有的放矢,且矢能中的。

(三)内容的广泛性

语文与生活的外延相等,这就决定了语文教学中思维训练的内容是丰富多彩的。古今中外,政治、经济、军事、外交、学校、家庭、社会、理想、法律、伦理、道德、情操、建筑、文学、绘画、雕塑、音乐、舞蹈等,凡课文所涉及的内容无所不包。教师对思维训练要克服随意性和盲目性。要有整体考虑,通盘设计,要研究思维训练的系统性、连贯性,研究新旧教材、新旧知识之间的连贯和各部分之间的联系,研究当前的训练内容必须考虑和过去以及今后的训练内容相衔接。教师还要了解所教学生的思维情况,从课标要求、教材特点、学生学情出发,确定思维训练的最佳内容和方法,使"矢"和"的"和谐地碰撞起来,以提高思维训练的实效性。

(四)形式的渗透性

在语文教学中,思维教学不是孤立地进行的,而是将思维训练渗透到识字写字、阅读、写作、口语交际、综合性学习实践活动之中,使语文学习活动与思维训练水乳交融,互相促进。

在语文教学中渗透思维训练较之其他学科有着得天独厚的优势。比如数理化学科,就主要适合训练抽象思维,其他思维的训练会受到学科内容的限制。而语文教学内容的广泛性决定了思维训练的多样性。说明文、议论文的阅读与写作教学最适合渗透包括辩证思维在内的抽象思维训练;记叙文,特别是文学作品的阅读和写作教学,最适合渗透形象思维、直觉思维、灵感思维的训练。语文教学不仅帮助学生学习内容,更重要的是学生还要学与内容相关的语言表达形式。语言是思维的物质外壳,思维是借助语言来进行的,调整语言本质上是调整思维,学习语言本身就是在学习思维。

第四章 语文教学思维创新能力培养的实践策略

中小学各学科都需要运用思维创新能力，而语文学科依托语言能力与思维创新能力密切相关的优势，培养思维创新能力的效果最为显著。所以要重点把握语文教学对听、说、读、写能力的训练，提升学生的思维创新能力。语文教学将阅读与写作、课内与课外相联系，使学生思维得到横向和纵向的延伸，思维创新能力才能真正得到释放。探究对语文教学思维创新能力的培养，可以从以下三个方面入手。

第一节 语文教学思维创新能力培养环境的创设

要系统持续地开展培养语文教学思维创新能力的活动，需要多方合力营造良好的培养环境氛围。具体来说包括以尊重个性为出发点的自主学习氛围，促进共同进步的合作探究氛围，实现合理发展的积极创新氛围。

一、创建尊重个性的自主学习氛围

每个中小学生的大脑都是一个独立的思维系统，体现思维创新能力的形式也多不相同。要有效地发展思维创新能力，应该改变吸收式的教学观。社会要实现各领域的繁荣发展，就不能抑制学生个性化的发展。个性化意味着要正视个体之间的差异性，并且尊重学生的个性。华国栋在《差异教学论》

一书中提出在教育教学中要从性格、兴趣和能力三个方面分析学生的差异。皮连生认为个性差异是指"人格特征在个体之间所形成的不同品质"。他认为人格（个性）差异是一个相对宽泛的概念，人与人之间身体上、认识及情感方面的差异都被包括其中。依据上述观点与教学实践，可以看出年龄和智力相当的学生个性主要存在性格、能力、兴趣和认知等心理层面的差异。教学中语文教师应时时刻刻体现出对每位学生的尊重、理解和信任，与学生平等交往，帮助学生树立自信心，启发鼓励学生大胆质疑。学生把自己的心得体会坦诚地告诉教师，积极诚恳地汲取教师的建议。这样师生就能够相互吸引，相互包容，全力投入到教学活动中。

二、营造共同进步的合作探究氛围

语文教学思维创新能力的形成不能仅靠一人之力。个人学习需要深入的探究能力，但是个人的探究往往带有片面性，所以合作探究就显得尤为重要了。阅读合作探究体现为教师指导学生的经验型探究和学生之间的互助型探究两种形式。

师生之间的探究产生了传统和新兴观点的碰撞，不是为了比较孰优孰劣，更是相互积极地影响。学生之间的探究是平等层面观点的交流，这种形式的探究可能存在内容的重合或者冲突，也可能互相补充。教师可以通过设置探究性的问题营造探究氛围，创设启发性的教学情境来调动学生的积极性，并组织学生之间以小组合作等形式展开讨论、分析和总结。思维水平较高的学生与水平较差的学生交流探讨，能够实现相互启发。语文教学课堂上应该合作探究，实现教学群体的共同进步。

三、构筑指向发展的积极创新氛围

思维创新能力的高层次体现是学生的创新能力和发展能力，因此要为培养语文教学思维创新能力提供积极创新氛围。创新与发展更多的是对学生精神层面的要求，而阅读教学对学生精神的熏陶是最深刻的。语文教学受到知识和情感的牵引，二者动静融合影响着学生的思维。为培养语文教学思维创新能力，积极创新环境应找准着力位置。首先教学方式要创新，在阅读课堂上教师可以使用幽默风趣的语言和新颖的教学方法等；在课后开展丰富的课外阅读活动形式，让创新思想深入学生生活的方方面面。其次教学内容要创新，教师根据学情来确定教学的内容，适当的时机可以渗透为学科服务的新概念和新技术。最后积极进行阅读创新实践，将传统与新型的阅读形式相结合。为了创设更好的培养环境，还需要学校、家庭和社会通力合作。

第二节　语文教学思维创新能力培养的文体教学策略

　　语文教学有规律可循，但要以科学深入地理解语文学科的内涵为前提。受应试教育的消极影响，学生并没有真正形成独立阅读和学习的能力。语文在各学科中所占的阅读比重最大，所以语文教学阅读教学在培养学生思维创新能力上承担了重要角色。本节围绕语文教学常见文体的课堂教学，结合具体的课例探究思维创新能力培养的有效途径。

一、记叙文教学细化阅读，保持思维连贯

（一）明确记叙文培养思维创新能力的方向

　　记叙文以人、事、景和物为主要写作内容，分为写人记叙文、叙事记叙文和写景状物类记叙文。记叙文作品的共同点是文章中包含着思想情感，要体会其思想的深刻性必须学会阅读文本。所谓学无定法，思维创新能力就是让学生根据实际情况，做到即使没有现成的经验可以借鉴，也能从容自如地阅读。记叙文教学遵循由浅入深的顺序，指导学生做到通读全篇，细读人、事、景，品读思想。在记叙文教学中培养思维创新能力要细化阅读，保持思维连贯，提升思维创新能力的批判性、鉴赏性和创新性。

（二）自主阅读，注重整体把握和概括信息能力——以笔者《羚羊木雕》教学片段为例

　　本篇课文的内容接近现实生活，围绕"羚羊木雕"展开的情节紧凑，吸引学生深入阅读。所以在进行课堂教学时，教师应该尽量让学生结合相似的

生活情节阅读。学生能够深刻理解课文的人物形象，增强处理现实生活矛盾的能力。笔者与同组教师经过教研，明确本书的重点是对人物形象的分析和事件主题的探讨。

课前组织学生自读课文两遍，学生在熟悉课文框架的基础上，对人物和事件进行初步感知。这时的阅读是没有目标设定的，学生可以沉下心来，自觉地去阅读课文。自主阅读时学生的思维是自由的，学生的想象力和联想力也真正在发挥作用，也能够生成更多个性化的阅读理解。

师生对话片段：

师：首先我们来回答文中出现的人物有几个，彼此之间是什么关系呢？

生：六个。我、我的妈妈、爸爸、奶奶、万方还有万方的妈妈。

师：文中交代了一件什么事呢？

生：关于"羚羊木雕"的事。师：能不能再详细地描述一下？

生：我向万方要回羚羊木雕。

师：我为什么向万方要回羚羊木雕呢？生：因为爸爸妈妈想我要回来。

生：是爸爸妈妈逼我要回来。

师：有同学用"逼"字，他是想告诉我们，爸爸妈妈的——

生（齐声）：态度。

师：很好。咱们一起来看看文中人物对这件事的态度吧！

（生讨论后，回答）

在本课例中，我们发现学生对文章整体的把握是比较好的，但是也存在一些细节的问题。尽管有了课前的预习阅读，但是在课堂伊始，还是应该给学生一个回顾课文的时间，这样才能保持学生思维的连贯性。在学生总结文章事件时，最开始的回答显示出了思维创新能力的反映层面。教师要求学生详细表述事件，能够锻炼其概括能力和表达能力。这时学生回答出"要回羚羊木雕"，经过了回忆情节、组织语言等过程而表达出来，体现了原始的整合能力。

很可惜的是，教师的追问到此就停止了。如果教师能进一步要求学生更完整地表述这件事，经过学生的思考后，会得出完整的答案"送出羚羊木雕—追问羚羊木雕—要回羚羊木雕"。这样学生能够清楚地把握文章的框架，顺利过渡到研读的环节。有序的思维活动是深化学生思维的重要方式。情节概括能力和语言表达能力需要长期的锻炼，这个过程中学生的思维创新能力也得到了提升。

（三）指导研读，强化理解能力和思辨能力——以《台阶》教学片段为例

师：请同学们在读课文时，从一些细小方面体会父亲形象。在读的过程中，如果有自己的体会，可以互相交流一下。

学生1："他忽然醒悟……不经磕"可以看出父亲对新台阶很爱护。我觉得父亲是节俭、朴实的人。

学生2："柳树枝……父亲那专注的目光"一句中的"专注"一词，可以看出父亲倔强，是有恒心、有理想的人。

师：对，专注是对父亲的神态描写。

学生3：我觉得很多细节都可以看出父亲的勤劳、质朴。

学生4：从"我连忙去……都挑不动吗"这里可以看出父亲是不服输、要强的人。

师：以上是大家通过文章细节感受到的父亲形象，我们需要对父亲这个形象有更深的理解。老师课前也整理了一些"专业人士"对本书父亲的评价。我们一起来看大屏幕。（课件展示）

课文的研读阶段，重在培养学生的内容理解能力和逻辑思辨能力。阅读思辨力发挥，主要体现为学生在自我认知的基础上去辨析文章作者的写法，进而探知文章要传递的思想内容。随着对课文解读的不断深入，个人认知也在不断深入。

如果我们只是单纯地认读而不理解体会，阅读教学也就失去了价值。学生以课文为参照，并结合生活中的相似情节去深入解读文章中的父亲形象。

本课教学进入到这个环节，教师指出文章以细节描写刻画人物形象，并引导学生深入课文内容去理解父亲形象。结合以上的教学片段，发现学生对父亲形象地把握是比较全面的，大多数课堂生成都能进行到这个层面。但是值得反思的是，学生感悟形象的过程是比较模糊的，思维的着力点也分散无序，而教师却没有加以梳理。要使学生的思维创新能力有条理性，教师在本

环节的教学可以引导学生按照时间先后的顺序，逐步理清对人物的细节描写。学生抓住"造新台阶前""造新台阶中""造新台阶后"的时间线索，明确在"造新台阶前"对父亲进行了肖像、语言、动作、神态的细节刻画，着力表现父亲的勤劳、朴实和执着；在"造新台阶中"对父亲进行了动作、肖像和神态的描写，意在凸显父亲的理想和兴奋；在"造新台阶后"对父亲进行了神态、动作和语言的细节描写，为我们展现出一个谦卑而倔强、苍老却执着的父亲形象。学生对这一形象的把握一定要深入，否则即使掌握了文章的写法，也没办法学以致用。学生应该全面搜集课文的写法，并在老师的指导下进行"分析—综合—归纳—运用（表达）"的完整思维过程。

（四）发散阅读，提升阅读思想力和思维创新力

在研读课文时，学生已经把握了作者的创作意图。进入再读环节，我们要获得文章的"读者意义"，也就是自己对内容的看法。作者给了文章最初的生命，有人说文章从完成那一刻起就失去了生命，而学生通过思维创新能力感悟语言文字符号，能给文章第二次的生命。

二、说明文教学分解要素，整合思维材料

（一）把握说明文培养思维创新能力的方向

说明文的文体特点主要表现为内容的知识性、结构的逻辑性和语言的科学性，以上都是说明文所呈现的陈述性知识。阅读说明性的文章要从说明的对象、顺序和方法以及语言特色方面，领会作品中体现出来的科学精神和思想方法。说明文教学中将说明要素清晰地分解出来，再融合成丰富的思维材料，能有效提升学生思维创新能力的整合性、发散性和逻辑性。

（二）全面收集说明对象信息，提升思维创新能力的整合性

面对纷繁复杂的材料信息，学生一开始的思维肯定是无序的。梳理文章的层次需要找到全面的信息，并有效地进行收集和整合。在上文分析思维创新能力结构要素的时候，就已经提到了此阶段应该发挥阅读思考力的作用。

（三）感悟说明文语言，提升思维创新能力的发散性

说明文的语言特点分为平实性和生动性。受说明文的实用性功能影响，学生往往只注重对说明文语言的准确性和平实性的分析，而忽略其生动性。

这会造成对说明文语言的片面性理解。说明文教学中有意识地矫正这个问题，可以打破错误的思维定势。

（四）理清说明顺序，增强思维创新能力的逻辑性和严密性

在说明文教学中信息整合能力很重要，在此基础上的文本理解才能更加透彻深入。在说明文中出现了大量的科学现象，这些都是说明对象的外在表现。说明文阅读需要结合说明现象深入科学内核。多数学生能够结合生活实际理解说明文中现象，做出常理性的归纳。但是要科学地认识其实质，需要我们透过表层去揭示其规律性，培养梳理说明结构的思维创新能力。

说明性文章除了向学生展示一般性的文体知识，也侧重对科学知识与方法的普及以及科学思想的熏陶作用。在阅读教学中，说明文经常因其说理性和平实性，而无法引起学生的学习兴趣。教师在初学说明文的阶段应该避开纯知识传授的方式。本环节教师由说明文新颖的结构形式入手，让学生能够"读下去""读进去"。正因为说明文的结构顺序体现逻辑性，有利于培养学生理性的思维创新能力。

三、议论文教学剖析逻辑，发散思维角度

（一）明确议论文培养思维创新能力的方向

议论文与以上文体呈现的思维类型有明显的区别。如在记叙文中体现的思维方式既有直观的形象思维，也有抽象的灵感思维或逻辑思维。而议论文通过议和论的形式行文，以说理性和思辨性见长，回答的是"为什么"的问题。一篇完整的议论文通常包括论点、论据和论证三个要素。按议论内容分为政论、书评、文艺评论、学术论文等；从社会应用角度可以分为开（闭）幕词、演讲稿和序等。

在议论文教学中通过提升学生的逻辑剖析能力，培养学生思维创新能力的批判性和深刻性。

（二）议论文培养思维创新能力的课例分析——以《敬业与乐业》为例

1.教学说明

本书是一篇演讲稿。因其实用性较强，所以有必要在中小学阶段对学生进行演讲稿的教学。通过《敬业与乐业》的教学，要求学生能够熟悉演讲稿

的特点、形式，会写作简单的演讲稿。本书作为议论文的典范之作，在议论的方式、结构和层次方面都很有代表性。在学习本书时，笔者与同组教研的老师将教学目标设定为：①熟练掌握文章内容，理解与"业"有关的内容意义；②学习作者证明"敬业与乐业"观点运用的论证方法；③体会作者阐述的敬业和乐业精神，启发学生树立正确的学习观和价值观。

2.教学过程

（1）以现实性问题导入，进入思维创新能力的准备阶段

师：同学们，请大家设想一下，将来有一天你面临就业的时候，会选择什么样的职业呢？

（学生们结组讨论后，准备发言）

学生1：我想成为一名教师，每天站在讲台上，给大家传授知识。

学生2：我想成为一名厨师，能够做出各种美食，让大家品尝。

学生3：我想当一个画家，背着画板，画下世界各地的美景。

师：真好，大家的职业理想都很远大。怎么才能干好自己的本职工作呢？梁启超先生的《敬业和乐业》一文已经给我们启示了。今天我们就一起去听听梁先生的意见吧。

（教师板书题目）

导入部分的师生交流可以使学生尽快进入学习状态。对未来职业的设想既与课文内容有关，又是学生所感兴趣的，能够引发学生的思考和表达的积极性。在这个过程中，拉近了学生与教师、文本以及作者之间的关系，学生的思维创新能力进入准备状态。教师思维起着引导性作用，需要学生思维的积极配合。

（2）探究新知

检查学生自主阅读的情况，包括生字、词的积累及对作者生平和课文内容的了解。

师：我先请一位同学在文中找出他查阅的生字、词，大家要注意听他读。（教师指定学生完成，其他学生边听边做笔记）

师：这位同学找到了这么多生词，看来他预习得很认真，那还有没有同学做补充呢？

生：我补充一下，"禅"字是多音字，在这里读作"chan"（二声），还可以读作"shan"（四声）。

师：这个字补充得很有必要，请同学们认真做好记录。下面一起找找文中显示作者观点的句子在哪里？

（学生发言，内容略）

师总结：同学们找得很全面，也很正确。以上都是梁启超先生对"业"的观点。但是文章的中心论点只有一个，它的作用是统率全篇的。应该是哪一句呢？

生（齐声回答）：但我确信"敬业与乐业"四个字，是人类生活的不二法门。

师：没错，看来大家对文章的主旨把握得很准确。现在我们就一起学习"敬业"与"乐业"。

教师让学生分享本课字词的预习成果，是对学生个体思维创新能力的考察。学生搜集的内容越全面，表明越熟悉课文内容。因为个体思维不具有普遍代表性，所以老师提出补充回答的要求是很有必要的。中小学阶段的学生有了一定的字词积累和工具书查阅能力，字词教学主要是以学生自学为主。对于需要了解掌握的文学常识，教师放手让学生自己去搜集整理，也是对学生独立阅读能力的锻炼。从问题简单入手让学生体会到积极思维的成就感，调动学生继续思考，才称得上是科学的思维锻炼方式。

（3）质疑问难，提升学生的概括能力和表达能力。

这时的问题应带有启发性，引导思维创新能力进入的深化阶段。

师生对话片段：

师：请同学们找出围绕本书的中心论点，作者从哪几个问题展开？

学生1：三个，分别是"有业之必要""敬业"和"乐业"。

师：请大家再结合课文说说"业""敬业""乐业"分别是什么意思？

学生2：业是职业、工作的意思，我在第五段找到"职业"一词。

学生3：这句话后边还提到"劳作"，称得上劳动的也叫"业"，就比如学生的学习也是"业"。

学生4：第六段多次提到"一件事"，是不是说能称为一件事的就是"业"啊？

学生5：应该是自己认真做的一件事吧，要不范围就太大了。

师：大家说得太精彩了！我们得出的结论为认真做的事是"业"。"众人拾柴火焰高"，因为大家的合作，所以我们对课文的理解也深刻了不少。那大家再说说"敬业"是什么意思吧！

学生6：主一无适，是敬。

学生7：心无旁骛，也是敬。

师：这是文中给出的解释，大家怎么理解敬业呢？

学生8：应该是做事情认真、踏实、负责任。

学生9：专心致志、不受干扰。

师：大家说得不错。无论在什么位置上，履行好自己的职责即是敬业了。

学生10：老师，文章的第六和七段都在举例子证明敬业。

师：对啊，但是在议论文中不能叫举例子，应该是——

生（齐声回答）：论据。

师：很好，大家再找找文中的乐业是什么意思。

学生11（沉思片刻）：乐业就是快乐地做事，并且发现其中的乐趣。

师：文中并没有直接给出来乐业的意思，但是你总结得不错。看来大家都对业、乐业和敬业有了更好的理解。

本环节学生在明确文章要点的基础上，理清了文章的结构层次。文章依次阐述了"有业之必要""敬业"和"乐业"三个问题，教师以此顺序组织本课的教学活动。首先是结合课文内容，理解业、敬业和乐业的意思，学生理解的"业"是由表面到深层的，可以看出其思维在不断地深化。同学之间的补充交流，是将个体思维与集体思维进行对照。这时的答案不要求准确，但是一定要迅速。

思维创新能力的敏捷性和深刻性也在这个时候得到了锻炼。快速地提取内容要点，也为下面深入文章的重点做好了准备。学生能够围绕"业"的相关问题谈自己的看法，在表述的过程中自身的阅读思辨能力得到了提升，思维的批判性和严密性也更加完善。

（4）体验发现

演讲稿使用频率较高，对演讲稿写作方法和演讲技巧的探讨有重要意义。本课的重难点在于学生对论证方法和演讲语气的辨别。

师生对话片段：

师：本书是一篇演讲稿。演讲稿一般具有什么特点呢？

学生1：鼓动性和教育性。

师：一般我们以什么样的语气来读呢？

学生2：应该读得有力度。

师：都是要这样来读吗？比如说文章的三、四段。

学生3：应该要平缓些来读更好吧。

师：是的。这也是本演讲稿的一个特点，引用部分的语言通俗，语气就不能再那样激烈了。大家再看一下文中的两个例子，分析它们在文中的特点。

学生4：我知道议论文中举例子应该叫举例论证。孔子的例子是说没有业的坏处，百丈禅师的例子是在说有业的重要性。

学生5：它们的意思一正一反，但作用一样，正好形成对比。应该就是对比论证的方法了。

本环节采用了教师常用的教学手段，以常态引出特殊是本课教学的重难点。目的是让学生掌握在不同语境下判断演讲语气。探讨演讲稿的演讲语气，也可以提醒学生不以常态思维来臆测具体的文章写法。明确读课文的第二、三自然段的事例部分时，语气应该更加舒缓，这样对议论文有了更全面的认识。而且学生分析语言特点的同时明确了论证方法的使用，思维空间又得到了一次拓展，将论证方法和演讲稿特点掌握得更加透彻和灵活。教师在这期间对学生进行情感和思想上的教育，也会收到很好的效果。

（5）拓展延伸

这是思维创新能力的深化阶段。本环节主要打破学生的思维定势和对书本与权威的迷信，提升自身的逻辑思辨能力。

师：同学们，我们说一个人的观点总是有局限性的。尽管我们同意作者敬业和乐业的观点，但你对文中的观点还有没有疑问呢？

学生1：作者说对没有职业的懒人要彻底讨伐，我觉得有点太绝对了。社会上还有些丧失劳动能力的人，难道对这些人也要讨伐吗？

学生2：我觉得作者这种看法很好。古代社会学者的地位很高，商人处在底层。他认为应该平等看待职业，在当时他的思想就很进步了。

师：大家分析得都很有道理。虽然作者所处的时代距离今天较远，但他的一些观点在今天看来还是很先进的。我们今天的作业就是写一篇辩论稿，以职业有没有高低之分为辩论主题。大家可以借鉴本书的论证方法和结构，做好下节课的辩论准备。

3.教学反思

有些学生阅读时遇到问题总是模棱两可地应付过去，不能形成深刻的思维。教师授课时应培养学生质疑发问的学习态度。本课质疑问难环节中学生表现得较积极，提示教师要合理设计课堂提问。安排学生写作演讲稿是将课堂知识及时巩固，但应考虑学生的思维创新能力的差异，对掌握不熟练的学生要针对性训练。

四、应用文教学对比迁移，转化思维成果

（一）应用文培养思维创新能力的方向

应用文是在社会生活实践中形成的一种文体，协助人们的生活、学习和工作事务。随着社会分工的细化，应用文被赋予的功能也越来越多，在社会生活的各领域发挥着作用。语文教学目前常见的应用文包括书信、启事、便条、申请书和倡议书等形式。在应用文教学中主要培养中小学生的实用性思维创新能力，提升思维的灵活性和积极性。

（二）应用文培养思维创新能力的课例分析——以启事的教学为例

针对应用文主题的明确性、语言的规范性和格式的固定性，明确启事的作用、类型及格式。启事的结构一般包括启事的标题、具体内容及尾部的署名与日期。

第一步：将不同等级的启事例文对比阅读，以提升学生的阅读思辨能力。在应用文教学中，先要给学生提供优秀的写作范文，因为对于初学者来说需要有一个参照的标准。同时也要将错误的写作例子呈现给学生，作为补充的教学资源让他们吸取教训，避免出现类似的错误。笔者在实际教学中进行了如下尝试。

笔者在课前布置了了解启事知识和阅读范文的预习作业。课堂教学时首先在投影仪展示启事实例，要求学生认真阅读与观察。学生比照启事写作的

相关要求后，发现第一篇没有问题。接着笔者继续展示下一篇，结合之前对启事文体知识的初步预习，部分学生能指出一些格式和语言上的错误。紧接着屏幕又交叉展示了更多的正反面作品实例，大多数学生结合前面的分析，能逐渐准确地辨别例文中的错误。最后笔者让学生回顾整理本节课所掌握的知识内容，并提醒学生在今后的启事写作中应注意的事项，比如落款和时间的位置错误是常见的。

本课时通过分析比较正面和反面的文本实例，学生明确了正确的思维方向。应用文的教学内容虽然不具有较强的吸引力，但只要结合学生思维兴趣点合理引导，也能有效地锻炼思维的敏捷性、灵活性。挑错误环节的设置让学生产生了自我成就感，极大地调动了学生的思维积极性。

第二步：参与写作启事的实践，结合生活和学习培养学生思维的迁移能力。应用文的主要功能就是为社会生活服务。在课堂锻炼学生的应用文写作能力，可以将学生的思维创新能力与写作思维创新能力顺利链接。通过课堂阅读教学和阅读相关例文，学生可以获得启事的写作知识和写作能力。启事在学生的日常生活中比较常见，所以也容易就地取材地展开训练。笔者选取同组老师的教学为例分析如下。

首先，教师交代启事背景为某同学捡到东西，想请同学们帮忙拟写一则招领启事告知失主。接着教师要求学生按照启事的规范格式，合作讨论该启事应包括的内容要素。学生们边讨论边做记录，五分钟后各小组派代表发言。（教师板书学生的发言内容）其中有同学指出，启事中简要列出捡到的物品名称即可，对证件号码和财物数目等不能详写，以防止冒领。该观点得到了同学们的一致认同。

之后师生整理发言内容，得出启事包括标题、正文要出现捡到物品的时间、地点、捡到的物品（注意不能详写），落款注明启事者的联系方式和发文时间。最后教师要求大家当堂完成本则启事，由小组成员推荐优秀的学生作品进行展示。

本环节教师为学生提供的启事写作背景在生活中较为常见，学生能结合以前的阅读经验形成初步的启事写作思维。这种亲身实践的写作，能训练学生进行积极的思维，整合阅读信息转化为文字表达能力。

语文阅读的过程本身伴随着思维,语文教学对学生思维创新能力的培养是最切实的。语文教学几种常见文体教学内容既相互独立也存在着交叉,需要培养而且能够培养多种形式的思维创新能力。

第三节 语文教学思维创新能力培养的评价策略

语文教学学科的教学评价结合语文教学模式制定,是检测教学成果的主要方式。近年来随着对学生课堂地位的关注,教学评价更加关注学生情感与智力的协调性发展。出于语文教学思维创新能力培养的现实需要,相关的教学评价体系也应建立起来。语文教学评价现状是评价形式在不断增加,但是实际使用却呈现单一化和传统化。单一传统的教学评价形式会造成评价结果出现不公平的现象,进而影响中小学生学习语文的积极性。因此培养中小学思维创新能力的教学评价要体现公正性、全面性与灵活性,做到评价依据的合理化、评价内容的针对性和评价方式的多样性。

一、评价依据要合理化

教学评价主要依据学生的课堂表现、课下反馈练习和考试成绩等。学生在课堂上的表现主要是听课的专注程度,对教师问题的反应速度,课堂笔记的条理性和完整度以及与同学之间的合作探讨等。这些表现都需要在教学过程及时评价,所以教师要认真观察学生的课堂反应。当课堂在某一环节学生出现困惑的学习状态时,应及时调整教学思路适应学生的思维。对课堂表现专注的同学提出言语上或者奖状等书面性质的表扬,对课堂表现异常的学生要详细了解原因再深入交流。课下反馈是对课上学习情况的摸查,教师可以采用谈话的方式了解学生的学习进展,也可以发放限时训练,并及时批阅反馈给学生。目前对学生阶段性的教学评价主要是依据考试成绩。考试面向学生体现公正性,但也不能排除中途出现意外而影响成绩的情况。所以还应该结合学生近期课堂学习的表现、其他学科教师的反馈、学生家长和同学的意见对其做出合理评价。

二、评价内容要有针对性

语文教学科随着课程改革也在更新着教学的内容，因此对学生的教学评价内容不断调整。不同阶段学生思维水平呈现不同的特点，评价的内容也要具有针对性。让评价者和被评价者能根据评价内容，清楚地了解中小学生语文学习发展状态。中小学阶段的学生处在思维发展的有利时期，心理学家通过对学生运算能力的发展研究得出，中小学是逻辑思维由经验型向理论型的过渡期，此时评价内容主要是集中于学生思维的抽象性发展。对学生的评价内容在全面的基础上，一定要有所侧重。首先是学生基本学习任务的完成情况，这时评价的内容要求一致，以实现学科基础的全面夯实。其次在能力提升阶段，对学生学习的优势部分要做出鼓励性评价，薄弱部分也要适当做出引导性评价，实现突出所长，补足短板。最后还要注意对学生学习过程中的突出表现做正面评价，让学生肯定自己，建立自信心。

三、评价方式要多样化

教学评价按空间分为课中评价和课后评价。教师的课中评价方式又可以分成语言性的评价和非语言性的评价。在语文教学课堂上教师对学生进行的语言评价主要是鼓励和正面引导。如教师对经常积极发言的学生在语言鼓励的基础上，可以做深入性的引导，增强其语文思维的深刻性和发散性。课堂上教师的非言语性评价主要是借助教师的面部表情和肢体语言来表现。在学生发言内容精彩时，可以在结束后带动其他同学鼓掌，促使学生继续积极地发挥思维创新能力；在学生表述出现停顿时，应该适当等待学生思考，并以微笑和眼神鼓励其继续回答。教师对学生的评价是指导性的，还可以让同学之间展开互助性的评价，实现评价者和被评价者思维创新能力的互相影响。课外评价主要是通过测验和考试，对硬性的评价方式也存在着不同的意见。学生成长的评价应该从多角度考察，在成绩之外的品德、修养就无法通过答题的方式查看。借鉴目前出现一些新的评价形式，如建立成长档案、进行社会实践，都可以进行积极的评价尝试。

第五章 语文教学中的思维类型与训练

本章分别论述了形象思维、抽象思维、辩证思维、灵感思维、直觉思维、相似思维、创造思维等七大思维类型与语文教学极为密切、不可分割的关系，既有对理论研究成果的借鉴与发挥、教学经验的总结与发展，也有对思维训练科学途径的探讨。

第一节 语文教学中的思维类型

一、形象思维与语文教学

（一）形象思维的概念和特点

1.形象思维的概念

形象思维是人的大脑自觉反映客观的具体形状或姿态，运用观念形象（意象）加工感性形象，从而能动地指导实践，创造物化形态的思维活动。它可通过创造真实感人的艺术形象来反映生活，揭示生活的有关本质与规律。

形象有主客观之分，客观形象就是能引起人的思想或感情活动的具体形状或姿态，也就是客观事物在立体空间中的存在状态，及这种状态随时间而发生的变化。主观形象是客观形象在人的感官与头脑中的能动反映。

主观形象有初高级之分：初级阶段，即感性形象认识阶段，主观形象分为感觉形象、知觉形象、印象和表象。高级阶段，即理性形象认识阶段，主观形象表现为意象，它是观念的或理性的形象。

客观形象是纯客观的，但主观形象不是纯主观的，它的形式是主观的，内容是客观的，可见主观形象是主客观统一的形象。

还有另一种主观形象（意象）的物化形式，如艺术形象，有人称之为物化形象。艺术形象的主客观统一，是"主观见之于客观"的形象，即通过形象思维指导的实践活动而创造出客观形象。所谓主观形象，则是"客观见之于主观"的形象。

形象思维是一种以客观形象为思维对象、以感性形象为思维材料、以意象为主要思维工具、以指导创造物化形象的实践为主要目的的思维活动。

2.形象思维的特点

形象思维最突出的特点是鲜明的形象性，有时还带有浓郁的感情色彩，并通过一定的个性来反映共性。

（1）形象性

首先，形象思维是以客观事物的形象作为思维的对象。自然界美不胜收的景物，千姿百态的景色，各种人物的音容笑貌，各种人造物的状态，各种文学艺术的形象，等等，这一切构成了人们认识大千世界的内容。

其次，形象思维主要使用意象、具体概念、形象的语言、各种图形等形象性的思维工具。形象语言从性质上分三类：视觉语言、听觉语言、视听综合语言。这三种语言又可分为名词、动词、形容词。名词反映特定事物形象，如人、湖泊；动词反映特定事物运动形态，如哭、笑；形容词反映事物的性质、状态，如绿、尖等。人们运用形象思维的工具，就可对事物的客观形象进行分析、比较、综合、概括，引起联想与想象，创造新的物化形象。

再次，形象思维除使用形象性语言外，还可使用形象性的非语言手段，如图形、模型、动作、表情及各种姿势等，来传达思想、情感，表达意象。

（2）通过个性反映共性

形象思维通过个性反映共性，揭示个别事物的本质特征、必然的运动发展来认识某类事物的共同本质和普遍规律。

美国著名学者斯佩里（诺贝尔奖获得者）通过研究"裂脑人"发现，人脑左半球主要管理人体右侧运动，具有逻辑思维、求同思维以及言语、计算等能力，名为"理性半球""逻辑半球""知识的脑"。左半球比右半球有强得多的控制能力。右半球主管人体左侧运动,具有直觉思维、求异思维,偏重于对音乐、舞蹈、节奏、绘画等空间形象感受和识别能力,与人的想象能力相对应,名为"情感半球"或"创造的脑"。形象思维的生理机制来自大脑右半球。实验证明,科学家在紧张进行研究工作时,大脑左半球是明亮的,表示其抽象思维异常活跃;而右半球也稍有亮点,但大半区域是暗淡的。相反,艺术家在艺术创作的高潮时,右半球是明亮的,左半球也有些亮点,但大片区域是暗淡的,表明形象思维在正常运动。同时也说明,在思维活动中,以某种思维为主,需要多种思维的相互配合、协调统一。

(二)形象思维的过程

形象思维作为一种认识活动,体现着感性和理性的统一,认识活动和指导实践的统一。形象思维作为一个完整的认识过程,它要经历"两次飞跃",即经历从感性形象认识向理性形象认识的飞跃,再经历从理性形象认识向实践的飞跃,形象思维才能通过实践反馈而反复循环,不断由低级向高级发展。我们可以把它分为初级、过渡、高级三个阶段来理解。

1.初级阶段——感受摄像储存

(1)形象感受

形象思维须以形象感觉为基础才能进行。对事物较完整的感性直观产生于知觉。形象视觉和另一种感觉集合,一般会构成知觉形象,其他感觉对视觉形象起补充或修正作用。例如,我们漫步园圃,一少妇姗姗走来,恍若仙女,但她乱扔果皮,随地吐痰,口出秽语,这最初形成的美的形象感觉,就被丑的整体形象知觉代替了。

形象感受是形象思维的第一个环节,是思维的基础,是艺术想象的依据。形象感受有主动与被动、局部与整体、有序与无序、初次与反复之分。如果我们硬被拖去游览某风景区,从未到过那地方,心中老想着其他的事,那么对风景区的感受则是被动的、局部的、无序的、肤浅的。而形象感受则必须有主体的积极参与,多方面感知,反复思考,才能获得真切的感受。

(2)形象摄像

摄像是形象思维过程的起点形态。它是思维过程的第一个关口,它是由感性认识进入形象思维过程,既相互联系又有根本区别的边界关口。

摄像是在表象的基础上摄取有特征影像的认识形态。它保留了表象的直观可感性，但它所摄取的是经过选择的富有特征的影像。摄像有动静之分，局部整体之别。

动态摄像。它是指摄取对象在活动中有特征性的影像。它通常是对象活动各发展阶段有特征的表象的综合。如《药》的第一部分，写华老栓买"药"，从准备出门，走向目的地，在刑场向康大叔买人血馒头，以及看客们"鉴赏"杀人"盛举"的场面。通过这些动态摄像，来反映华老栓与看客的愚昧、麻木，揭露封建统治阶级镇压、毒害人民的罪行，勾勒出夏瑜惨遭杀害的社会环境。以上摄像动中有静。

局部摄像。它是指摄取对象局部具有的特征性的影像。如郁达夫在《故都之秋》中对北国秋天的槐树进行这样的摄像："北国的槐树，也是一种能使人联想起秋来的点缀就像花而又不是花的那一种落蕊，早晨起来，会铺得满地。脚踏上去，声音也没有，气味也没有，只能感出一点点极微细极柔软的触觉。"作者对北国之秋所突出摄取的对象是槐树，从局部使人感到秋意悄悄来了。

整体摄像。它是指摄取对象整体有特征性的影像。如《祝福》的开头对祥林嫂的死和死前的悲惨形象就进行了整体摄像，借以突出悲剧色彩，造成强烈悬念，使小说一开始就具有动人心弦的艺术力量。

（3）形象储存

感觉形象和知觉形象在头脑记忆中的储存称为印象。表象是对记忆下的印象的回忆。表象与感觉、知觉印象相比，具有一定的间接性、概括性，它的反复进行就使表象可能变成反映事物特征的摄像。如从一张秋天红色的枫叶，概括出众多的秋天的枫叶都具有红色的特征。这就为感性形象认识向理性形象认识的转变提供了可能性。

形象储存是形象思维的第二个环节。既有形象的感受，又有形象的储存记忆，印象清晰，而且有可能把握住生动的细节，成功地进行艺术创作。魏巍在朝鲜战场，通过切身感受，在脑海里储存了大量的中国人民志愿军战士的崇高形象、动人事迹，因此进入创作过程后，才能对保存在记忆中的印象回忆产生的表象，富有特征的摄像，按主题需要进行精选。

2.过渡阶段——判断加工意象

形象思维的过渡阶段要进行形象判断。这是继感知、储存之后，形象思维的第三个环节。它可分两类：一是简单直觉形象判断，指对客观事物表面形态的识别辨认。动物只有简单直觉形象判断，如军鸽能从千里之外飞回营地。二是复杂直觉形象判断，指对客观事物表面形态的识别与内在实质理解的辩证统一。

诗人与画家用不同的形式，创造了美的形象。这形象，反映了作者对自然美的感受、观照。当我们沉醉于美景，也许并未想到什么，而感到的是它的形式。诗人查慎行漫步溪边，见繁星、远山、园林、树荫、萤火、山泉，听蛙鸣、听水声，心感自然的优美，赏心悦目于美感中，似乎并未沉思。我们观自然美景，看文艺佳作，也离不开直观感性形象给人的印象，美学家就把人们在观赏美、创造美时的感性心理特征，叫作美感直觉，也叫审美直觉。过渡阶段，要由感性形象向理性形象过渡。这个阶段主要通过对感知印象的"由此及彼、由表及里、去粗取精、去伪存真"的过程而形成直觉。意象属于观念形象，表象、摄像是连接感性和意象环节，在表象、摄像基础上进行的形象思维。意象，是对摄取并储存在头脑中的影像信息进行改造，是对过去记忆中已形成的那些暂时联系进行新的组合，是对已有影像的新的加工与判断。通过加工与判断，人们便有"意"把某类事物的特征概括熔铸于创造出来的新形象之中。

语文教学中的意象，主要有以下几类。

（1）动态意象

指捕捉、概括对象某些动态特征，能够反映某类特定本质的意象，如《祝福》中的祥林嫂……脸上瘦削不堪，黄中带黑，而且消尽了先前悲哀的神色，仿佛是木刻似的；只有那眼珠间或一轮，还可以表示她是一个活物。鲁迅抓住"眼珠间或一轮"的特征所塑造的动态意象，仅一个细节就反映了祥林嫂惨遭迫害的悲剧命运。

（2）静态意象

指捕捉、概括对象某些静态特征，能够反映某类特定本质的意象。如《祝福》中对鲁四老爷房中陈设的描写，达到表现一定"气氛"和人物性格的目的。当鲁四老爷陈列福礼、恭请福神的时候，祥林嫂却怀着疑惑和极度的痛苦死在雪地里，通过这一意象，就揭示了封建礼教吃人的本质。

（4）整体意象

指捕捉、概括事物的整体特征，反映某类事物特定本质的意象。鲁迅说："人物的模特儿也一样，没有专用一个人，往往嘴在浙江，脸在北京，衣服在山西，是一个拼凑起来的角色。有人说，我的那一篇是骂谁，某一篇又是骂谁，那是完全胡说的。"当鲁迅和小说家们对他们的"模特儿"进行"拼凑"的时候，必然要多侧面、多角度地对其意象进行综合与概括，这样才能形成完整的整体意象。

（5）无形意象

指捕捉、概括视觉看不见的对象特征，反映某类事物本质的意象。如《阿Q正传》中阿Q在土谷祠里幻想革命，想到杀人，搬物等纯属心理活动。鲁迅将其无形的幻觉"复现"为具体的意象，就能揭示阿Q式革命的本质。

（6）变形意象

指改变事物的形体，以概括事物的特征，反映某类事物特定本质的意象。如古埃及的人面狮身像，安徒生童话的美人鱼塑像，《西游记》中有关孙悟空、猪八戒、白骨精等的意象，都是变形意象，它具有巨大的生命力，同样能从特定的角度揭示事物的本质。广泛而言，文艺中的一切典型，与现实生活中的真实形象相较，都是变了形的。

3.高级阶段——联想想象造像

形象思维从摄取影像，到意造新象，再到典型造像，就形成了形象思维过程由低级，经过渡，到高级阶段的三个层次。典型形象的造像，就是对意象的"部件"进行"总装"，就是要在意象对生活进行一般概括的基础上，对生活进行典型的概括。

典型概括的过程，是由个别到一般的思维过程，但这个过程主要不是抽象的判断与推理，而是典型形象的"再现"与"显示"，为此就离不开联想与想象。联想是从一事物想到另一事物的思维活动。意象是形象思维的细胞，本质上讲，形象思维的联想是从一个意象想到另一个意象的思维活动。联想以记忆为前提，没有对意象的记忆就没有联想。如我们保留在记忆中的"松树的风格"这一意象，可以联想到松树乃至杨柳的品行。联想通过揭示意象之间的关系，来反映意象的内容。如我们把穷人与杨白劳联系起来，可体现共性与个性的关系；把喜儿和黄世仁联系起来，可体现矛盾对立的关系；把杨白劳与喜儿联系起来，可体现父女之间相依为命的关系。意象的内容，就可在意象与意象的联系中揭示出来。

联想在反映意象之间关系的过程中，体现出对意象有所断定与评价的功能。

联想要将各种意象联结来揭示意象内容。如杜甫的诗句"朱门酒肉臭，路有冻死骨"，反映了贫富差别，揭示了统治者剥削劳动人民的残酷社会现实。我国古典文学中常用的比兴手法，就是诗歌中以形象对比为主要形式的联想活动。

联想的基础是客观事物形象的相似性与接近性。但这相似与接近都不是绝对的。世界上没有两个人的相貌长得绝对一样，我们由浪里的鱼，想到梁山泊水中英豪张顺，是因二者在善游方面相似，故名之曰"浪里白条张顺"；我们由打虎英雄武松的意象，想到卖烧饼的武大郎的意象，因他们是两弟兄，比较接近，但具有不确定性。

然而，形象思维的联想又有一定的确定性，它表现在"像与不像"之间有一定的伸缩范围，车队长，才像一条河，一辆车子不可能像一条河。张顺善游泳，才似浪里白条，若是"旱鸭子"，就不能如此取名。这"像与不像""接近与不接近"，就包含形象思维联想的确定性。所以，只有从确定性与不确定性相统一的观点出发，才能正确判断某一具体的形象思维联想是否符合客观实际。

想象，是人脑在联想的基础上加工原有的意象而创造出新意象的思维活动。联想只是由一种已知意象唤起另一种已知意象，从而揭示意象的内容与本质关系，并不会创造新意象，而创造性则是想象的突出特点。例如《小二黑结婚》中的三仙姑及女儿小芹，就是赵树理用熟悉的生活实例在他头脑中形成的意象，创造出的新形象。

想象也要使用形象分析、比较、综合、概括等方式来加工理性意象，而绝非只是加工感知形象和表象。想象要在联想的基础上加工原有意象，创造新的意象。在联想和想象的基础上塑造典型形象,运用形象思维提炼、加工,使其具有典型性、立体性和真实性,这样产生的新形象才具有艺术的生命力。

(三)形象思维训练

形象思维训练从心理素质的角度考虑,在语文教学中,主要应对各种类型的联想、想象、表象、意象、情感等与心理成分相关的环节进行训练。

1.从仿写到创新的训练

仿写属模拟思维活动,模拟思维是对某种现成的事物或现象进行仿效的一种思维形式。学生进行仿写练习,有助于创造性思维的发展。在语文教学,仿写既可提高学生的写作能力,也能加深其对课文的理解,课文中获得的多方面的知识,得到进一步的巩固、提高。这种以写促读、以读助写、相得益彰的写作训练方法,对提高教学质量很有帮助。

(1)仿拟构思的训练

韩愈主张学古文要"师其意,不师其辞"。"师其意"就是指要学习范文的立意构思、选材剪裁、谋篇布局等方面的优点。如茅盾的《风景谈》,通过六幅画面——自然风光的描写,进一步赞颂主宰风景的人——解放区军民的生活和斗争,抒发深情。可结合课文,仿拟构思,以《风景新谈》为题作文。

仿写应从小学抓起,小学二三年级开篇就应以仿写为主,初中生的仿写,比高中生的仿写更为重要,小学、初中的仿写基础打好了,高中仿写就能出新意、创新篇。

(2)仿写技巧训练

写文章既要有好的主题与材料,又要掌握熟练的写作技巧,才能更好地表达自己的思想,使文章的形式和内容水乳交融。作者运用语言,通过一定的表现手法,处理材料与中心的关系,除了记叙、描写、抒情、议论等表达方式外,还有各种修辞手法的仿效与运用,各种写作特色与风格的借鉴、学习。

(3)仿写语言训练

如果说主题是文章的"灵魂",材料是"血肉",结构是"骨骼",那么,文章的语言就好比构成人的生命基础的"细胞"。所谓"言之无文,行而不远",从形象思维的角度考虑,主要应模仿练习那些生动形象、通俗朴实、含蓄简练的语言。

2.联想思维训练

联想是由一个事物想到另一个事物的心理现象。具体说，客观事物以一定的关系彼此联系作用于人脑时，会在大脑形成各种暂时联系；在作用终止后，这种暂时的神经联系以痕迹的方式留在头脑中；在一定条件下，这种联系可以活跃、恢复起来。

联想是想象的初级形态，它跟想象一样，在语文教学中具有重要的意义。比如，分析课文，须具有联想力，才能思考清楚现象与本质、内容与形式的关系；较强的联想力是作文精巧构思的基础，是用好语言的条件。修辞中的比喻拟人等，实际上是各类联想的不同表现，排比句、递进句，乃是横式联想、纵式联想的不同表现方式。各类体裁的文学类课文，从写作到教学都必须借助联想才能完成。

联想训练可以从对比、接近、相似、追忆、因果、推测和连锁方面进行。

（1）对比联想训练

对比联想是由对某一事物的感知引起相反特点的事物的联想。如古代民歌"月儿弯弯照九州，几家欢乐几家愁，几家高楼饮美酒，几家流落在街头"就运用了对比联想。中学课文中的对比联想很多，如《从百草园到三味书屋》，就是用充满无限乐趣、令人无限向往的百草园，来反衬对比枯燥乏味的三味书屋。再如《苏州园林》，作者采用对比联想的写法来突出事物特征，效果极佳。介绍布局，将苏州园内亭台轩榭的布局跟宫殿住宅相比，突出了苏州园林讲究自然之美、自然之趣的特点。对比联想的训练方法很多，如设计《××的变迁》《××的联想》之类的习题，让学生用对比联想的方法写作。

（2）接近联想训练

接近联想是指相邻的事物因时间或空间的接近而引起的联想。如《谁是最可爱的人》中有段文字："亲爱的朋友们，当你坐上早晨第一列电车走向工厂的时候，当你扛上犁耙走向田野的时候，当你喝完一杯豆浆，提着书包走向学校的时候，当你坐在办公桌前开始这一天工作的时候……朋友，你是否意识到你是在幸福之中呢？"这一组排比句写的事情都发生在清晨，因时间相同而发生联想。

（3）相似联想训练

相似联想是由对一件事的感受引起的同该事物性质形态相似事物的联想。如《绿》中写道："那醉人的绿呀，我若能裁你以为带，我将赠给那轻盈的舞女，她必能临风飘举了。我若能挹你以为眼，我将赠给善歌的盲妹，她必明眸善睐了。"训练时，要让学生明确，其中有一组因形态与特征类似而构成的相似联想："带"与"眼"分别显示舞女与盲妹的活力，人们又爱把"绿"视为生命的象征，故作者巧由潭的绿波颤动，联想到"带"的飘举和"泪"的流转。这样的相似联想，自然、优美、精巧。教师只做简单提示，学生便能由物及人，展开相似联想。

（4）追忆联想的训练

追忆联想指由现实生活中的某一事物，引起人们对经历过的生活、见闻、知识等的回忆。徐迟写作《在湍流的漩涡中》，对周培源从20世纪30年代到70年代的经历，先是按时间顺序写，像记"流水账"一样。后来，他丢弃长达23000字的原稿，抓了"一刹那"，把事件集中在一个晚上，再通过回忆加以展开，通过这种追忆联想的方法，使作品顺理成章，紧凑凝练，以7000多字的篇幅表现了人物坚定的斗争精神与丰富的内心世界。《祝福》先写祥林嫂在爆竹声中死去，再回忆她的一生，也是用追忆联想的方法。中学生写童年生活的回忆，就可用追忆联想。

（5）因果联想的训练

因果联想是由原因想到结果，或由结果想到原因的思维方法。《荔枝蜜》就用了因果联想的写法："小时候有一回上树掐海棠花，不想叫蜜蜂蜇了一下，痛得我差点儿跌下来。""从此以后，每逢看见蜜蜂，感情上疙疙瘩瘩的，总不怎么舒服。"后来是因为喝了"忙得忘记早晚"的蜜蜂酿造的荔枝蜜，才"觉得生活都是甜的呢"；是因为了解蜜蜂用短促的一生"为人类酿造最甜的生活"，就像辛勤的农民"为后世子孙酿造生活的蜜"一样，所以"我"才由讨厌蜜蜂，到"梦见自己变成一只小蜜蜂"。《荔枝蜜》的因果联想用得多么的巧妙啊！在作文中写自己喜、怒、哀、乐的人与事，可用因果联想的方法去写出原因。

（6）推测联想训练

推测联想是根据已经知道的事情来推测不知道的事情的一种联想方式。例如，《从百草园到三味书屋》："我不知道为什么家里的人要将我送进书塾里去了，而且还是全城中称为最严厉的书塾。"进书塾是知道的事情，只是不知为啥要进这"最严厉的书塾"，所以才从童心出发展开推测联想："也许是因为拔何首乌毁了泥墙罢，也许是因为将砖头抛到间壁的梁家去了罢，也许是因为站在石井栏上跳了下来罢。"作者运用联想推测原因。

（7）连锁联想训练

连锁联想是指运用联想的方法把几种事物一环扣一环地串联在一起，也可以从同一事物的不同方向进行两种以上的联想。如《荔枝蜜》由荔枝树想到荔枝蜜，由荔枝蜜想到蜜蜂的劳动，由蜜蜂的劳动想到农民的劳动。这是一环扣一环的联想。

3.想象思维训练

主要从再造想象与创造两个方面进行训练。

（1）再造想象训练

再造想象，就是根据别人对某一事物的描述，在自己头脑中形成新形象的过程。在阅读过程中，再造想象占据突出的地位。读者正是根据作者所提供的语言信息，唤起头脑中的有关表象，并根据作者的提示进行新的组合，从而再造新的形象。再造想象的训练，可将短小、生动、形象的古今诗歌，让学生改写为故事、散文，要求能再造出新的形象来。

（2）创造想象训练

创造想象就是不以现成的描述为依据，在头脑中独立地创造出全新的形象的心理过程。比如，"暴躁"是一种情绪，看不见，摸不着，茅盾在《追求》中，却直观地、具体地、形象地用语言把它描述了出来："她暴躁地脱下单旗袍，坐在窗口吹着，却还是浑身热辣辣的。她在房里团团地走了一个圈子，眼光闪闪地看着房里的什物，觉得都是异样地可厌，异样地对她露出嘲笑的神气。像一只正待吞噬的怪兽，她皱了眉头站着，心里充满了破坏的念头。忽然她疾电似的抓住一个茶杯，下死劲摔在楼板上，茶杯碎成三块，她抢进一步，踹成了细片，又用皮鞋的后跟拼命地研研着……"在这里，人物的暴躁情绪具体生动地展现了出来。

培养想象创造力，可多做类似具体化的思维训练，如写一个"勇敢"的人，或者写一个"骄傲"的人，或者写一个"谦虚"的人，或只把其中的一个概念形象化，发挥想象，使其生动感人。

4.情感思维训练

一般的情感是人们对与之发生关系的客观事物（包括自身状况）的态度的体验。审美情感以日常情感为基础，不仅是个人需求的主观满足，而且是审美需要与理想的满足。这其中包含着主体对审美对象理性的、社会的评价，故属高级情感类型。或者说，审美情感是为了满足自己审美活动的需要而产生的态度体验。情感作为人对客观事物的态度体验，是兴趣的诱因。它使人的注意、感知、思维倾向于某一阅读和写作对象，促进智能的更好发挥，学生对阅读写作有了稳定而深厚的情感思维，就会怀着浓情蜜意去从事阅读和写作。情感思维训练可从以下两方面进行。

（1）情境思维训练

"登山则情满于山，观海则意溢于海"，"情以物迁，辞以情发"情境思维训练，以课文语言为据，引导学生进入情境，产生情感。学习《海燕》，把学生带入暴风雨将起、暴风雨逼近、暴风雨降临三个情景交融的境界，学生的情感必然受到感染。如在暴风雨即发的场面中，作者呼唤"让暴风雨来得更猛烈些吧！"进入情境的学生，也会像海燕一样，感受一种战斗的激昂的欢乐的豪情。

（2）共鸣思维训练

课文的感染力是学生产生共鸣的客观条件。当学生的情感被课文的情感所"俘虏"、所"征服"，就会引起强烈的情感反应。《琵琶行》中，琵琶女凄凉话身世，血泪抚孤琴，惹得江州司马青衫湿，情动于中的学生受到感染，引起共鸣，也会掬一把同情之泪。

学生带着情感思考社会生活，有利于把握社会生活现象的本质；但只有培养健康高尚的审美情趣，才会在情感上厌恶假恶丑，热爱真善美。

5.课堂形象思维训练

提高课堂形象思维的教学艺术水平，需要注意与形象思维的训练紧密结合,并注意以下环节。

（1）形象美的导入与练习

课堂导入的方法可以千变万化,而注意形象美的导入,效果必佳。于漪老师在一次课上用了一则新闻开头："同学们,你们知道吗？就在最近,我国男高音歌唱家李光羲在法国唱了一支歌,轰动了整个巴黎,博得了崇高的声誉。为什么呢？因为他唱的歌,不仅唱出了我国人民的心声,而且唱出了世界人民的心声。""今天,我们要上的课,就是这首歌的歌词。"

在生动形象的启发下,学生仿佛真切地感受到了歌曲深沉、高亢的旋律：仿佛山谷在回响,大海在呼啸,使学生们很好地理解本课的中心思想。学生们在练习朗读时,也就禁不住声泪俱下了。这样导入,就把教师从教学主体转化成了审美对象,因而能形象地激起学生美的思绪与情感。

（2）形象美的导读

不同的课文,应采用不同的形象思维导读方法。如,学过《荷塘月色》后,已领略了其中的"优美"情境,这是一般审美的满足。学《荷花淀》时,就可以旧导新,从而深入学习,白洋淀的美景把读者带入了一个诗情画意的境界,这个形象的境界与《荷塘月色》的一样"优美",但与朱自清笔下的荷叶、荷花在质地上又有区别,可要求学生展开形象思维,思考比较。

《荷塘月色》的描写是：

"荷叶——出水很高,像亭亭的舞女的裙。"

荷花——"有袅娜地开着的,有羞涩地打着朵儿的,正如一粒粒的明珠,又如碧天里的星星。"

《荷花淀》中的"相似"描写是：

荷叶——"迎着阳光舒展开,就像铜墙铁壁一样。"荷花——"高高地挺出来,是监视白洋淀的哨兵吧。"

两相比较,《荷塘月色》对荷叶、荷花的描写具有阴柔之美,《荷花淀》中的描写,则使人感到一种阳刚之美。这样就能发展学生的形象思维。

（3）形象美的导思

课堂教学训练学生的形象思维能力,需在导思上多下功夫。导思的方法很多,可通过优美辞章、典型人物、生动意境等方面展开比较思维,使学生更好地受到作品情操美、形象美的陶冶。以朱自清的三篇散文为例，学生先学了《春》，已形象感受到它的明朗、热烈，理解了作者怎样用细腻、形象、动人的彩笔，描绘了充满诗情画意的春天。教学中以读促写，是一条提高学生读写能力的好路子，也有利于发展学生的形象思维。学过散文后，可引导学生到生活中去采撷形象美的花朵。学生一旦张开形象思维的翅膀，就会发现，"物之生而美者，盈天地皆是也"。学生具有感受形象美的能力，一抔黄土，一株杨柳，一朵月季，一片朝霞，等等，可以成为咏赞的对象；绚丽夕阳，涓涓山泉，展翅春燕，可以勾起缕缕情思。只要学会了形象思维，就可以去思索自然美的奥妙，形象地感受美：春日踏青，夏日郊游，陶醉于青山绿水之间，感到万水千山总是情。学会了表现美，就会借鉴课文写法，去歌颂白塔晨钟，黄山烟云，太湖碧波，峨眉日出，西湖夕照，去歌颂千千万万的普通劳动者像青松、像梅竹一样的品格；去赞美园丁们像红烛一样的奉献精神。这就是形象思维结出的累累硕果。有了这样的基础，我们的青少年就可以自觉地向形象思维的创造高峰攀登。

二、抽象思维与语文教学

抽象思维与直观动作思维和形象思维相对应。根据思维活动的特点和人对对象的掌握程度，区分为抽象理性思维和具体理性思维；逻辑学界把思维分为形式逻辑思维和辩证思维；哲学界把思维分为形而上学思维和辩证思维。实际上，形式逻辑思维指的就是抽象理性思维。

（一）抽象思维的含义

人们在认识过程中，借助于概念、判断、推理等思维形式，进行理性思维或概念思维合乎逻辑地反映现实的过程，都属于抽象思维的范畴。

抽象思维来自客观现实变化的规律性。在实践中，人脑要对感性材料加工制作，逐渐产生认识过程的突变，一旦形成概念，抓住了事物的本质、全体、内部联系，就认识了事物的规律性。在此基础上，人们可以进一步运用概念构成判断，又运用判断进行推理。这个运用概念构成判断、进行推理的阶段，就是思维的理性阶段。概念、判断、推理，就是抽象思维的形式。概念、判断、推理是如何形成的？这就有一个具体、全面、深入认识事物的本质和内在规律性关系的方法问题。方法不少，如具体与抽象的统一、特殊与一般的统一、归纳与演绎的统一等。此外，抽象思维还要遵循同一律、不矛盾律、排中律、充足理由律等基本规律。

（二）抽象思维训练

1.概念思维训练

我们经常碰见的概念，是事物的特有的本质属性在人们头脑中的反映。对中学生的概念思维训练，应注意以下几点。

（1）初步了解概念特性

第一，概念的客观性与主观性。概念的客观性表现在它是客观事物抽象、概括的反映；它的主观性表现在形式上，即概念是人脑在感性材料的基础上，经过复杂的改造制作，抛弃了感性事物的丰富想象，舍弃了非本质的、偶然的东西，把事物中的本质的、必然的、普遍的、共同的东西抽取出来，以词语给它下一个定义，这才形成了反映事物本质的概念。

第二，概念具有确定性。客观事物虽在总体上处于绝对运动中，但每一具体事物及其过程都有相对稳定性，每一事物都有自身的质的规定性和确定性，一事物与他事物的区分也是确定的。这就从根本上决定着概念具有确定性。例如，由两个氢原子和一个氧原子化合而成无色、无味、无臭的液体，在标准大气压下冰点为0℃、沸点为100℃、4℃时比重为1……这些就是水的特有属性，人们就可以根据这些特性把水和其他事物相区别。

第三，概念的抽象性。抽象思维的概念，是内涵和外延的对立统一，概念既是抽象的，又是具体的。抽象思维在研究概念时，把概念的外延当作概念所反映对象的范围大小和数目多少，把内涵当作概念在这个范围内的所有对象的共同属性，进而得出一个规律！即概念的外延越大，其内涵就愈小；反之，外延越小，其内涵就越大。

（2）概念内涵与外延的训练

概念与语言的关系，是思想内容与语言形式的关系，二者联系紧密，区别明显。一方面，概念须借助语词才能形成与表达；另一方面，语词能表示一定的事物，说出来别人懂，在别人头脑中有相应概念。概念可从以下四个方面训练。

第一,概念必须由词表达,但词不一定都表达概念。表达概念的主要是实词,虚词一般不表达概念。

第二,有的概念由一个词表达,如"建设""社会主义""精神""文明";有的概念由短语表达,如"建设社会主义精神文明"。

第三,一个概念采用什么语词形式,不是必然的,同一个概念可以有不同的形式。如汉语中的"自行车""脚踏车""单车""洋马儿"(即自行车,四川方言)等都是一个概念。

第四,不同的概念可以有相同的语言形式。也就是说,同一语词可以表示不同概念。

2.判断思维训练

概念是浓缩的判断,判断是展开了的概念,是在概念基础上发展起来的一种更高级、更复杂的思维形式。判断是对事物情况的断定,或者说是肯定或否定客观事物具有某种属性的思维形式。

表达概念的语言形式是词或短语,表达判断的语言形式,一般是陈述句,例如:"巴蜀之春是美丽的。"感叹句、祈使句、疑问句一般不表判断。但也有例外,有些感叹句能表判断,如:"青城山的夜晚,多么幽静宜人!"反问句是用疑问语气表达更为确定的意义,例如:"我们难道就被这点小小的成绩冲昏头脑了吗?"

判断可分为简单判断与复合判断。

(1)简单判断训练。简单判断又叫直言判断,是只包含一个主词、一个宾词和一个系词的判断。简单判断还可继续分类:根据系词的性质,可分为肯定判断与否定判断;根据判断对象的数量范围,可分为单称判断、特称判断和全称判断。

(2)复合判断训练。由两个或两个以上的简单判断组成的判断叫复合判断。组成复合判断的那些简单判断,叫作复合判断的支判断。

3.推理思维训练

推理是由一个或几个已知的判断推出一个新判断的思维过程。

推理由前提和结论组成。前提是指推理所依据的已知判断,结论是指前提通过推理得到的新判断。前提与结论的关系是理由与推断、原因与结果的关系。汉语中的因果复句和含有因果关系的句群，都是表达推理的。根据推理方向、推理形式可分为演绎推理与归纳推理。

（1）演绎推理练习。演绎推理的主要特征是从一般原理或普遍情况推出关于个别事物的结论。演绎推理有三段论、假言推理、选言推理等形式。

（2）归纳推理练习。归纳推理是由一些个别的特殊的事例推出同一类事物的一般性结论的思维形式。教师可结合阅读教学，通过具体课文的段落分析，让学生初步懂得一些推理的思维形式。例如《崇高的理想》第二自然段，先用归纳推理得出结论理想是有社会性、阶级性的。接着又以这个结论为前提，用演绎推理推出另一结论："因此，我们在谈到理想问题的时候，就要分辨出什么样的社会和什么样的人，而这些人又抱有怎样的理想，然后才能做出确切的评价。"

4.抽象思维规律训练

我们要用口头语言和书面语言准确地表达自己的思想，应该做到概念明确，判断恰当，推理合理。要做到这些，还必须遵守形式思维的基本规律，即同一律、矛盾律、排中律、充足理由律。

（1）同一律训练

同一律是关于思维准确性的规律，即是说，运用同一概念必须保持同一意义，保持同一的外延和内涵，不能偷换它的意义。一个判断，一个论题，也应保持同一性，不能中途任意转换、变更。

（2）矛盾律训练

矛盾律是关于思维首尾一贯的规律，即是说，在同一时间、同一关系上，不能对同一对象做出相互矛盾的判定，否则就会导致思维中的逻辑矛盾。

（3）排中律训练

排中律是关于思维明确性的规律，就是说，在同一时间同一关系上，对同一事物的两个互相矛盾或反对的论断，必须做出明确的选择，肯定其中一个而否定另一个，不能有第三种选择。

（4）充足理由律训练

充足理由律是关于思维根据性的规律，也就是说，一种思想必须有被证实的正确思想作为根据，一种观点必须有已被证实的正确观点作为充足理由，否则这种思想与观点就不符合充足理由律的要求。

以上四条规律相互联系在一起，任何正确的论断与论断体系，皆须同时遵守这四条形式思维的规律；也就是说，这四条规律是统一的，统一于正确的、符合逻辑的思维论断之中。

5.类比思维训练

在认识客观事物的历程中，有时可按照两类事物的相同属性，推出其中一类事物的未知属性与另一类事物的属性也完全相同，这种思维形式，就是类比思维。

类比是一种从个别到个别的思维方法，人们历来很重视它。开普勒把它喻为"自然秘密的参与者"，是自己"最好的老师"。康德说"每当理智缺乏可靠论证的思路时，类比这个方法往往能指引我们前进"。黑格尔说，类比的方法，"在经验科学里占很高的地位，而且科学家也曾依这种推论方式获得重要的结果"。这些言论足见类比在思维中的重要性。

（1）立意类比训练

立意类比，就是抓住异类事物之间的相似点，进行由此及彼、由表及里的分析提炼，以求得与类比事物本质特征相似的道理，从而确立文章的中心论点。

（2）论证类比训练

论证类比法是将两种相类似的事物放在一块进行比较，根据已知事物的某些特点来推论、证明所要论证的事物，它是建立在类比推理基础上的一种求同或同中求异的论证方法。

类比论证与比喻论证的相同点在"比"，都属于比较论证法。相异点在于：比喻论证重在以具体喻抽象，有助于生动形象地说明道理；类比论证则是着重于直接类推事理，揭示所论证事物的内涵，突出所论证事物的特征。

6.纵横思维训练

纵横思维训练包括纵向与横向两个方面。纵向思维是按时间推移、事物发展变化进程来思考问题的思维方法；横向思维是以一事物为中心，由此及彼、由近及远地向与之相关的其他事物进行广泛联想的思维方法。

（1）纵向思维训练

纵向思维是相对于横向思维而言，任何事物，从开端、经过到结局，总有一个纵向的发展历程。

（2）横向思维训练

此种思维方法，运用极广。在说明文中以空间转换为顺序的，即可安排横向思维结构。

7.课堂抽象思维训练

怎样通过课堂教学来训练学生的抽象思维能力呢？可以通过议论文的教学来培养学生的分析、综合、抽象概括、系统化等抽象思维能力。为了培养学生的分析综合能力，应先与单元教学相结合，就一篇课文来讲，可引导学生做常规性的总结段意、归纳中心思想等练习；就一个单元的学习来说，要引导学生将单元中零散的知识系统化。学期结束时也要对整册课文做综合分析。到初中、高中毕业时，由于学生平时具有了较强的分析、综合能力，就能有条不紊地进行总复习。

课堂中的比较教学，是培养学生抽象思维的条理性、深刻性的好办法。例如对中学课文中的论证方法加以分析比较，就会认识到归纳法、演绎法、类比法、层递法、引用法等各有何特点，它们在论证过程中，有何作用。这样，就能把握论证的思维流程。

为了培养学生思维的条理性、深刻性，中学各科都应注意知识的系统化。以语文科为例，要使学生的知识系统化，可让学生编写结构提纲、论证提纲、说明提纲、人物提纲、景物提纲、事件提纲、课堂讨论提纲等。就一个单元、一册课文来讲，还可写单元提纲、期末复习提纲，指导学生设计各种使知识系统化的表格，便于归纳整理。

对中学生进行抽象思维训练，总的来说，应结合听、说、读、写训练进行，不必在概念、术语上兜圈子。

三、辩证思维与语文教学

辩证思维是使运动着的包含多样性规定的客观对象，在人脑中得到再现的思维。即是说，辩证思维从多样性的统一方面去把握运动着的现实世界。

（一）辩证思维含义

1.所谓辩证思维，就是反映客观现实的辩证法，自觉或不自觉地按照辩证法去进行思维。

2.辩证思维与思维的辩证法既有区别又有密切联系。思维的辩证法是指思维自身所具有的辩证性质以及思维运动发展的辩证规律。

3.思维内容的辩证运动与发展，如我们认识事物，是从无知、知之较少到有知、知之甚多，从认识部分到认识整体，从认识现象到认识本质，从认识个别到认识一般，等等，这就是从感性具体，通过有目的的思维活动，到思维抽象，再从思维抽象上升到思维具体的辩证运动过程。这一过程通过概念、判断、推理等思维形式的矛盾运动而表现出来。思维的辩证法存在于思维领域，并在其中发生作用，它是认识发展的规律。最终，它把客观事物的辩证法在认识中加以再现，这就实现了辩证思维。

（二）辩证思维的特征

1.全面统一地认识事物

辩证思维考察事物，必须看到事物的正面与反面、侧面以至各个方面，由此将事物组成一个统一体去认识；力求从中找出决定事物本质和事物运动发展的特殊矛盾，即找出事物的既相互对立又相互联系的两个方面，把事物当成对立面的统一体来把握。

2.灵活地、变化地考察事物

辩证思维考察事物及事物在人脑中的反映，不是凝固不变的，而是运动变化的。它要考察事物的现状、历史、未来；它对已有的事物，总是把它当作历史发展全过程中的一个阶段或环节来考察。

3.系统地、联系地考察事物

辩证思维考察事物切忌孤立性、片面性，而是看作内部与外部联系的有机整体或系统。以此眼光去考察事物外部与内部诸因素的相互联系，考察一事物与其他事物之间的相互影响与制约。这样，就可把事物放在特定的系统中，进行相互联系的立体的思维。

4.具体地实践地考察事物

辩证思维是从实践的观点出发，以获得关于认识对象的具体真理的思维。

人们认识到事物及其联系的实践过程，必然制约、影响着辩证思维的全过程。也就是说，要进行辩证思维，必然把实践过程作为思维运动的基础。用实践的观点去研究语文教学的指导思想、原理原则、大纲、教材、教法是否符合教学要求、符合培养目标。只有这样，对语文教学改革才能看得深远，才能解决具体问题。辩证思维是具体的思维，这里的"具体"就是符合语文教与学的客观实际及其规律。

（三）辩证思维训练

辩证思维的任务是把事物的矛盾运动作为一个多样性的统一体在思维中再现出来。为此必须明确：思维须通过思维形式、思维方法的矛盾运动，经历一定的阶段和程序，这些必经的阶段和程序，就是辩证思维的规律。辩证思维既是过程，又是思维的结果，说它是一个过程是指思维活动必须经过一定的阶段才能实现辩证思维，人们一般把实现辩证思维之前的思维运动过程叫辩证思维的过程。辩证思维是思维运动的结果，这从相对意义上说是完成了的辩证思维，它已再现了对象多样性的统一。在多样性的辩证思维规律之中，最根本的一条是对立统一的规律。从唯物辩证法的角度考虑，它对其他规律起着影响与制约的作用。所以，在进行语文教学辩证思维的训练时，应该引起重视。

1.对立统一思维训练

其一，辩证思维是对客观事物的矛盾运动的反映，辩证思维规律受到矛盾运动规律制约。事物矛盾运动的根本规律是对立统一规律，它揭示了事物变化发展的源泉与动力，是整个宇宙的根本规律。质量互变规律、肯定与否定规律等，都可说是对立统一规律的具体体现。

其二，一切辩证思维的共同特征，都是应用对立统一的思维方法或思维规律去认识事物。为什么有的人具有很强的思维能力呢？就在于他们能掌握对立统一的规律，从根本上理解和把握思维对象的辩证运动的发展。

其三，在辩证思维的过程中，对立统一规律担任着统帅的职务，辩证思维的形式、方法和其他规律都得听它指挥。比如辩证思维中的概念，是确定性与变动性、个性与共性、局部与整体的对立统一；辩证思维中的判断，在揭示概念内容的过程中，也必然体现出对立统一的关系；辩证思维的推理，从矛盾一方推知另一方、从个别推知一般、从现在推知未来，同样体现出思维在对立中的运动。

再从辩证思维的方法来说，归纳和演绎相结合是对事物个性的认识和对事物共性认识的对立统一；分析与综合相结合是对事物部分的认识和对事物整体认识的对立统一；从具体上升到抽象是思维具体和思维抽象的对立统一；逻辑和思辨相一致，是主观与客观、理论与实践的对立统一。由此可见，对立统一思维规律，是辩证思维的形式、方法得以形成乃至构建辩证思维训练体系的内在根据。

2.质量互变思维训练

这条规律是对立统一规律的具体体现。事物不仅有质的规定性，还有量的规定性，我们要学会用质量统一的观点去分析事物。同时，还应懂得事物内部矛盾着的双方互相斗争，可以引起事物不断由量到质、由质到量的变化。认识事物量的积累到一定的程度，就可引起质的变化，学习用量变与质变统一的观点去分析事物。

（1）质量统一思维训练

课文中反映质量关系的内容很多。如叶圣陶《两种习惯养成不得》，先说好习惯，就有个量的积累过程。"在没有养成的时候，多少要用一些强制功夫，自己随时警觉，坐硬是要端正，站硬是要挺直，每天硬是要洗脸漱口，每事硬是要有头有尾。直到习惯成自然、不待强制与警觉，也能行所无事地做去，这些就是终身受用的习惯了。"有了这样的习惯，就证明量的积累引起了质的变化，质与量就统一起来了。再说坏习惯的养成，也有个量与质的统一过程。

（2）量变引起质变思维训练

量变引起质变的内容，在中学课文中也很多。就以《劝学》为例，文章首先阐明学习的意义：学习可以改变人的本性，"君子博学而日参省乎己，则知明而行无过矣"。这"博学"与"日参省"就有个量的不断变化过程，这变的结果是达到"知明"与"行无过"的道德修养的境界，这就发生了质的变化。

3.肯定与否定思维训练

这一条也是对立统一规律的具体体现。唯物辩证法认为，肯定一切、否定一切都是错误的；只能肯定应当肯定的，否定应当否定的。这就必须学会用一分为二的方法分析事物。

4.事物的个性与共性思维训练

这一训练主要帮助学生认识同中有异、异中有同的道理，学习从事物的个性与共性的相互关系上分析事物的方法。

个性与共性的思维训练，可结合课文导读、作文讲评、写电影戏剧评论等方式进行。

5.事物的矛盾与转化思维训练

矛盾存在于一切事物发展的过程中，每一事物发展过程自始至终存在矛盾，要训练学生用矛盾普遍性的观点分析事物。

矛盾存在着特殊性，同一事物在不同的发展阶段上具有不同的特点，要训练学生对具体的矛盾进行具体的分析。在众多的矛盾中，必有主要矛盾，要训练学生认识主要矛盾与次要矛盾的关系。要抓住主要矛盾分析事物。事物的矛盾还存在着主要方面与次要方面，要训练学生认识其中的辩证关系，学习用全面的观点分析事物。矛盾，在一定条件下可以互相转化，要训练学生用矛盾可以转化的观点分析事物。

（1）矛盾普遍性思维训练

课文《谏太宗十思疏》《邹忌讽齐王纳谏》都是训练学生认识矛盾的普遍性的好例子。邹忌用自己的切身感受设喻，劝谕齐威王广开言路，纳谏除弊，修明政治，使齐国强盛。在这一过程中，必然自始至终存在着矛盾。怎样解决这些矛盾呢？邹忌先从私事说起，文章用了较多的笔墨写邹忌之妻、妾、客美邹忌，忌自省。随后以私事比国事，让齐威王从两事相似之处受到启发，茅塞顿开。

《谏太宗十思疏》写于唐贞观十一年。唐太宗的骄矜心理与享乐思想也随着滋长起来，加重了对人民的剥削，人民颇有怨声。这就是矛盾的普遍性的反映。魏征从实现国家的长治久安的立场出发，深切地论述了"居安思危，戒奢以俭"的观点，并向唐太宗提出"十思"作为"人君"的行动准则。这也可说是缓和君民之间具有普遍性的矛盾的对策。

（2）矛盾特殊性思维训练

矛盾的特殊性，也必然寓于矛盾的普遍性之中，是矛盾的特殊性与普遍性的辩证统一。

（3）主要矛盾思维训练

俗话说，牵牛要牵牛鼻子。认识纷繁复杂的事物就要抓住主要矛盾，处理好主要矛盾与次要矛盾的关系。对此，教师可给一些材料，让学生抓住其中的主要矛盾进行评议分析。

（4）矛盾主要方面思维训练

事物的矛盾存在主要方面和次要方面，要教育学生，正确认识这二者的辩证关系。金无足赤，人无完人。巨人也有缺点，但有缺点的巨人还是巨人，这就是抓住了事物的主要矛盾方面。

（5）事物的矛盾转化思维训练

矛盾的主要方面与次要方面，主要矛盾与次要矛盾，在一定条件下，是完全可以互相转化的。

6.分析与综合思维训练

从唯物的观点看，大千世界的任何事物都是多样性的统一体，语文教学正是这种统一体的多样性的再现。在语文学习中，为了认识事物的本质属性，需要对文章的各个部分进行分解，研究各部分的性质，揭示部分与部分、部分与整体之间的关系，从中看出这些部分是怎样为表达中心服务的。这种经过分解认识事物的思维形式，我们称为分析思维。

在分析的基础上，还要把文章的各个部分进行综合，从整体上去把握文章、把握语文知识，这样才能掌握文章的精神实质。这种思维过程，叫作综合思维。分析与综合既有区别，又有联系，在读写活动中，一般不能截然分开，故经常结合起来研究其思维训练。

议论文的分析与综合，从一般模式来讲，要经历提出问题、分析问题、解决问题的过程。但每一篇议论文的分析与综合，又有特殊的内容及表现内容的一定的语言形式。例如荀子的《劝学》，开头就提出了"学不可以已"这个综合性的论点。然后首先分析学习的意义，学习可以改变人的本性，"君子博学而日参省乎己，则知明而行无过矣"。这里偏重于从道德修养方面阐明"学不可以已"的道理。

7.比较思维训练

这是确定事物相似点与不同点的辩证思维。通过对事物差异、正反、变化等比较，使我们更深刻、全面地认识事物。各种文体均可作为比较思维训练的材料。必须在阅读教学过程中，进行有计划地练习，从而提高学生的比较思维能力。

8.递进思维训练

顾名思义，递进思维属于由此及彼、由表及里、环环紧扣、层层深入、循序渐进的辩证思维。递进思维的思路发展，一般是沿着事物的内在联系，遵循人们认识由感性到理性，由浅入深，由此及彼的思维活动规律，或逐层深入地触及事物本质，或由近及远地步步横向扩展。在这条或纵或横的思路线上，思维步骤一般体现在分论点上，思维联系可用承接、过渡性句、段为之。

9.多侧面思维训练

矛盾着的事物往往存在着各个侧面，每一个侧面各有特点，要引导学生学习多角度地分析事物、分析问题。

进行多侧面思考不是漫无目的的，当选准了一定的目标、方向，就要深入、执着去思考，去研究。就写作来说，要博闻强记，善观察与联想，才能从一定的侧面入手，写好文章。

综上论述，辩证思维是语文学习的重要基础，只有加强辩证思维训练，才能纠正学生在听、说、读、写活动中表现出的片面性、表面性、直线性和绝对化等思维缺陷，才能使学生的思维日渐广阔、深刻、全面、灵活、严密，才能使创造性思维的发展具备必要条件和良好基础，也才能使学生的思维发展适应四化的需要。

四、灵感思维与语文教学

灵感是人类创造性认识活动中一种非常神奇美妙的精神现象。灵感激发仍自觉或不自觉地在语文教学中发挥作用。灵感作为人类一种高级的创造活动、思维活动、心理活动，不管其表现形态多么复杂、激发机制多么奇特，总是有规律可循的。研究这些客观规律,将有助于通过语文教学,诱发学生的灵感,培养、发展学生的创造才能。

(一)灵感的含义

灵感是人们的主观世界与客观世界最愉快、最敏感的邂逅,是人们的思维活动由量变到质变所产生出来的高度的创造能力。灵感是思维的一种突发现象,是思维活动的一种客观存在。离开对客观世界的"吸入",就无所谓灵感。

(二)灵感的特点

1.突发性

灵感可由外界偶然机遇触发,也可由大脑内部思想闪光激发,这一切,都是人们事先不可预料的。

2.奇异性

灵感来无踪去无影,不能预期,难以寻觅,无论是外界事件的触发,还是内在思想的闪光,都不是自觉的。

3.综合性

钱学森这样认为:"灵感是综合性的。人脑的综合功能是非常重要的。"综合性是灵感的本质特征之一,灵感激发系统的心理机制就根植在人脑的综合功能之中,具体来说,灵感与随同人类进化史形成的遗传因素有关,也与一个人的多才多艺、明白事理、知识积累、形象思维、理性认识等活动有关,因此它是综合性的。

4.不重复性

灵感活动是发生在认识的高级阶段上的心物感应活动,是主观的脑与客观的物在特定条件下的一种突然沟通。每个人所处的环境,所碰到的外界机遇、自身的心理生理特点都不完全相同,所以让 50 个同班同学在同一环境下,在灵感袭来时歌颂校园的春花,不让他们急于交卷,而让他们在情绪激动、非常想写的时候才写,结果 50 篇作文都各有特点。

5.跳跃性

创造性灵感是智慧在摆脱了一般的抽象思维的束缚下突然跃出的,它不是一种循序渐进的认识,而是在跳跃性的突变认识中实现的。

6.模糊性

灵感的心理活动以直觉、情感、潜意识活动等方式综合地表现出来,与大脑右半球有更多联系,因而具有模糊性的特点,有利于唤起人们丰富的联想,促成灵活的新形象、新观点的形成。

7.强烈性

这一特性,集中反映在文艺创作之中。灵感可以说是文艺家、诗人心灵的巨大震动。它使文艺家、诗人处在极度兴奋的状态,当灵感来潮,甚至忘了自我,也忘了周围的世界。

作为语文教师,应因势利导,拨亮学生的灵感之光,让学生全身心地去拥抱灵感,不失时机地谱写出优美如画的青春之歌。

(三)灵感激发三阶段

从灵感激发过程的实际着眼,大致可分为信息摄入、信息触发、顿悟贯通三个阶段。

1.信息摄入

一般说来,学生在课内外的学习活动中,有较明确的目的性,这种信息的摄入,属于显意识的摄入。但学生在节假日,或下河游泳,或登山观日出,或跳舞唱歌,或联欢聚会,或欣赏优美动人的文艺演出,情不自禁地受到自然美、社会美、艺术美的陶冶。这种陶冶具有"随风潜入夜,润物细无声"的特点,因而就摄入了大量潜意识的信息。一般说来,左脑更多地参与了属于抽象思维方面的显意识的活动,右脑是直觉思维、求异思维、空间知觉以及艺术欣赏等,是潜意识活动的天地。显意识与潜意识虽然是人脑的两个不同思维系统,但因都要进行信息摄入与输出活动,这就具有了共同的特点,而且这二者之间还相辅相成,相互转换,互为表里。大脑摄入的显意识多了,在记忆仓库里储存起来,就可能不断转化为深层次的潜意识;相反,潜意识也可因一定的原因而向显意识转化,以至突然爆发,就出现了灵感。

2.信息触发

一般说来,灵感的发生,不能坐等现成,而要主动去寻找获取。

诱发灵感的关键是触发信息的有效性。信息触发来自两个方面:一是大量来自外界的信息,一是来自自己头脑中的内部信息。二者交融,往往就成了触发灵感的信息。但信息触发的具体情况则因人而异：有的在写作过程中，全神贯注，如痴如醉，往往会获得触发灵感的信息。如在考场上，作文时间很短，那些优秀试卷中的作文，常有灵感之光闪现，这是在全神贯注的情况下产生的灵感。平时写作，虽也全神贯注，但并不一定就能获得触发灵感的信息。在百思难以寻觅灵感踪迹的情况下，间歇的休息、娱乐，往往还会召唤灵感一下到来。

3.顿悟贯通

顿悟贯通是指触发灵感的信息出现后，脑子里与创作灵感有关的信息就迅速集中，并使潜意识与显意识同步合一，闪现的灵感之光，一下使作者悟出了贯通其中的意义。

我国近代著名学者王国维在论述古今成就创造性大事业、大学问者所必经的三种境界时，引晏殊《蝶恋花》词说："'昨夜西风凋碧树。独上高楼，望尽天涯路。'此第一境也。"这"第一境"就有点像灵感激发过程的初始阶段，正在通过"独上高楼，望尽天涯路"摄入信息，酝酿灵感。接着，他引柳永《凤栖梧》词说："'衣带渐宽终不悔，为伊消得人憔悴。'此第二境也。"这"第二境"就有点像灵感激发过程的第二阶段，已经抓住了灵感触发的契机。继而他又引辛弃疾《青玉案》（元夕）词说："'众里寻他千百度，蓦然回首，那人却在，灯火阑珊处。'此第三境也。"这第三境界，正好像灵感激发过程的第三阶段，产生了对灵感出现后的顿悟贯通。

（四）灵感思维训练

1.通过特定事物启迪灵感

可以是人们在丰富的生活体验基础上，在酝酿、孕育阶段由其他事物的启迪而出现的。

2.学习新的思维方式

学生在作文中为什么会出现千人一腔、万人一调的被动局面？这和局限于一种固定不变的思维方式有关。如果被固定不变的思维方式束缚，灵感就会枯竭。只有不断用新的思维方式训练学生，灵感才会畅通。

3.善于捕捉灵感的训练

灵感具有突发性、不重复性，所以，要对其保持高度敏感，敏捷地、不失时机地捕捉住这稍纵即逝的心灵的闪光，以供写作之用。

4.学生的灵感则要靠教师启发

有位老师为了激发学生的灵感，引导说，古人所谓"山之精神写不出，以烟霞写之；春之精神写不出，以花树写之"。在老师的启发下，学生开始从自己的生活实践中去寻找意境，捕捉形象：青年人在松树前的留影，井下煤块上留存的枝叶印痕，一下在脑海里活跃起来，灵感也随之出现了，唤起了生动丰富的联想。

5.语文教学中一些训练捕捉灵感的具体方法

（1）专注法

指摒除杂念，全神贯注，集中思考，终于爆发灵感的方法。《蝉》的作者法国昆虫学家法布尔，一生忘我研究昆虫，写下《昆虫记》一书，《蝉》这篇课文节选自《昆虫的故事》。

教学时应告诉学生，蝉没有执着的追求，享受不到刹那欢愉；作者没有坚持不懈的努力，写不出这种像散文诗一样优美的语言。我们只有全神贯注地学习、积累，才会厚积薄发，在需要的时候，涌现灵感。

（2）选择法

学生的生活、知识积累有别，心理素质各异。若在学期结束或开学时，将数十道自由作文的题目及写作指导提示印发给学生，学生就有了更大回旋余地去选择时间与空间，就可有目的地到书山学海去采佳蜜，到生活的矿区去发现优质矿。如此去发现、酝酿、构思，必然在百花齐放的习作中，充满了灵感。

（3）放松法

写不出来的时候硬写，必然敷衍成篇；百思不得其解的时候煞费苦心，绞尽脑汁，效果并不见佳，那就干脆放松一下，或唱歌跳舞，或学习其他功课，或干脆睡上一觉，灵感这不速之客，必然在你精神疲劳消除之后，像春风吹绿原野般闯入你的思潮。很多同学写作文时，都有此切身体验，也就无须举例了。

（4）轮流法

就是把专注法、选择法、放松法加以交替使用，往往会使灵感之花常开不败。

（5）点化法

学生写作，有时思路受阻，颇有"山重水复疑无路"之困惑，谈何灵感之有！这就要靠教师的点化。

经常这样点化，学生在课内外阅读与社会交往中，就可能由于某种闪光的思想或事物的点化、提示作用，而触发创作的灵感。

（6）情境法

在语文审美教育中，教师有意创造一种气氛、一种情境，在这种气氛、情境的触发下，学生头脑中有关的创作素材，包括沉积在潜意识中的信息，会十分活跃地随灵感一道涌现出来。

灵感思维训练，还处在摸索阶段。可以设想，我们如果能通过科学的教育方式，把学生的灵感激发起来，就能使学生的创造才能得到更好的发展，将来就可能在向科学文化进军的道路上，做出更多的贡献。这就是我们要在语文教学中提倡灵感思维的训练。

五、直觉思维与语文教学

直觉思维与灵感思维都是非逻辑的思维形式，它们对客观事物的反映与认识，都是突发式的、非自觉的，往往是突变式的发现与发明，但它也要以知识、经验和其他思维发展为基础。

（一）直觉思维的含义

直觉思维是在早已获得的经验、知识的基础上，凭思维的"感觉"直观地把握事物的本质及其规律的心理过程。直觉可分为艺术直觉与科学直觉，二者的区别主要在感情方面，但都能迅速检验抽象思维的能力。

（二）直觉思维的特点

1.整体性

直觉是对具体对象的直观，从整体上把握对象，《歌德谈话录》中的一段话很能说明这一特点。莎士比亚最初想到要写《哈姆雷特》时，全剧精神是作为一种突如其来的印象呈现在他跟前的，他以高昂的心情巡视全剧的情境、人物和结局。

2.非逻辑性

这是直觉思维的又一特征。直觉思维往往是凭着对事物直接的觉察,所以思维就不可能按照严谨有序的抽象思维的规律进行。而往往是凭一个人的经验,所掌握的科学知识、艺术修养,敏捷的观察力,迅速的判断力,越过逻辑程序,一下获得了思维的结果。由于主体的认识来得迅速,因而在客观上对所进行的过程无法做逻辑的解释,即使这种认识是正确的,这种直观是可贵的,也说不出个所以然。

3.潜意识性

直觉思维除了显意识的活动外,更多的时候,还是一种潜意识的思维活动。也就是说,有时它不是人们意识到的自觉的思维活动。

潜意识与显意识并非有一条不可超越的鸿沟,事实上,潜意识就是有意识或显意识地反映。因此直觉思维的这种潜意识特征,乃是显意识渐进性的中断。这种中断,往往酝酿着、潜伏着新的突破。

直觉思维活动中的潜意识,一旦与中断后新出现的显意识交融,其思维活动,就可能取得突破性进展。

4.飞跃性

直觉思维的产生绝非像抽象思维那样有条不紊地循序渐进,而是灵活地、敏捷地、突发式地、跳跃式地到来,鲜明地体现出它那飞跃性的特点。当直觉思维到来的时候,潜意识中的认识倾向、情感倾向,就会立刻与显意识沟通,瞬间获得直觉思维的满意的结果。

(三)直觉思维过程

1.准备酝酿直观感觉

感觉,是人对客观事物个别属性的反映,是直觉思维的必要准备。

2.触发直觉形成知觉

知觉是人在感觉基础上,对客观事物的整体属性的反映。但从审美知觉来看,它应当是这些感觉的个别特征的综合反映。现在,直觉思维能力在许多国家的教育中受到重视。

3.综合思考发展表象

第二层次的知觉形象,较之第一层次的感觉形象,虽然不是对事物个别属性的反映，而是对事物整体属性的反映，但毕竟带有反映的特征。而表象形象，已带有综合概括的特征了，表象形象地进一步深入发掘，则进入了文学艺术的典型形象的创作过程。

表象指的是人在曾经感知过的事物的基础上，进一步形成起来的形象。客观事物可以不在眼前，但通过一定的符号，如文字、语言等在人的头脑中，综合再现出的形象，就是直觉表象。

由准备酝酿、直观感受，经触发直觉、形成知觉，到综合思考、发展表象，就是我们对直觉思维过程的初步理解。

（四）直觉思维能力训练

1.直觉观察能力训练

（1）由物景到情景

这属于直觉观察能力训练阶段，主要培养比物连类、触景生情的直觉观察的灵活性。其主要目的在于根据作文需要，把直觉思维引向一定的对象，使观察成为独立的主动的直觉过程。

（2）由景物到人事

这一阶段直觉思维的培养，主要把对景物、环境、人物的观察描写结合，开拓观察范围与直觉感受的广泛性。观察的范围包括事物的总体、过程、意义与特征。总体，指从运动中观察事物之前，要对事物的概貌、轮廓有个总的直觉印象。要注意观察它的各个部分的组合是否和谐、匀称、合理，以获得较准确的直觉印象，这是认识事物的开始。过程，指要从运动中观察事物。意义，指通过观察、揣摩、隐藏在事物背后的社会价值。特征，就是要对人与事物的差异、个性进行观察。

（3）由人事到社会

学生有了一定的生活与写作经验积累，就可进行由人事到社会的多侧面观察。中学生由人事到社会的直觉思维能力训练，最好结合学生熟悉的生活进行，以便收到更好的效果。

2.直觉间歇思维训练

实践证明，我们在阅读与写作中，先对需要解决的问题进行一段时间集中精力的思考，伴随着对解决有关问题的强烈欲望，再休息一段时间，或进行其他学习,或做其他工作,或尽情玩一番,恰恰是在这个间歇时候,凭突然到来的直觉,使无法解决的问题一下子就获得了解决。

当然,有时候歇了较长时间,所需的直觉并未出现,这并不足为奇,原因在于直觉的出现,由于主客观的诸多因素,有的出现快,有的出现慢,有的要经过循环往复地工作学习与间歇方能出现。

3.直觉艺术思维训练

艺术是通过个别特定的具体形象来表现现实的本质、典型的矛盾冲突,形象揭示所表现的人事情境的内涵。艺术家创造的艺术品,是人的情感生活在时间和空间上的双重投影,它既影响人的情感,又影响人的理智。这种影响,有助于直觉的出现。因此,为了培养学生的直觉思维能力,我们应通过语文教学中的文学艺术教育,适当地引导学生进行艺术实践。全国蓬勃开展的语文第二课堂活动,对培养中学生的艺术直觉思维能力就起到了良好的作用。例如中学语文教材中,有些情节较为生动的小说,适宜改编为话剧,举行"把课文搬上舞台"的课外活动,有利于普及话剧知识,有利于培养艺术直觉思维能力。

4.直觉随记思维训练

直觉是一种突如其来的心理现象,它产生的影响是"爆发性"的,顷刻之间"涌上心头"。因此平时应教育学生,随时随地捕捉自己的直觉,并记录下来。要是不记,直觉的内容会很快淡忘,或者淡漠化,就不可能对自己产生多大影响。有的作家、诗人、发明家,随身带着笔和本子,随时将直觉记下,这对以后的创作或发明将极有用处。

语文教学活动中的直觉思维训练还应有所侧重,理论性的课文较适于抽象思维和辩证思维方面的训练;文学类课文,较适宜于直觉思维方面的训练。

同时,直觉思维训练,绝非三天打鱼两天晒网所能见效的,因此必须加强训练的计划性,如写观察日记,就是一种好的办法。另外,学生心不在焉,注意力涣散,也不会有好的直觉思维效果。这就必须激发学生读写的兴趣;良好的直觉思维,往往是在如痴如醉的状态下产生的。最后,直觉思维毕竟不同于科学思维。

六、创造性思维与语文教学

语文教学要"面向现代化,面向世界,面向未来",必须在教给学生语文知识的同时,对学生进行创造性思维的培养与训练。

（一）创造性思维的内涵

1.创造力是指人们具有的从事创造活动的能力。创造力是在丰富知识经验的基础上逐渐形成的,它不仅包含敏锐的观察力、精确的记忆力、创造性思维,而且还包括一个人的心理品质、情感、意志特征等。因此,创造力是在人的心理活动的最高水平上实现的综合能力。

2.创造性是指思维活动或者体力活动具有的创造活动的特点或倾向,或者这些活动的产品带有的一定的独创性。判断中小学生的创造能力,不能脱离他们现有的经验与知识水平。

3.创造过程是指创造性产品的产生过程,它包括:准备、积累,酝酿,灵感、顿悟、完善、表达,实践检验等五个阶段。这是从全社会的角度来理解的创造过程。教学活动是一项全新的创造活动,不容忽视。现代教学论特别重视的正是学生在自己的知识和经验水平上进行的创造性活动,或进行具有创造性活动的倾向。对这种活动与倾向,语文教师应善于加以正确的引导。

4.创造性思维是"以解决科学或艺术研究中所提出的疑难问题为前提,用独特新颖的思维方法,创造出有社会价值的新观点、新理论、新知识、新方法等的心理过程"。创造性思维是一个多层次的思维系统。它是以不同层次的知识信息、不同智力水平为基础建立起来的不同层次水平的新价值系统。知识和智能高低不一样,个体心理素质不相同的人,在创造活动中表现出的创造性也不一样。

（二）创造性思维的特征

创造性思维的特征主要是:积极的求异性,洞察的敏锐性,想象的创造性,知识结构的独特性,灵感的活跃性。

1.积极的求异性

所谓求异,就是关注现象之间的差异,暴露已知与未知之间的矛盾,揭示现象与本质之间的差别的一种思维,即从多方向、多角度、多起点、多层次、多原则、多结果等方面思考问题,并在多种思路的比较之中,选择富有创造性的异乎寻常的新思路。

2.洞察的敏锐性

洞察是知觉和思维相互渗透的复杂的认识活动。在洞察的过程中不断地将观察到的事物与已有的知识或假设联系起来思考,把事物之间的相似性、特异性、重复现象进行比较,发现事物之间的必然联系,获得新的发现和发明,这也是创造性思维所具有的特征之一。

凡是创造力高的人,必然对客观世界具有高度的敏感,心理经常处于高度积极的觉醒状态,经常发现和提出具有现实意义的新问题,并着手去解决问题。因此洞察的敏锐性是创造思维得以形成的重要心理特征。有了洞察的敏锐性,在语文学习中就能进行积极、周密的思考,对问题正确判断,迅速做出结论。

3.想象的创造性

创造性思维始终伴随着创造性想象。创造性的想象,能不断改造旧表象,创造新表象,赋予思维以独特的形式。想象有时难免带上种种主观预测、虚假和错误成分,但它却是由感性认识上升到理性认识不可缺少的环节。

4.知识结构的独特性

举凡科学文化教育的创新,皆建筑于既有知识结构的基础上。而创造思维的新成果,又是对已有知识的突破与创新。故创造性思维与已经掌握的知识密不可分。然而知识与创造思维能力又各有其内涵。因为创造性思维能力,包容着诸多因素,不仅需知识提供必要的内容,还需知识上升为思想因素与智力因素。否则知识就会成为死板的、凝固的、束缚创造力的桎梏。一般说来,良好的知识结构包括扎实的基础知识、精深的专业知识。

5.灵感的活跃性

从创造性思维的角度讲,灵感作为一种综合性的突发的心理现象,是人脑以最优越的功能,加工处理信息的最佳心理状态的体现。灵感往往能突破关键性的问题,使兴奋的选择性泛化得到加强,造成神经联系的突发性接通,使思维空前活跃。语文教学的实践证明,那些创造性思维发展较好的学生,灵感思维也较活跃。

（三）创造性思维过程

创造性思维的过程一般可分为准备阶段、实施阶段和成功阶段三个部分。

1.创造性思维过程的准备阶段

创造性思维过程的准备阶段是指在未具体进入创造过程前所进行的主观与客观条件的准备，主要包括以下四个方面的准备：

（1）一般知识与专业知识的准备

就中学来讲，各科知识形成一个大的基础系统，语文是这个基础系统的基础。如果语文知识不扎实，其他学科也很难学好，创造性思维能力也不可能得到很好的发展。

"书到用时方恨少。"任何做学问的人都曾有过这方面的感受。要发展学生的创造性思维能力，必须拓宽他们的知识面。

（2）一般技能与专业技能的准备

一般技能指听、读、说、写的一般语文能力和进行创造性思维的起码条件，如记忆力、想象力、分析力、综合力等，都是一般技能。与语文这个专业结合起来则成为专业技能。这一切结合起来，就构成了学生语文学习的素质。

（3）理想、个性与心理的准备

要为"四化"大业做出创造性贡献，在中学时代就应树立崇高的理想。崇高的理想犹如灯塔，可以照亮创造之路。崇高的理想是强大的动力，可以推动学生战胜困难与挫折，不会因升学考试失利而走向沉沦。

（4）个性的健康发展，也是学生进行创造活动的必要准备。

个性的健康发展要以必要的知识、能力为基础，还要在创造过程中处理好各种关系，分析、解剖、充实自己的知识，个性健康发展了，才能克服各种心理障碍，做好创造的准备。

2.创造性思维的实施阶段

进入具体创造阶段遇到的问题是：创造什么？怎样创造？首先是确定方向、总体设计。确定方向要考虑诸多因素：自己的特长、爱好、条件，应扬长避短，找到自己的恰当位置。总体方向确定后，应选择好具体的课题。选择课题要进行多方面的可行性分析，考虑好相应的方法。

创造性思维活动开始，还应学习有关资料，避免无效劳动，保证创造活动的顺利进行。资料要准确可靠，哪些该用，哪些不该用，师生可共同研讨。

在创造过程中，会有障碍、困难；主客观方面都存在有利与不利因素，应利用有利因素，克服不利因素，争取创造的成功。

（1）在诱发兴趣中创造

例如教《藤野先生》，教师可先指出，该文选自鲁迅散文集《朝花夕拾》，原名《旧事重提》，接着提问学生："鲁迅将'旧事重提'改为'朝花夕拾'，有什么好处？"一有比较，学生思维就活跃起来，议论一番，方知"夕拾"既反映回忆（即"重提"）的特点，又显示"拾取"朝花的情致。同时，鲁迅把青少年时期的生活喻为"朝花"，并说："带露朝花，色香自然要好得多，但是我不能够。"这就使题目诗意盎然，别具情趣。这讨论，让学生了解了回忆性散文的诗意和情致，激起了学习的兴趣。学完课文，教师再布置《朝花颂》《童年拾趣》的作文选择题，学生创造性思维的闸门，在兴趣盎然中一下就打开了。

（2）在质疑研讨中创造

创造，需在前人认识的基础上有所前进与突破，教师应善于启迪学生，在质疑研究中碰撞出创造性思维的火花。

（3）在分析、综合中创造

综合分析是思维能力的核心。通过分析，可以进一步认识事物的基本结构、属性和特征，可以分出事物的表面特性和本质特性，深化认识。通过综合，可以完整、全面地认识事物，认识事物间的联系和规律。创造性思维就建立在这种抽象思维的基础上。

（4）在发散中创造

创造性思维是发散性思维与聚合性思维的有机结合。发散需求异，它要求不依常规，寻求变异，从多方求索答案，以避免考虑问题的单一性，使思维不至僵化。发散思维具有流畅、变通、独特三大特征。

3.创造性思维的成功阶段

积极的创造性思维，能取得可喜的收获。就教的方面讲，要通过对创造性思维能力的测试来加以检验，有哪些收获，存在什么问题，以利改进教学；就学的方面来说，通过测试也能明白自己的长处与不足，有利于正确地自我评价，有利于创造性思维能力的进一步发展。

（四）创造性思维训练

1.思维灵活性训练

思维的灵活性可以从不同角度、不同方面，用多种方法思考问题来进行训练。此外，还有多种表达方法的训练、一题多做的各种设计等方面，来反复训练思维的灵活性。

2.想象能力训练

（1）再造想象训练

根据某些描述（图像的、语言文字的），在头脑中构造出活灵活现的、但又从未见过的事物的形象，如教《故乡》，要求学生根据课文对闰土的形象进行描述，要在脑子里浮现其形象，仿佛真的看见了闰土一样。

（2）创造想象训练

根据已有的表象，在头脑中构造出前所未有的新形象。要进行创造想象，必须储备丰富的表象，必须善于分析综合。

想象训练的方式很多，下面介绍几种。

第一，类比想象。由此一类事物想象与之相似、相关的另一类事物。"此一类事物"较实，"另一类事物"较虚，具有由浅入深的特点。

第二，因果想象。由事物的原因，想象事物的结果；或由事物的结果，想象事物的原因。第三，辐射想象。由一事物作为触发点，向四面八方想象熟悉的生活与知识领域。

3.发散性思维训练

发散点包括材料、结构、形态、组合、方法、因果、关系诸方面，训练的目的是发展思维的流畅性、灵活性、新颖性。

（1）材料发散训练

以某个物品作为"材料"，以此为发散点设想它的多种用途。

（2）形态发散训练

事物有多种形态，如形状、颜色、音响、气味等，以此为扩散点，设想出利用某种形态的各种可能性。

以上两种主要训练流畅性思维，使学生能迅速而又多角度回答某一事物的多种用途。

（3）组合发散训练

以某一特定事物为发散点，尽可能多设想，与另一事物联结组合之后，所产生的新事物新价值的各种可能性。

（4）方法发散训练

以人们解决问题或制造物品的某种方法为发散点，设想利用该种方法的各种可能性。拿语文学习方法来说，我们可以列举出数十种，这些方法使用得当，可以帮助学生更好地掌握语文知识，促进学生创造性思维能力的发展。

4.聚合性思维训练

创造性思维是扩散（即发散）性思维同聚合思维的有机结合。只主张发散，而丢弃聚合，则不能提高创造的水平。因此，在语文学习中，应有目的地加强聚合性思维能力的训练。

（1）通过选择训练聚合能力

学生通过多向性的不同角度思考以后，可从所提出的众多假设中，选择一个最佳方案。选择的过程，需进行判断与评价，也需进行聚合性思维。

语文教学需精讲巧练。精讲，需在精选教学内容中，聚合精华传授给学生；巧练，需在精心设计与选择练习内容中，聚合精当的题目，指导学生巧练。精讲巧练相结合，才能以少胜多，以一当十，提高教学质量。选择聚合与实施精讲巧练的创造教学法是互为因果的。

（2）通过综合培养聚合能力

综合有正反之别。正向综合，吸取前人智慧精华，探索前人成功的因素再向前创造。语文教学中的综合训练路子很多，如进行议论、说明、记叙、描写、抒情等表达方式的综合训练，教师可据此进行各种创造性的设计。

科学的生命力在于创新。创造性思维能产生新理论、新思想，开辟新的科学道路。在语文教学中努力发展学生的创造性思维，尽力培养具有创造精神的新一代，开发智力能源，就能为"江山代有人才出，各领风骚数百年"做出应有的贡献。

第二节 语文教学的思维训练

在人的智力结构中，居于核心地位的思维，是整个智力活动的最高调控者。如果思维不能积极参与智力活动，知觉会缺乏理解性，记忆变成了机械重复，想象也难对表象进行加工，写作创新将是一纸空文。

语文基本训练包括教师的训导和学生的练习，两个互为因果的方面，有目的有计划地贯穿于语文教育的全过程，但一切语文基本训练无不是在思维指导下进行的。故思维能力的培养与发展，是语文课诸因素的核心因素，是语文课的本质。抓住了思维能力这一主要矛盾，就可带动各项教学任务，解决语文课中的各种矛盾。

根据不同的标准，可以划分出多种类型的思维，语文教学思维训练，应积极发展多种思维，如形象思维、抽象思维、直觉思维、相似思维、辩证思维、创造性思维等，通过这些思维的训练，提高学生多种思维的能力。

思维训练的方法很多，有人总结了28种思维方法：归纳、演绎、类比、扩散、集中、静态、动态、求深、求全、比较、七步、形象、综合、软性与硬性思考、反馈、提问、探索、综摄、系统最优化、模拟、求异、想象、超前、蒙太奇、媒介、全息、拟喻、冷处理及两面神思法。

下面，着重从听、说、读、写四个方面来谈谈语文教学中的思维训练途径。

一、阅读思维训练

阅读能力的核心是阅读中的思维能力。阅读过程始终充满积极的思维活动。同样一篇课文，有的学生读了不知所云，有的只记住内容大意，有的能融会贯通、深刻理解、恰当评价。能否在阅读中积极思维是造成这种差异的主要原因。阅读思维能力主要体现在阅读理解与评价上。

阅读理解既是思维过程，又是思维结果，是阅读思维能力的重要表现。

阅读理解是指运用已有的知识与经验，将感知的新信息、新材料联系起来，通过联想、想象、判断、推理等思维活动，去把握阅读材料的内在联系与本质意义。

学生的语感能力，正是在阅读理解与评价的过程中逐步增强的。

当然，阅读理解，还需在认读感知的基础上进行，在阅读理解与评价的基础上，还有运用能力的培养，均离不开思维活动。

此外，在阅读训练中进行思维训练，还要激发学生的阅读兴趣，使学生集中注意力，处于积极思维的状态，审美情感就自然渗透其中了。这样，才能借助恰当的思维方法，在阅读练习中，能动地进行想象与联想、分析与综合、抽象与概括、归纳与演绎、评价与运用。

阅读的时间与质量，应严格要求，要有一定的量和度的规定，并适当提高阅读难度，使学生思维达到一定的强度。如要求学生在20分钟内大体上浏览一张报纸，即能向老师与同学清晰地说出报纸的主要内容。通过一定的训练，一般阅读水平的中学生，是可以达到这一量与度的要求的。

二、写作思维训练

写作是反映社会生活的复杂思维过程。从材料收集、主题提炼、内容安排，到语言选用，都离不开思维。

立意的优劣，往往是文章成败的关键。立意要看是否揭示了事物的本质，揭示了文章的思想意义。这就需在收集材料的基础上，反复思考，认真分析，抓住事物的本质，才能做到深入挖掘。

其次，文章的结构，也是鉴别其优劣的标准之一。所谓结构，是指文章的布局谋篇，它要反映客观事物的内在联系及发展规律，通过作者构思在文章中得到反映。这里有方法与技巧问题，但关键在思路。

加强思路训练。对此，可通过列提纲、表解等方式，让学生正确划分层次段落；还可把同一题材不同写法，或不同类型不同表现手法的若干文章，让学生分析、讨论、借鉴，以拓展思路。

初中生的多数和高中生，在逻辑思维中，求同思维起主要作用，思考问题往往朝一个方面聚敛前进，容易孤立地静止地看问题。为此、要注意培养求异思维、使作文构思不受消极定式束缚，能有新角度、新观点，敢于标新立异。

再次，运用语言的能力是衡量写作能力的重要标志。文章的用语要准确，又有赖于思维的明晰。

在语文教改中，不少教师经多年试验，创立了作文思维体系。他们的构想是：明确创立背景与依据，遵循科学的原则，设计合理的体系模型，进行科学的思维训练。其共同特点在于注意了思维训练体系的整体性、层次性、开放性、适用性。

三、听话思维训练

《语文大纲》所规定的听话思维能力训练，集中在初中阶段。

初一年级：听人说话，能集中注意力，听清楚意思。初二年级：听别人说话，能够分析、理解其用意。初三年级：参加讨论，能听出不同的意见和分歧所在；听议论性讲话，能把握住对方的观点以及持这些观点的理由。

根据《语文大纲》的规定，提出如下思维训练序列。

从培养良好的听话思维习惯入手。集中注意力是听清别人讲话内容的首要条件。进行听话思维训练，要训练学生的听知注意力。听知活动是听话人借助听觉分析器官，在思维的参与调控下，接收、理解、吸收口头言语信息的过程，也是听者把说者的外部言语转化为自己内部言语的过程。要促成这种转化，务必使大脑中枢神经形成"优势兴奋中心"，产生有意注意的意向。因为听人说话，稍纵即逝，要很快听懂对方的话语，并能很快把握住话的主次，分清是非，品评好坏，理出条理，筛选出急需的信息，没有高度的注意力和科学的思维是不行的。

训练学生的"听知注意力"，要求学生开动思维器官，依靠意志力，排除干扰，集中听觉于说者传输的信息，及时抓住声波，敏捷地在头脑形成清晰的印象。这就要端正听话态度，明确听话目的，养成良好的边听边思考的习惯。如听课听报告，主要是为了获取知识；听人谈话、听讨论发言主要是为了沟通思想；听演唱、诵读主要是为了鉴赏；等等。目的明确，又认真思考，就会主动排除干扰，使注意力集中，久练成习，效果必佳。检验"听知注意力"最基本的方法，在于是否听清了说话者的意思。这包括两方面的内容。

第一，正确感知语音，听清每个音节，听清音近字和同音字，要能通过积极的思维活动，按上下句语意，说话场合，准确判断、识别话语的语调、重音、停顿是否准确，并体会说话者的感情色彩。

第二，通过积极的思维，听清说话的内容。如凡属叙事性说话，注意把握事件发生的时间、地点、人物、事件、起因、经过、结果，并分清叙述的事实与说者的评论；又如说明性谈话，要认真通过思考，把握被说明事物的特点与结构，并思考其科学性与实用性。

第三，在听话中培养敏捷的思维能力。学生善于感知外界的语言信息，应进一步通过思维理解外界语言信息的含义。如理解话语中心，谈话目的，说话人的感情，话语的深刻含义；有无通过一定的修辞手段和语言艺术表示的弦外之音、言外之旨，等等。这一切都要靠对言语的"听知理解力"与思维的敏捷力通力合作、协同攻关。在这过程中不仅提高了学生听知理解言语的水平，也会逐渐养成分析思考问题的良好习惯。

第四，独立思考，训练听话鉴别力。客观事物的丰富、复杂，决定了人们对它的认识必然是"横看成岭侧成峰，远近高低各不同"，在层次与角度等方面存在差异、距离。在学习生活中，我们常常会碰到说话人的观点、态度有时能引起听者强烈的共鸣，有时并不完全一致，有时因大相径庭而反感。这就要求听者对接收的话语通过思维加以分析：说话者的目的动机是什么？观点是否正确？用了一些什么事实和道理来支持他的观点？这些事实与道理是否符合客观实际？总之，只要是听议论性讲话，都要能听出话语的中心意思，说话人的观点，分析支持这些观点的理由与事实，方能对他人的议论获得准确的鉴别。在此过程中，也培养了听者的独立思考能力。

听话能力的训练方式很多，一般概括为随机训练与计划训练两类。

（一）随机听话思维训练

首先是听知，它包括辨音识义、理解句义语脉、概括归纳说话中心、理解寓意、比较多人发言的异同等思维活动。具体方式可分听想、听读、听说的训练。

"听想"，如各校开展的讲故事活动，听者在兴趣浓郁中侧耳细听，有利于培养语感与听力，发展联想与想象能力，拓宽听者思路。

"听读"可听录音，听师生读。但目的应明确，教师应设计好听者回答的问题，由此培养学生的比较、鉴别、记忆、归纳等思维能力。

"听说"，可听一人讲，也可听数人围绕一个话题发言、讨论。教师应提出明确要求，让听者回答说话的要点、特点、优缺点等问题，由此培养学生注意倾听的态度，迅速反映、归纳、识别等思维能力。

其次是听记与听写。听记就是边听边记，包括记纲目、要点、重要内容、原话、边听边想再追记等方式。听写指按照听到的内容，进一步通过思维活动，写出要求的文字，如提要、梗概、说明、简介，乃至感想评论等。

（二）程序听话思维训练

是指按《语文大纲》的要求，有计划地在听话训练中加强思维训练。训练应根据学生年龄与教材内容有计划地安排，结合阅读、说话、写作中的听话训练进行。

此外，还可进行专门的听话训练，其中包括听话过程中的观察力、注意力、记忆力、联想力、想象力、改变听话条件（指能适应较差的语言环境和声音条件的训练）、抗噪声干扰等训练。

四、说话思维训练

《语文大纲》对中学各年级的说话训练都提出了具体要求。说话能力是指运用口头言语表达思想感情的能力。思维水平的高低，决定了说话的逻辑性、条理性、言语的概括能力。

（一）说话能力这个综合体由三个方面构成

1.组织内部言语的能力

人们说话，皆先想后说，边想边说，边想——就是靠思维来组织内部语言。思考"为什么说""对谁说""说什么"，这是取得好的说话效果的前提。

2.快速语言编码的能力

人们说话的过程，就是把内部言语经过扩展进行编码的过程。其条件有三：一是必要的口语词汇储备，二是要掌握把语词按正确次序组合的规则，三是靠敏捷、灵活的思维来调控。

3.运用语音达意表情的能力

人们说话是把内部言语加以扩展，编码为一定的语句，通过发音器官变成外部语言（有声语言），方能交际。说话人善于运用语音、语调、语速、语量的变化表情达意，就会收到动听的效果。这一切，同样要靠敏捷、灵活的思维来调控。

（二）说话训练可以通过如下方式进行

朗读、口头复述、看图说话、讲故事、口头作文、口头广播、口头解说、会议发言、演讲、致辞、口头问答、对话交谈、讨论、打电话、口头咨询、口头辩论、访问等，这些训练项目，都要靠思维来组织；反过来，说话训练又有助于思维能力的训练。说话能力的训练，可以说是一种最好的思维训练。首先，通过说话训练，学生增加了语言信息储备，也就是积累了思维原料，锻炼了快速选词组句的能力，有利于培养思维的敏捷性、准确性。其次，说话也是思维结果的反馈，有了这种反馈，可修正、补充思想，使之更符合客观实际。如有的语文教师，录下学生的即兴说话，再放给学生听，学生自己发现，凡说话结巴、停顿过长、颠三倒四的，一定是思维混乱"短路"所造成的。第三，通过讨论、辩论等说话活动，可学习别人好的思维方法、思维模式，培养良好的思维品质。所以，说话与思维训练是相互促进的。

（三）说话与思维训练相结合的方法很多

如反面相激、两头分说、抑扬评说、试探发问、引喻比方、婉转迂回、留有余地、曲折答问、补救失言、摆脱困境、以牙还牙等。这些方法的使用，均需开动思维器官，寻找恰当的谈话契机，设法打开对方的话匣子，扣住思路、意向谈话；还要根据一定的场合谈话，方能取得好的效果。

中学阶段是学生养成良好听、说、读、写习惯的重要时期，中学生正当青春年少，有了成人感，自我意识、思维品质都在受教育中发展，各种知识的学习，社会交际的需要，要求他们准确、连贯、流畅地表达自己的思想情感，如果语言和思维能力跟不上，说话写文章就会颠三倒四，言不由衷；如果在听、说、读、写活动中，受到粗鲁语、挖苦语、辱骂语的污染，不仅会养成说脏话的恶习，还会影响学生健康成长。

（四）语文教师要配合整个的学校教育

在培养学生良好的听、说、读、写习惯的同时，言传身教，有计划地训练学生用优美的、符合规范的语言说话；切合实际、诚恳地说话，不说假大空的套话；有条理有层次地说话，不胡言乱语；提纲挈领地说话，不啰唆拖沓；引人入胜地说话，使人感到生动、具体、亲切；不快不慢，随机应变地说话，使人感到机智聪敏；富有启发性地说话，能开启思维的大门。这就是我们所追求的说话思维训练的理想境界。

以上主要从听、说、读、写四个方面谈了思维训练的途径，他们之间既有独特的任务，又存在相辅相成的关系。

第六章 语文阅读教学逻辑思维能力培养概述

钱学森认为，人的个体思维有抽象（逻辑）思维、形象（直感）思维和灵感（顿悟）思维三种最基本的类型。狭义的思维通常指的就是逻辑思维，对逻辑思维的概念、类型及特点的基本界定是本次研究的出发点，也是在高中语文阅读教学中的实践确定逻辑思维基本任务的前提。在语文课程改革过程中，逻辑思维能力的重要性逐渐体现，无论是课本材料的丰富性，课后练习的多样性，还是教学方式的灵活性，都为语文阅读教学培养逻辑思维能力提供了良好的平台。

第一节 逻辑思维简介

一、逻辑思维概念

《逻辑学大辞典》里对逻辑思维的概念界定是："逻辑思维亦称'概念思维''抽象思维'。人们在认识过程中借助概念、判断、推理等思维形式能动地反映现实的过程。"朱智贤认为："逻辑思维是在感性认识的基础上，通过概念、判断、推理来揭示事物的内在联系、本质联系的过程。"此外，还有学者认为："'逻辑思维'的概念有广义和狭义之分，'逻辑思维'从广义上理解是以哲学为基础，认为逻辑思维等同于人们常说的抽象思维，是人们在认识的过程中，借助概念、判断、推理等思维形式，能动地反映现实的过程。狭义的定义分为两种：一种是以逻辑学本身的角度为落脚点，认为逻辑思维隶属于抽象思维，是通过前人已有经验去分析、判断、推理解决问题的思维过程；另一种主要针对逻辑思维在其他学科领域，如数学、计算机、人工智能——中的运用提出来的，亦称为'数理逻辑'。"

综上所述，人们对"逻辑思维"的理解是趋于一致的，都认为逻辑思维是人们在认识事物的过程中，借助分析、综合、概念、判断、推理等逻辑思维方法和形式，从感性认识向理性认识转变的过程。据此，对逻辑思维概念的基本理解笔者提出以下两点。

（1）人们对事物的认识加工过程分为两个阶段

人们运用逻辑思维完整的认识事物经过两个阶段。人们在认识事物时，其感性认识向理性认识的转变是人们运用逻辑思维认识事物过程的第一阶段，在这一阶段中，感性认识是认识的起点，人们运用各种逻辑思维方法和思维形式，由感性的表象认识向理性的本质认识转变，从而完成了人们对事物的认识过程的第一阶段。

此时，人的认识并没有停止，而是继续向高级的理性认识飞跃，也就是认识的第二阶段。在此阶段，借助辩证地分析和综合以及具体概念、辩证判断、辩证推理等思维方法和思维形式，人们的认识从抽象向具体发展，使人们的认识更加全面和理性。

（2）逻辑思维与语言密切相关

"语言是在人类的思维发展到一定阶段的产物，也是人们进行思维的重要工具。"语文是以语言为表征的科目，在语言教学的过程中渗透着思维的学习，语言由词汇构成，词语反映词的概念，而概念的正确理解是人们正确认识客观事物的前提，而词语连缀成篇就形成文章，文章中蕴含的逻辑思维同样需要对词语在文中的含义和作用进行判断、推理。因此，对逻辑思维能力的培养离不开语言的学习，语言是帮助人们思维的工具。

二、逻辑思维类型

逻辑思维分为形式逻辑思维和辩证逻辑思维两种类型。形式逻辑思维是人们对客观事物认识过程中的第一阶段，包含分析和综合、比较和分类、抽象和概括等形式逻辑思维方法，包括同一律、矛盾律、排中律和充足理由律逻辑思维规律，人们正确运用方法、遵循逻辑思维规律，使用概念、判断、推理等思维形式来认识客观事物。

辩证逻辑思维是人们认识事物的第二阶段。包含辩证地分析和综合、逻辑与历史相统一和从抽象上升到具体的逻辑思维方法；具体概念、辩证判断和辩证推理等辩证逻辑思维形式，本文重点放在对具体概念和辩证推理的能力培养上；而辩证逻辑基本规律则重点培养对立统一思维律。

在中学阶段，形式逻辑逐渐加强，并向辩证逻辑思维转变，高中阶段是逻辑思维培养的关键期。高中阶段的学生，辩证思维的发展需要在形式逻辑思维发展的基础上，进一步加以培养，但这并不是说学生要在完全掌握形式逻辑思维之后才能培养辩证逻辑思维。因为随着人类思维实践的不断发展，形式逻辑思维与辩证逻辑思维分界线趋于模糊，相互交织渗透，形成高度系统、综合的逻辑思维方式。因此，注重培养形式逻辑思维的同时，在过渡阶段也要关注对辩证逻辑思维的梯度化培养，让两种逻辑思维类型得到共同发展。

三、逻辑思维特点

（一）严密性

逻辑思维是人们正确认识客观事物的工具，在此过程中，人们需要严密遵守逻辑思维规律，运用逻辑思维方法和形式，从复杂的事物中发现事物之间的联系，以便更正确地认识事物的本质，其抽象性和严谨程度较其他思维形式更强，因此逻辑思维具有严密性的特点。

（二）有序性

人们在遵循逻辑思维规律，运用逻辑思维方法，正确推理、判断认识事物时，其思维会遵循"概念—判断—推理"认识顺序，并且在纵向思维过程中"抽象概念—具体概念""抽象推理—辩证推理"的发展也具有顺序性。虽然形式逻辑思维和辩证逻辑思维之间没有明显的界限，思维的运用趋于模糊，不会有运用了形式逻辑思维再运用辩证逻辑思维的仪式，而且有时运用形式逻辑思维就已经能认识事物的本质，但在思维过程中大致具有遵循逻辑思维规律，运用逻辑思维方法，认识事物本质的基本顺序。

（三）间接性

逻辑思维过程是人脑内部的思考过程，是抽象的认识过程，即对事物从感性认识向内在本质的抽象认识。而将要认识的新事物与脑中已有的事物之间具有一定的联系，可以通过已有的知识经验来判断和认识未知的事物，这就是逻辑思维的间接性特点。例如，看到蚂蚁搬家、蜻蜓低飞等现象，就可以判断出可能要下雨，其中就体现出了逻辑思维间接性的特点。

第二节 阅读教学中培养逻辑思维能力的理论基础

一、学生思维发展理论

我国心理学家朱智贤教授和林崇德教授在大量实证研究的基础上，总结出小学生、中学生的思维发展特点。在中学阶段，青少年的思维能力发展迅速，抽象逻辑思维处于优势，但是，少年期（11~15岁）和青年初期（15~18岁）的抽象逻辑思维发展有不同特点。在少年期，抽象逻辑思维需要感性经验的支持，发展至青年初期则是以理性思考为主的抽象逻辑思维。研究表明，八年级是学生思维转变的过渡时期，同时也是思维发生飞跃的关键时期。从八年级开始，学生的抽象逻辑思维开始由经验型向理论型转化，成长到高中二年级，思维趋于成熟。因此，高中一年级和高二年级是抽象逻辑思维转化和发展的关键时期，此阶段学生的潜能无限，各种才能等待发现和发掘，这个阶段进行逻辑思维能力的培养非常重要。

二、信息加工理论

加涅的信息加工理论是认知主义心理学的重要种类之一，它在思维发展方面做出了重要贡献，为教师培养学生逻辑思维能力提供了理论支撑。信息加工理论对人们认识事物的过程描述得非常具体，认为学习是加工系统、执行控制系统和动机系统协调活动的过程；在这三个系统协调活动的过程中，根据思维发展的机制，着重研究"自动化、编码、泛化和策略建构"四个方面。

"自动化"指的是随着训练和练习的深入，思维过程愈发自动化，儿童能更加自如地运用思维能力；"编码"是儿童对接收信息组织的过程，随着儿童年龄的增长，接收的信息越来越多，信息从短时记忆转为长时记忆，只能将信息进行编码加工，而编码的过程也是儿童思维发展的过程；"泛化"在行为主义心理学中已有提及，为草木皆兵、一朝被蛇咬，十年怕井绳之意，然而在认知主义心理学中，"泛化"实为归纳，根据各种信息提出一般性的结论；"策略建构"是指问题解决的策略，问题解决策略是思维发展心理学的重要研究内容之一，在信息加工理论中，研究者发现儿童随着年龄的增长，信息加工容量增大，会逐渐运用规则和原理解决问题。信息加工理论为逻辑思维能力的培养提供了如下启示：①加强思维训练。思维的运用进入自动化状态，需要进行思维训练，而在教育上，教师需要依据学生身心发展阶段采取科学的训练方式，培养学生的思维能力。②教学内容呈现合理并及时复习。依据信息加工理论，人们接受信息成为长时记忆，需要对信息进行编码。教师在教学时，为提高学生的学习效率，可呈现有条理的教学内容。此外，帮助学生进行有效的复习，也利于学生对信息进行编码同时可以促进学生思维能力的发展。

第三节　阅读教学中培养逻辑思维能力的优势

一、阅读教学材料可以丰富语文教学

就教材而言，以人教版教材为例，包括必修和选修共20本教材，其中包涵从古至今的名家经典作品，可谓包罗万象，如屈原《离骚》、李白《蜀道难》、鲁迅《拿来主义》、曹禺《雷雨》、海明威《老人与海》等等。经典作品会给学生带来无尽的思考和深刻的启迪，同时这些教材也是教师培养学生思维能力的工具，对锻炼学生的逻辑思维能力有良好的促进作用。教材文章从文体划分，主要包含记叙文、说明文、议论文、应用文、演讲稿、诗歌、散文、小说、戏剧等。这些文体可分为现代文阅读和古诗文阅读。其中现代文阅读包含论述类文本、实用类文本、文学类文本。本论文研究逻辑思维能力的培养，注重逻辑性、结构性、条理性，从这一方面来说，论述类文本、实用类文本和议论性的古文更利于学生逻辑思维能力的培养，因而，本文研究逻辑思维能力培养以其为阅读教学的主要材料。

人教版必修教材论述类文本一共涉及两个单元八篇文章，篇目丰富，其文章类型主要是论述类文本中的杂文和议论文，在阅读理解上有一定的难度，因此主要集中在高一下学期和高二上学期学习的必修四和必修五两册中。从教学进程看，此阶段符合学生身心发展规律，有利于学生逻辑思维能力的培养。而实用类文章分布较为均匀，涉及四个单元十三篇文章，文章类型涉及广泛，篇目丰富，对学生学习筛选文章信息和理解文本能力都有促进作用。

而文言文部分，必修三第三单元学习古代议论性散文，涉及的文章篇目包括《寡人之于国也》《劝学》《过秦论》《师说》，其严密的论证逻辑和议论艺术，有助于提高学生的逻辑思维能力。除此之外，高二下学期学习的选修课《先秦诸子选篇》为学生提供了荀子、孟子、墨子、老子、韩非子等有丰富逻辑论证内容的经典思辨性文章。可见，人教版必修和选修课本中包含有丰富的、足以提高学生逻辑思维能力的篇目。

除了课本教材之外，课后的阅读练习、时评、图书、电子书、多媒体等都可以有选择的作为阅读教学材料，借以打破课本的局限，拓展视野和思维的广度。

二、阅读教学方法灵活

在新课改之前，推崇赫尔巴特的传统教育教学理念，强调"教师中心""教材中心""课堂中心"的三中心理论，因此以教师讲解为主，学生则主要听和记，这样的课堂缺乏学生的参与和思考，一定程度上制约了学生思维能力的发展。

新课改之后，不断学习国外先进的教学理论，如，美国心理学家布鲁纳的发现学习、美国教育学家布卢姆的目标教学法、建构主义、维果茨基最近发展区、加德纳的多元智力理论等。教师逐渐意识到，课堂上学生不能只是被动地接受知识，长此以往会造成学生不愿思考、不善思考，大脑不活跃，思维区域处于静止状态。学生作为独立的、有思维的个体，需发挥他们的主观能动性，让他们在轻松、自由、健康的教学环境中多思多想，从而形成较强的逻辑思维能力。在阅读教学中，教学方法灵活多样，教师可以依据教学材料，创造性地使用不同的教学方法，体现学生的主体地位，"以学生为中心"，例如，启发式教学、合作探究法、小组讨论法、情境法、练习法、读书指导法、片段练习法、思维导图等。

在学习庄子的《东海之大乐》时，为让学生把握文章的思维脉络和其中的逻辑关系，教师运用列思维导图的方法，帮助学生理清文章思路，体会其中的思维角度。此外，在教学中依旧不可忽视教师的"主导"作用，无论使用什么教学方法，教师科学的指导对学生思维能力的提高均具有重要作用。

三、教学活动形式新颖

在阅读教学中，可以开展丰富多样的活动形式，吸引学生投身其中，锻炼思维能力。在教学过程中，教师可以根据教学内容、教学目标灵活地选取活动形式，如，演讲、辩论、课堂剧、游戏等。以辩论为例，依据文中的辩证思维线索，开展辩论活动，能帮助学生全面地、多角度地思考问题，打破思维定势，辩证思考，并养成独立思考、随机应变的能力。因此，新颖的活动形式，可以激发学生的学习兴趣，增强团结协作的意识，提升口头表达的能力，突出了学生学习的主体性，以此促进逻辑思维能力的发展。

总之，阅读教学是培养逻辑思维能力的良好窗口，丰富的教学篇目、灵活的教学方法和新颖的活动形式都是阅读教学开展思维能力培养的优势所在，也是在实际教学中探究培养逻辑思维能力的方法。在培养学生逻辑思维能力过程中，注重对学生思维过程和思维方法的引导，避免了不必要的、机械地训练，激发了学生活动的积极性，给学生提供了更多的实践的机会，突出了学生学习的主体性，有效提升学生的阅读能力。

第七章 语文阅读教学逻辑思维能力培养的基本原则与主要任务

人们在认识事物的过程中，随着年龄的增长，思维发展逐渐由感性的具象思维向理性的抽象思维转变，再从抽象思维向具体思维发展，这是思维发展经历的两次飞跃，也就是形象思维到形式逻辑思维再向辩证逻辑思维转变的过程。这种思维阶段的飞跃与发展，并不是一蹴而就的，需要生理、心理的成长和教师的培养。

第一节 语文阅读教学逻辑思维能力培养的基本原则

在语文阅读教学中培养逻辑思维能力，应遵循必要的基本原则，这些原则帮助教师在培养逻辑思维能力过程中，为其指明方向、发现内部规律和应注意的问题。教师在培养逻辑思维能力时，关注改革的动向，研读最新教育方针政策，紧扣新课程标准，使逻辑思维培养更显科学性和时代性。并且，在培养过程中关注学生的个体差异，注重因材施教，不能"一刀切"。此外，在教学过程中，虽需有意识地培养学生的逻辑思维能力，但也不能顾此失彼，忽视知识的教学，或者忽视对学生语言的发展等，在此基础上，形成以下基本原则：

（1）紧扣普通高中语文课程标准及考试大纲

《普通高中语文课程标准》和《考试大纲》是每一位高中语文教师制订

教学计划和开展教学活动的重要指导方向。在阅读教学中培养学生逻辑思维能力，需坚持紧扣《普通高中语文课程标准》和《考试大纲》的原则，合理地开展对学生逻辑思维能力的培养活动。

逻辑思维和语言、文本、表达之间有着密切联系，其中语言的理解和表达训练可以融入文本教学中，因此有关逻辑思维能力培养可以在文本教学中实施。

新课标根据高中语文核心素养的要求提出贯穿必修、选修Ⅰ和选修Ⅱ三阶段的学习任务群，而学习任务群——思辨性阅读与表达则明确提出"发展实证、推理、批判与发现的能力，增强思维的逻辑性和深刻性，提高思辨性阅读与表达的水平"；阅读古今中外论说名篇和近期精彩的时事评论时要求"把握论者的观点、态度和语言表述，理解论阐述观点的方法和逻辑"在思辨性表达上也要求要讲究逻辑、多角度思考。因此，逻辑思维能力在思辨性文本阅读中是学习的重要目标和内容，同时也是文本教学的方向。

除此之外，新课标还在写作、语言、实用类文本阅读、科技文化论著等方面多次提到对思维的提升和逻辑思维的培养，如"学习科学文化论著，学习体验概括、归纳、推理、实证等科学思维方式""较深入地探讨1~2个语言文字现象中存在的规律性问题，以增强将语言现象提升为规律的思维能力"等。综上所述，可以发现新课标对逻辑思维发展十分重视。因此在阅读教学中，培养逻辑思维能力需以紧扣《普通高中语文课程标准》为基本原则。

《考试大纲》对学生现代文阅读和古诗文阅读都含有"分析综合"的C级要求，而这正是对学生逻辑思维能力的考查。以论述类文本要求为例，在现代文阅读中，论述类文本的"分析综合"要求"a.筛选并整合文中信息；b.分析文章结构，归纳内容要点，概括中心意思；c.分析论点、论据和论证方法；d.分析概括作者在文中的观点态度"。这主要考查了逻辑思维中的分析、综合、分类、归纳和概括能力，要求学生能够筛选材料中的信息，分解剖析、归纳整合相关内容。因此，教师教学时，紧扣《考试大纲》，更科学合理地培养学生的逻辑思维能力。

（2）遵循学生身心发展特点

朱智贤教授和林崇德教授的"学生思维发展理论"明确高中阶段是学生逻辑思维发展的黄金时期，教师应在此阶段遵循学生身心发展特点，合理开展逻辑思维能力培养的训练。

首先，依据学生身心发展特点制定逻辑思维能力培养内容和方法。在高中阶段对于逻辑思维能力需要培养学生哪些方面的内容，需要依据阅读教学的安排和不同年级学生的身心发展特点，制定出符合实际水平的逻辑思维培养内容。而方法的制定，教师运用教育智慧，遵循学生身心发展特点，开展适合的教学活动，并体现出系统性、阶段性和科学性。

其次，逻辑思维能力的培养需考虑学生思维发展的个别差异。学生之间是存在差异性的，有的学生善于运用逻辑思维方式进行思考，而有的学生可能善于运用形象思维或创造性思维思考。因此，教师需根据学生发展的特点，因材施教，不能强行灌输。此外，学生除了在思维品质方面存有差异性，对于逻辑思维的掌握程度也有差异，教师需采取不同的教学手段，给予逻辑思维能力发展不良的学生以更多的关爱和帮助。

（3）逻辑思维培养与阅读教学内容相结合

阅读理解展现阅读能力，而阅读理解的过程是思维的过程。学生在阅读理解和认识事物的过程中，良好的逻辑思维能力有助于认识的深入，因此培养学生形成良好的阅读思维是提升学生阅读能力的关键。

然而在阅读教学中，文章情感、知识、语言、问题等内容也是语文阅读教学不可忽视的部分，与思维存在并列关系，逻辑思维与它们之间也存在着密切的关系：情感是逻辑思维呈现的催化剂；知识是逻辑思维传递的基础；语言是逻辑思维表达的工具；问题是逻辑思维运用的开端。因此，在阅读教学中，注重培养逻辑思维能力时，应遵循与其他阅读教学内容相结合的原则。

（4）各种思维能力协调发展

语文教学中思维活动是复杂多样的，并且每种思维活动都有自己的理论、观点和使用规则；它们虽有各自的特点，但又彼此相互联结。人们在认识事物时，学会灵活正确地运用各种思维形式，既能有助于学生思维能力的成长，又能提升学生的语文能力。所以高中阶段在重点培养学生的逻辑思维能力时，不能忽视其他思维能力的培养，而应注意将逻辑思维与其他思维协调发展。

在阅读教学中，形象思维一般处于记叙文、小说、诗歌等文体阅读思维活动中，通过艺术形象来展现审美活动，如，关汉卿笔下善良、孝顺、刚强、有反抗精神的窦娥；曹禺笔下道貌岸然的周朴园；莎士比亚笔下理想远大却行动延宕的王子哈姆雷特等，都是典型环境中塑造出的典型形象，他们有思想、有故事、有细节，正是作者运用形象思维下塑造出的魅力人物。因此阅读教学除了关注学生逻辑思维能力的培养，也不可忽视其它思维能力的培养，而是应该遵循各种思维能力协调发展的原则。

第二节 语文阅读教学逻辑思维能力培养的主要任务

王玉环指出："发展逻辑思维。能够辨识、分析、比较、归纳和概括基本的语言现象和文学形象，并能有依据、有条理地表达自己的观点和发现；运用基本的语言规律和逻辑规则，分析、判别语言，准确、生动、有逻辑地表达自己的认识。"据此，本文主要从逻辑思维规律、逻辑思维方法和逻辑思维形式三个方面，落实在阅读教学中培养形式逻辑思维和辩证逻辑思维的主要任务。

一、掌握逻辑思维规律

思维规律，亦称为思维法则，是人类在长期认识客观事物的过程中对思维过程的总结。无论形式逻辑还是辩证逻辑，都有着自身应遵循的思维规律。学生在阅读理解或认识事物的过程中，只有遵循逻辑思维规律，思维过程和思维结果才会更加的正确、清晰、合理和规范；若违反逻辑思维规律，则在思维过程中易出现思维矛盾、混乱和错误，导致不能正确认识事物的本质。

（一）形式逻辑思维基本规律

1.同一律

在逻辑学中，同一律的逻辑公式为"A 是 A"，表示在同一思维过程中，前后两个"A"保持一致，具有同一性和确定性的特征，不能出现"A 是 B"

或"A 是 C"的情况。也就是说，在同一思维过程中，所运用的概念，其外延和内涵需保持一致，不可夸大、缩小或随意改变原意；运用的判断和推理，在同一议论中，思想也需要前后一致，保持同一性。在运用逻辑思维方法阅读理解或认识事物时，遵守同一律，是正确认识概念、合理判断、正确推理的前提和必要条件，否则易出现偷换概念、游离主题、思维混乱、前后不一致的问题。同一律在阅读教学中的基本任务，具体展示如下：

（1）指导学生准确把握文中概念的内涵和外延，避免出现对文中概念理解错误或前后不一致的现象。当文中出现新的概念时，运用科学的方法指导学生准确把握该概念的外延和内涵，这是帮助学生正确理解文章的重要前提。

（2）通过阅读指导学生写作，让学生能语言明确、意义确定、准确表达文章的主要内容；在论证过程中主题突出，推理具有同一性，防止形成偷换概念、转移论题、思维混乱等逻辑问题。

（3）教师教学要牢牢把握教学中心，"一课一得"，教学重难点明确。试以《中国建筑的特征》中的一段文字为例，看看作者是如何遵循同一律的：

"它们之所以都是中国建筑，具有共同的中国建筑的特性和特色，就是因为它们都用中国建筑的'词汇'，遵循着中国建筑的'文法'所组织起来的。运用这'文法'的规则，为了不同的需要，可以用极不相同的'词汇'构成极不相同的体形，表达极不相同的情感。"

文中，反复出现了"词汇"和"文法"两个词语。纵观全文，这两个词语也反复出现。深入理解课文，发现无论出现在何处，它们都是指世世代代劳动人民在建筑活动实践经验中总结出的建筑应遵守的规则和惯例，是劳动人民智慧的结晶。在这篇议论文中，作者正是在遵循同一律的前提下，提出两个含义明确且一致的概念"词汇"和"文法"，并通过对这两个概念的准确表达，进而得出"各民族的建筑之间的'可译性'的问题"。整篇文章论题明确、思路严谨、条理清晰、明白无误。

2.矛盾律

在逻辑学中，矛盾律的逻辑公式是"A 不是非 A"，表示"A"与"非 A"不能同时存在一个思维中；也就是说，在同一思维过程中，一个命题的肯定形式和否定形式不能同时是真命题，两者必有一假，必须保持前后一致，否则会造成自相矛盾的错误。如"一年一度的七夕节是千载难逢的牛郎织女相会的日子。"在这个例子的思维过程中,"一年一度的七夕节"与"七夕节是千载难逢的"形成矛盾,因为对"七夕节"是"一年一度的"和"千载难逢的"同时给予了肯定,就出现了自相矛盾的错误,也就是违反了矛盾律的原则。必须指出的是,如果不是同一思维过程中或针对同一对象的不同方面,则不能算作违反矛盾律。

矛盾律在阅读教学中的基本任务:一是运用矛盾律分析文本,二是指导学生避免出现自相矛盾的逻辑问题。

在阅读教学中,矛盾律对帮助学生理解文本有指导作用。例如,可以运用矛盾律把握文章主题、体会人物性格、品味文章语言魅力等。在契诃夫的短篇小说《变色龙》中,警官奥楚蔑洛夫对狗的态度引起了读者的注意,从认为这是一条"疯狗"—"名贵的狗"—"野狗"—"怪伶俐的小狗"—"下贱胚子"—"娇贵的动物",梳理奥楚蔑洛夫对狗的态度,发现他的态度是自相矛盾的,一会儿说狗好,对其卑躬屈膝;一会儿又谩骂,声色俱厉,而作者正是运用矛盾,来突显其走狗的反动本质和两面派的性格。因此教师在教学时,运用矛盾律,引导学生发现其中的自相矛盾,可以帮助学生进一步思考文章的深层含义。

在写作时,则应指导学生注意不能违反矛盾律,否则学生在论证观点时就会出现自相矛盾的错误。如作文写作中,有学生写道:"孟子善喻,他笔下的这个'今有无名之指,屈而不信者',正是一类以外在为重,以内在为轻之人的典例。我们应该重视内在,轻视外在,但有时外在也被很多人推崇。"在这句话中,这位学生能够理解孟子的观点,但在思考过程中,出现既否定"外在",又重视"外在"的现象,这就出现了违反矛盾律的错误。

3.排中律

逻辑学中,排中律表示在同一思维过程中,对"A"和"非A"必须做出明确的选择,不能左右不定、含糊其辞,选择了其中一个,就必须否定另一个,否则就会出现模棱两可的逻辑错误,其逻辑公式是"A或者非A"。在阅读教学中,排中律的基本任务是教师指导学生遵循排中律,运用它启发学生的思维,深入理解课文,对文章有自己明确的思考,而不是人云亦云;在写作中，更应该明确自己的观点和立意，不能面面俱到，互不得罪，否则就造成模棱两可的逻辑错误。

在阅读教学中，当面对所教知识有问题或存在争议时，教师应指导学生遵守排中律，亮出鲜明的态度，给出正确的答案，而不是这也可以，那也可以；如果这个问题教师也存在疑惑，一时难以给出正确答案，可以先不说出观点，在思考成熟后再表明态度，这对指导学生遵守排中律有很强的示范作用。运用排中律可以帮助启发学生深入思考文章内容。例如在鲁迅小说《孔乙己》的教学过程中，教师提问："孔乙己死了吗？"按照前文的思路，孔乙己应该死了，但文章结局却是"孔乙己大约的确死了"，到底是死了还是没死呢？运用排中律指导学生思考这句话中究竟蕴含了怎样的深刻含义，从而找到打开文章主旨的关键钥匙。

4.充足理由律

充足理由律的基本内容是："在论证的过程中，任何判断被确定为真时，必须有充足理由作为根据。"例如，在李白的《蜀道难》中，作者反复咏叹"蜀道之难，难于上青天"，若此判断为真，作者则需提供充足的理由加以论证，因此，作者通过神话传说：五丁开山、六龙回日，写出蜀道的险峻；通过黄鹤不得飞渡、猿猱愁于攀援，映衬人行走更加艰难；再加上"悲鸟"与"古木"环境渲染，动作、神情描写，让读者感觉蜀道之难就在眼前。因此，教学时需要指导学生分析作者对充足理由律的运用，并能自如地运用充足理由律。

（二）辩证逻辑思维基本规律

1.对立统一思维律

在辩证思维的过程中，思维存在对立的一面，也存在着统一的一面，是在对立统一中推动着思维向前发展。这就要求我们抓住思维的内在矛盾，使其相互联系、相互转化，在一定条件下使思想相互统一。在阅读教学中，对立统一思维律的基本任务：首先，要引导学生全面地看问题。思考问题不能片面，不能以偏概全，需要从多角度、多方面进行思考。其次，指导学生学会用联系的观点看问题。在辩证思维的过程中，不能孤立地看问题，而需要将矛盾的各个方面相互联系。最后，用发展的观点看问题。指导学生不能思想停滞，不仅要关注对象的稳定，也要关注事物的发展与变动。臧克家在其诗《有的人》中写道："有的人活着，他已经死了；有的人死了，他还活着。"这首诗是运用对立统一思维律的典范。为了让高中生更好地体会其中辩证的对立统一观点，教师不妨以这首诗为材料，要求学生写一篇作文，从中把握对立统一的辩证思维，真正思考生与死之间的意义，体会蕴含其中的人生价值。

2.量变质变思维律

量变质变思维律是指量的积累达到质的变化，再由质变而达到质量统一的过程。在人的认识过程中，往往会经历两个阶段的飞跃，从具象思维向抽象思维的转变，则是量的积累过程；而从抽象上升到具体的过程，则是思维上升到质的开始，思维的发展并不是到此结束，还会向质量统一的方向转变，这是思维在认识上向更高层次的进阶。人类认识事物从抽象上升到具体的过程，就是从量变到质变的过程。在阅读教学中，量变质变思维律的基本任务主要有二：一是懂得量的积累的重要性。发生质的改变，并且继续发展，达到质量的统一，都离不开最初量的积累，因此在教学中要让学生认识到量积累的重要性。在荀子的《劝学》中，从"博学""日参省"到"知明""行无过"，就是量的积累到达质变的过程。二是培养学生思维的灵活性。人类的思维不是一成不变的，在阅读教学中，思维会从量的积累向质的转变，需要思维的灵活，而不是停滞不前。

3.否定之否定思维律

在认识事物的过程中，否定之否定思维律经历了三次思维的转变：首先是肯定认识。在刚接触这个事物时，给予最初的肯定认识，是表面浅层次的认识，未能认识到事物的本质。其次是否定认识。在之前肯定认识的基础上，发现了事物内在的许多矛盾，提出了对肯定认识的辩证否定。最后，在之前否定的基础上再否定。此时，对事物的认识，已经向更深层次转变。这种认识使肯定认识和否定认识走向综合，向更高阶段飞跃。在阅读教学中，否定之否定思维律的基本任务是：首先，了解辩证的否定。在阅读文本时，不能盲目"肯定"或"否定"，而应该从历史的角度辩证地认识事物，提出辩证的否定观，才会更好地深化对事物的认识。其次，能自觉地、灵活地运用否定之否定的思维。在辩证思维中，思维不能仅停留在对与错中，对事物的认识应该从抽象向具体发展，自觉地、灵活地运用否定之否定的思维，辩证地思考，杜绝"思想绝对化"的逻辑错误。

二、学习逻辑思维方法

在认识事物的过程中，不仅需要遵守逻辑思维规律，还需学习运用逻辑思维方法，在正确的思维方法的帮助下，更加理性正确地认识事物。在逻辑思维活动过程中，有分析、综合、概括、比较、分类、辩证地分析和综合等思维方法，这些思维方法是形成思维形式的途径和手段。

（一）形式逻辑思维方法

1.分析和综合

分析和综合是助力人类在对事物的认识过程中，思维从具象到抽象转变的最基本的方法，也被称为抽象的分析和综合思维方法。抽象的分析，就是将整体的事物有逻辑地分解为各个部分，从该事物的特点、因素出发，逐一考察和认识的过程，其作用在于能够将个体之间的共同属性分解出来；抽象的综合，在分析的基础上，将事物的特点、因素中共同的属性部分整合起来，并能与其他事物相区别的思维过程。在分析的基础上综合，在综合的基础上分析，分析与综合两者密不可分，是形式逻辑思维方法中最重要、最基本的思维方法。在阅读教学中，离不开分析和综合，其基本任务是：

首先，能自觉地运用分析和综合的思维方法。文本的理解离不开对文本的分析，分析之后如何进行综合，是教师指导的关键，学生易出现罗列问题的现象，这是对综合的错误理解，是分析不到位产生的。

其次，会从事物内在联系上来分析和综合。事物是普遍联系的，对文本的深入认识应联系文本的各个方面，分析文章的思路、线索、结构、语言、论证方法、思想内容等各个方面，综合各个方面的内容，全面认识文本。以议论文为例，重在对文本论点、论据和论证的分析和综合。先分析文中的论点，分析其表现形式如何，是直接给出还是需要进行归纳、总结，之后分析论据的类型，再分析如何进行论证，指明论点和论据之间的相互联系。

最后，学会以"整体—部分—整体"为核心的分析和综合的阅读方法。课文的分析从整体出发，进而深入分析各个部分，再对文章进行综合理解，将各个方面融会一体，获得对文本更加深刻的整体认识。

2.抽象和概括

在认识事物发展的思维过程中，抽象和概括的思维方法两者相辅相成，抽象是概括的前提，概括是抽象的具体化。抽象是在比较和分析的基础上，将从具象的事物中抽取出本质的内容。因此培养学生的抽象能力，就是要培养学生能够在感性的认识基础上抽取出事物的本质特征，向理性认识飞跃；概括则是将本质的内容联合起来分析、认识的过程，培养学生的概括能力需在抽象能力的基础上，对本质属性有个别推及一般。通过抽象与概括的思维方法，人的认识从具象的感性层面上升到理性的抽象阶段。在阅读教学中，抽象和概括的具体任务是：

首先，学会抽取本质特征。在文章中，信息繁多，如何区分和识别并从中抽取本质属性是抽象的具体要求。只有抽取出本质属性，才能将共同的属性概括出来。在荀子的《大天而思之，孰与物畜而制之》中了解各段的大意是深入理解主旨的关键，教师应该先指导学生抽象出事物的本质特征，为之后的概括打下基础。

其次，学会利用关键词句、文章结构、背景、文体特点等要素进行概括。概括能力是高考常考的项目，也是思维培养重要方面，学会概括，是认识上升为理性阶段的重要标志。在阅读教学中，学会利用文章的各个方面进行训练，如，概括段意、拟小标题、加中心句等方法，是培养概括能力的良好途径。

3.比较和分类

比较，是指在思维过程中对比不同事物的特点，找出其中的相同与不同；而分类则是将同一种特点归为一类的思维过程。在生活中，处处存在着比较和分类。在阅读教学中，培养学生比较和分类能力的基本任务是：

首先，能将文章内容进行比较和分类。在阅读教学中，比较和分类能力的培养是帮助学生掌握文章内容的重要方法，如在《林教头风雪山神庙》中，一句"那雪正下得紧"，就突出了雪之大，为了帮助学生理解"紧"字的妙处，就可将其改为"那雪正下得大"来进行比较，在比较中体会作者语言的妙用。

其次，能从形式方面进行比较和分类。在阅读教学中，语言形式、文体形式等的教学是一大难点，通过比较和分类的思维方法，能更容易解决这类问题。如，对复句的理解，则可将单句和复句进行比较；而对于文言语法学习，可通过分类，将相同的语法形式归类。

最后，掌握比较和分类的方法。比较和分类一般有横向和纵向的比较和分类的方法，阅读文本时学生要能够自如地运用这些方法进行比较和分类。

（二）辩证逻辑思维方法

辩证逻辑思维基本方法包括辩证的分析和综合、逻辑和历史相统一的方法和从抽象上升到具体的方法。在这三种基本方法中，辩证分析和综合是最根本的方法，所以本文重点放在这方面。

辩证地分析和综合是人的认识从抽象上升到具体过程中的分析和综合，是抽象的分析和综合的深化。辩证地分析和综合与抽象的分析和综合两者既有联系，也有区别。两者的区别是：

（1）辩证地分析和综合具有内在统一性。在辩证地分析和综合思维中，辩证地分析即是辩证的综合，而辩证地综合也是辩证地分析，两者具有内在统一性。而抽象的分析和综合，则是在分析的基础上进行综合，两者相互分离。

（2）辩证地分析和综合具有同时性。在辩证地分析和综合的过程中，进行辩证分析的同时也就是辩证综合的过程，而进行辩证综合的同时也是辩证分析的过程；抽象的分析和综合缺乏同时性，是属于前后相继完成的。辩证地分析和综合更加注重对事物认识的全面性，但两者在思维过程中也会交互使用。

在阅读教学中，辩证地分析和综合的基本任务为：

首先，学会将感性的整体分析形成抽象的理性思考。在语文阅读教学中，常会对文中人物形象进行分析，而在整体读完作品时，对人物形象的理解还处于模糊的感性状态，此时需要采用辩证分析和综合的方法，通过文中人物的语言、动作、情节变化等要素全面分析人物形象。

其次，学会从抽象的理性思考中找出基本线索的内在联系。在形成抽象的理性思考之后，要达到辩证的综合，还需要进一步将形成的抽象结论进行分析，找出其中最本质的内在联系。依旧以人物形象为例，在鲁迅的《阿Q正传》中分析出阿Q存在"想革命"和"未觉悟"两个方面的性格特征，进而综合出导致这两个方面内在联系的基本线索是社会阶级的迫害和封建思想的影响。

（三）培养逻辑思维形式

人类在认识事物的过程中，在逻辑思维规则的指导下，运用逻辑思维方法来加工认识材料，培养形成逻辑思维形式，概念、判断和推理是基本的形式逻辑思维形式，抽象概念、抽象判断和抽象推理是基本的辩证逻辑思维形式。

1.形式逻辑思维形式

（1）概念

在逻辑学中，概念是反映事物本质属性的思维形式。概念具有内涵和外延两个基本的逻辑特征，反映出概念的含义和全部对象。此外，概念与概念之间依据外延的广度存在着不同的关系。正因为概念反映事物的本质属性，所以学生对概念的认识水平受学生对事物本质属性认识水平的限制。因此，需要提升学生的对事物的本质属性的认识能力，使学生的概念能力逐步丰富化、系统化和深刻化。在准确把握概念之前，需明确概念之间的关系，概念之间有"全同关系、包含关系、交叉关系和全异关系"四种关系。

在阅读教学中，概念能力培养的基本任务为：

首先，结合词语教学学习明确概念的内涵和外延。在文章中会不断出现新的概念，教师应该指导学生掌握新词的内涵和外延，正确使用新的概念。在写作中，需要对概念进行解释，也需要教师通过内涵和外延来加以阐明。因此，概念的内涵和外延的学习可以与词语教学相联系，学习新词概念的内涵和外延。

其次，掌握明确概念的方法。学生在成长的过程中，受认知水平的影响，对事物本质属性的认识水平有限，教师可指导相关方法，帮助学生从感性材料中抽取出反映事物本质属性的内容，如，下定义、举例、特征说明等。

（2）判断

在逻辑学中，判断是对事物是否具有某种属性而进行断定的抽象思维形式。判断不是独立的，它与概念和推理密不可分，只有在正确理解概念、正确推理的基础上，才能进行正确的判断。在语文教学中，判断与句子密不分，在句子种类中就有判断句的形式；而对于文章的理解，也常常运用判断题的方式进行考核，对文中某种属性进行断定；此外，在进行判断的过程中，常常会犯自相矛盾、主客颠倒、两面对一面的错误。在阅读教学中，指导学生形成正确的逻辑判断能力的基本任务是：

第一，加强训练，提高判断的能力。检查阅读效果的常用方式是进行判断的考查，为提升判断的能力，加强训练是不可缺少的途径。如，学习了《陈情表》，对"表"的概念有一定的了解，此时将《史记》内容中的"十表"中的"表"与之进行比较判断，判断其中的不同。

第二，结合句子（单句和复句）教学，掌握句子结构，能恰当运用简单判断（直言判断）、复合判断（联言、假言和选言）来表达思想内容。

（3）推理

推理是在已有判断的基础上，推出新的判断的抽象思维形式。推理有两种基本形式即从个别到特殊再到一般的归纳推理和从一般到特殊再到个别的演绎推理。在阅读教学中，归纳推理、演绎推理的运用是学习的最好例子，推理能力培养的基本任务为：以文本为例，学习归纳推理、演绎推理和类比推理，并能灵活运用这些推理能力来论证自己的观点。

本文研究的归纳推理主要指传统归纳推理，也就是简单枚举推理，将文中所列的内容进行完全归纳，从个别向一般推理。以议论文为例，议论文论证逻辑性强，时而运用归纳推理，时而演绎推理，或二者兼而有之，是学习的范例。例如，在司马迁的《报任安书》中："盖文王拘而演《周易》；仲尼厄而作《春秋》；屈原放逐，乃赋《离骚》；左丘失明，厥有《国语》；孙子膑脚，《兵法》修列；不韦迁蜀，世传《吕览》；韩非囚秦，《说难》《孤愤》；《诗》三百篇，大抵圣贤发愤之所为作也。此人皆意有所郁结，不得通其道，故述往事、思来者。"作者司马迁列举了八个事例作为论据，得出身处困境的人可以发愤著述而千古留名这一结论。这是运用了归纳推理的典型例子，从特殊到一般的推理形式。

演绎推理与归纳推理既有联系又有区别，演绎推理是以归纳推理概括出一般性结论为前提的，以荀子的《劝学》为例，开篇就写出一个一般性的结论，也为本文的中心论点"君子曰：学不可以已"，之后再从各个方面进行论述。从中也能发现两者的区别，归纳推理是扩展性推理，而演绎推理则为非扩展性推理。教学中应注意两者的区别与联系，结合课文培养学生的推理能力。

类比推理是根据两个或两类事物对象之间有相同或者相似的属性，然后推出它们在其他属性上也相同或者相似的思维。牛顿从苹果落地想到万有引力定律、鲁班从草割手发明了锯子等，从中可以看出类比推理具有推广性特点。

2.辩证逻辑思维形式

辩证思维形式包括具体概念、辩证判断、辩证推理等。具体概念是对概念作出的辩证地理解，如"生与死""谈梦想"就需要在概念的基础上作出辩证的理解，因而具体概念的基本任务为：培养学生能够运用辩证地分析和综合的思维方法全面地认识事物的内在联系，形成对概念的辩证理解。

而具体概念的思维形式是辩证判断的前提，辩证判断在具体概念的基础上展开，也是辩证推理之后新的结论。本文重在辩证推理能力的培养，然而，辩证推理对学生有一定的难度，学生在运用形式逻辑思维形式进行推理时，教师应指导学生运用对立统一的矛盾观点进一步分析问题。

在阅读教学中，要培养学生的辩证推理。首先，在阅读文本时，要能准确分析出文章的主要内容，把握文章中的辩证关系。在《韩非子·五蠹》"守株待兔"的故事中，耕田者最后被宋国人嘲笑，是因为他把偶然联系当作必然联系，不能准确把握规律的客观必然性。准确分析出文章的主要内容，把握文章中的辩证关系，为推理指出了正确的方向。

其次，掌握辩证归纳推理和辩证演绎推理的基本形式。辩证归纳推理，先从个别出发，进行辩证的分析和综合，在此基础上，进行概括，得出特殊性的辩证判断，再经过概括，推出一般性的结论。

第八章 语文阅读教学逻辑思维能力培养的实践策略

本章从培养逻辑思维能力的基本任务出发，从阅读教学的文本分析、教学模式设计、教学活动、阅读题训练和教学材料五个方面，探寻培养逻辑思维能力的实践策略。在此过程中，既丰富阅读教学的教学方式，提高阅读教学的效率，又让学生在有趣味的阅读教学中提升逻辑思维能力，使逻辑思维能力培养更具计划性、目的性和科学性。

第一节 阅读教学中梯度化培养逻辑思维的方法与形式

如前所述，逻辑思维分为形式逻辑思维和辩证逻辑思维，人的认识从形式逻辑思维上升到辩证逻辑思维，是认识的再一次飞跃。从身心发展角度看，高中生形式逻辑思维能力已基本形成，因此教学时，需关注逻辑思维发展的梯度性，在培养形式和辩证逻辑思维的同时，侧重对学生辩证逻辑思维能力的培养。

一、从抽象分析与综合到辩证分析与综合

在形式逻辑思维方法中，包含抽象的分析与综合、概括、比较和分类等方法，其中分析与综合是形式逻辑思维中最基本的方法，在培养过程中，各种方法相互融合，互相联系。

辩证逻辑思维包括辩证的分析与综合、逻辑与历史相统一的方法和从抽象上升到具体的方法。学生在掌握了辩证逻辑思维方法的基础上，对事物的认识向思维的第二阶段飞跃，形成具体概念、辩证判断、辩证推理的辩证思维形式。在这三种基本方法中，辩证分析与综合是最根本的方法，在进行辩证分析和与综合的过程中还应该兼顾另外两种思维方法。

（一）抽象分析与综合能力的培养

1.概括段意

概括段意是阅读教学中常用的教学方法，意在训练学生用简洁的语言概括出文段的核心内容。学生在概括段意的过程中，需要将文本理性的表达通过思维抽象转变为抽象的认识，期间贯穿着分析和综合的思维过程。

在教学时，面对思辨性文本或先秦诸子散文，初让学生概括段意时，学生因分析概括能力不足，会出现无从下手或者概括不简洁之类的问题。对此，教师可指导学生运用抓住关键句、关键词，关注文体，运用由特殊到一般等方法逐步训练学生的分析综合能力。以人教版选修教材《先秦诸子选读》第二单元《仁义礼智，我固有之》为例：

这篇课文围绕同一个主题，选取了六则孟子的文段。在教学过程，整体感知阶段，教师可提出问题："如果把六则当成一篇文章，请同学们尝试概括本章的观点（不超过20个字）。"在老师的问题中，将六则文段当成一篇文章，其实已经提示学生六则选文的行文思路。此外，教师还应提醒学生要有文体意识，这是一篇议论文，必须遵循"提出问题、分析问题、解决问题"的思路行文。当然，为更好地概括出本章的观点，可以让学生从各则选段中提取关键词，如，"知皆扩而充之矣"的"充""人皆有之"的"有""君子存之"的"存"等。通过上述分析，可概括出本章的观点：

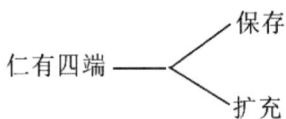

在此环节中，不仅让学生掌握了文章的脉络，还指导学生学会概括、分析和综合的思维能力，明白在概括观点时要有文体意识，学会运用文中关键词、关键句来概括。

梳理文章的行文思路，是文本教学的开端，也是综合训练学生的逻辑思维能力。

2.梳理文章的行文思路

梳理文章的行文思路，是文本教学的开端，也是综合训练学生逻辑思维能力的重要方法。学生在独立思考中，理性地分析、综合、抽象和概括出作者的行文思路，并列出思维导图，既能加深对文本内容的理解，又能起到思维训练的目的。下面将以《东海之大乐》《尊生》为例，展示阅读教学中如何通过梳理文章的行文思路来培养学生的分析和综合的逻辑思维能力。

《东海之大乐》节选自《庄子·秋水》篇，文中"秋水时至，百川灌河……以为天下之美为尽在己"这部分，是写"人的认识有局限"，为了让学生抽象、分析和概括出其中的主要内容，指导时需注意对"时"的翻译，感受大场面的描写。如何翻译"时"呢？"时"有三个常用含义：a 有时；b 应时；c 常常。在本句中，依据"径流之大"的逻辑联系，应该翻译为"常常"。庄子为了让寓言形象河伯展示出他的认识局限，运用了描写性语句"两涘渚崖之间，不辨牛马"，以表现其场面之大。河伯认为天下的盛美自己都已经领略，没有比这更美的了。因此，在感性的分析中得出理性的、抽象的概括，综合出"认识的局限"。

之后"顺流而东行，至于北海……吾长见笑于大方之家"，在此部分庄子运用"于是焉"反复这相同的句式，在强调中与河伯的前后态度形成对比，并运用"轻伯夷之义"的典故，分析出河伯已经认识到自己局限，可概括为"认识局限"。北海若运用"井鱼"和"夏虫"的形象对前文有局限的认识进行总结，并开始谈道理，提出"吾在天地之间，犹小石小木之在大山也。方存乎见少，又奚以自多"的认识境界，抽象其本质，概括为"不自满的精神"。由此可以梳理出文章的行文思路：

有局限（人的认识）—认识局限—不自满，不断提升自己

另一篇文章《尊生》节选自《庄子》中的《让王》和《人间世》，共同表达出庄子"尊生"的思想观念。教师依旧可以运用梳理文章的行文思路的方法，训练学生分析、概括的思维能力。

3.比较和分类

俄国教育家乌申斯基说:"比较是一切理解和思维的基础。我们正是通过比较来了解世界上的一切的。"比较是人的认识由感性具体上升到抽象的重要方法。在比较过程中,找出事物之间的特征,依据特征辨别其中的异同点,形成对事物的抽象认识,是特殊形态的分析和综合,也是阅读教学中联系课内外、前后文的良好方法。

在阅读教学中,可通过比较,培养学生分析和综合的逻辑思维能力。

首先是单项比较,即就某一个知识点进行横向单一比较。例如,在论证方式的学习上,《劝学》采用比喻论证的方法进行论证观点,而《师说》则采用对比论证的方法,将两篇文章进行比较学习,综合分析不同的论证方法。再如,通过比较苏轼的《石钟山记》和王安石的《游褒禅山记》分析学习叙议结合的手法。

而在单篇内部文章中,有时作者为了说明本事物,会采用比较的方式来表达观点。教师在备课时,不能错过利用文本自身的优势培养学生比较的思维方式。例如,在艾·弗罗姆《父母与孩子之间的爱》中,为了表达父母之爱的不同,就可运用比较的方式来说明,第五自然段讲述母爱的性质,第七和第八自然段说明父爱的意义,在父爱与母爱的比较中使父母之爱的特征更加明显与深刻。此外,为训练学生的比较思维能力,教师可以让学生思考"为什么文章的题目不是'父母对于孩子的爱'",在问题情境中,培养学生通过比较分析思考文章内容。

采取对比的方式,联系课内外和前后文,对事物间的异同点进行比较,分析认识事物的差异和本质。在选修课本《先秦诸子选读》中,选取了孔子、孟子、老子、荀子、庄子、墨子等诸子的文章进行整合学习。在教学过程中,学生会出现学完一课忘一课的现象,对所学内容缺乏思考。对此,教师可以指导学生回顾所学内容,对比每一位先贤的思想特征,在比较中培养学生分析与综合的逻辑思维能力。例如,在学习完孟子文章即将进入荀子篇章学习时,教师可以先带领学生对比孟子与荀子的不同点。在分析和比较中综合出以下结论:

孟子 ｛ 王道，仁政 性善论 重义轻利 　法先王 述仁义
荀子 ｛ 霸道 　　　性恶论 重义不轻利 法后王 述礼乐

孟子 ｛ 文章善用寓言
荀子 ｛ 文章逻辑严密，条理清晰，层次分明

同样，在进入新单元学习《老子》时，可采用比较分析思维方式，将《老子》与《论语》和《孟子》进行对比，从中发现：

a 从思维角度，《孟子》以情感为依据，理智，强调苦尽甘来

　　　　　　《老子》重视客观实际

b 从文体角度，《论语》语录体

　　　　　　《老子》格言集锦

c 从思想角度，《老子》先让一步再还手

　　　　　　《论语》敢为天下先

最后，对事物之间相同点进行比较。通过这种方法，可以分析和综合出事物的本质特征，例如，在庄子《无端崖之辞》中学习到"任公子"的形象，为了进一步认识"任公子"形象，教师可以补充阅读2016年全国高考诗歌鉴赏《金陵望汉江》中"今日任公子，沧浪罢钓竿"的用典，对书本和试卷中"任公子"的共同点进行比较，分析"任公子"形象的本质特征。此外，通过分类，抽取出事物的本质特征，并把具有这种本质特征的事物"合并"起来，形成区别于其他事物的特征，以此培养学生分析和综合的逻辑思维能力。在文本《父母与孩子之间的爱》中，对"母爱的优点与缺点""父爱的优点与缺点"，可以让学生在阅读课文的过程中进行分类思考，以此提高学生分析和综合的思维能力。教师在指导学生理清"人在成长过程中各个阶段的感情变化特征"时，也可采用分类的方法，利用表格形式，对不同年龄段的特征进行分析和综合，以此训练学生分析和综合的逻辑思维能力。

（二）辩证分析和综合能力的培养

辩证分析和综合能力与抽象的分析和综合能力最大的不同在于后者是分开培养的，先分析再综合，而前者则是综合的、同时的；辩证地分析即是辩证的综合，而辩证地综合也离不开辩证地分析。

1.重视抽象分析与综合的培养方式

上文提及的培养抽象分析和综合思维能力的方法，如通过概括中心、梳理行文脉络和结构、分析人物形象、列提纲、拟小标题等对文章内容分析的方法也有利于辩证分析和综合能力的培养。运用时其梯度性在于，需要辩证地分析事物的本质，全面而具体的认识事物，以分析文本形象为例：

在形式逻辑思维阶段，当学生新接触一个事物时，其认识是一种混沌的整体印象，感性认识占主要部分；但对人物形象的认识并不是到此结束，在继续认识中，会出现相互对立的情形，此时需在抽象认识的基础上，通过系统、严谨的分析，找出事物的内在联系，从而形成全面而具体的认识，上升到辩证地分析和综合阶段。

例如，《阿Q正传》中的经典形象阿Q，他发现自己的那些死对头对革命都惊恐万分时，便向往革命，认为"革命也好罢，革这伙妈妈的命，太可恶，太可恨！……便是我，也要投降革命党了"。从中分析得出一个抽象的认识，"阿Q向往革命"；同样，在其他的事件分析中，又得出另一个抽象的认识"阿Q并未觉悟"。这样，对于阿Q有关革命的认识就形成了两种相互对立的认识，对于这两种相互对立的认识，教师可以指导学生运用矛盾分析法，进一步寻找两者之间的联系，形成辩证分析。

阿Q为什么会形成既"向往革命"又"未觉悟"的矛盾性格特点呢？之间又有什么联系呢？此时，可转入思维的辩证综合过程，既要看到对立，更要看到二者之间的联系，找出其中最本质的认识。运用逻辑和历史相统一的逻辑思维方法，认识到最根本的原因是由他所处的阶级地位和社会环境决定的，被压迫的阶级地位决定了他想革命的一面；而封建统治阶级的思想又决定了他未觉悟的一面，从中可以看出这两个特点的内在统一性。"人们在认识事物完整的思维过程中，辩证地分析和综合离不开抽象的分析和综合，两者可以交互使用。

2.读、写结合

在语文教学中，阅读教学与写作密切相连，阅读是写作的基础，学生在学习文本内容的同时也是学习写作的过程。写作与思维密不可分，如，谈理想、成长、挫折等，每一个话题都需要运用逻辑思维来进行论述。因此，通

第八章 语文阅读教学逻辑思维能力培养的实践策略

过读、写结合的方法培养学生的辩证分析和综合能力，既能加深理解文本内容，又能提升学生的写作能力。

选修课本《先秦诸子选读》老子选读单元中，《有无相生》介绍了老子"有"与"无"的辩证思想，老子从世人不太看重的"无""易"及"小事"中发掘出巨大价值。然而，这与世人平常的理解存在矛盾，因为人们更在乎的是"有""难"及"大事"。也正因为此，如果仅停留在抽象的分析上，只理解文中抽象的表层含义，学生就无法很好地理解其中蕴含的辩证思想。如文中的第二则，可以概括为"车子、器皿和房屋正是其中空的部分，发挥了作用"。在概括中，学生对感性材料进行抽象分析，综合出抽象的含义，可是此时并没有真正了解文章的核心，因此，其中的辩证思想需要教师在此基础上进一步指导。

为了帮助学生理解老子"有"与"无"的思想，学习辩证分析和综合的思维方法，可以运用读、写结合的形式，引导学生独立思考。例如，先布置命题作文"无中生有"，在回顾了老子的思想后，再看"无中生有"这篇文章，思考如何写作。学生独立思考之后，教师指导：先写"有"，点出在现在思想中，人们喜欢多多益善，有占有欲；再写从"有"到"无"，如生态中的"竭泽而渔"、贪官的"身败名裂"，联系课文，找出能体现从"有"到"无"的一句话，即"自见者不明，自是者不彰，自伐者无功，自矜者不长"。主体部分是"无"到"有"，用"无"的智慧来实现"有"的价值，生活中能够感受到哪些"无"的智慧，通过小组讨论，提示可以从政治、经济、文化、艺术、军事等角度思考。最后，进行总结，重在"无"的层面。板书为：

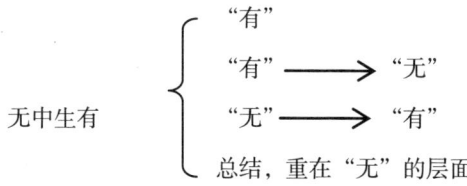

思考和指导学生写作的过程，正是带领学生学习辩证分析和综合的思维过程。学生在此过程中积极思考生活中"无"的智慧，打开思路后，发现钢琴的休止符、断臂的维纳斯、武则天的无字碑、空城计，等等，都蕴含了"无"

的智慧。在辩证分析了"有"与"无"的智慧后，再进入文本去感受老子笔下是如何阐述"无"的智慧的。这时，学生会更容易进入文本，辩证分析出文中"强大处下，柔弱处上"等相反或相对的概念，体会老子跳脱传统思维定势的朴素辩证思想。

二、从抽象概念到具体概念

概念是反映事物本质属性的思维形式，学生对概念的理解水平总是与他们对事物本质属性的认识程度相联系。也就是说，只有当学生能够运用分析、综合、抽象、概括等逻辑思维方法来认识事物本质属性的时候，对概念的内涵和外延的理解才能达到相应的水平。而具体概念是在抽象概念的基础上产生的，是抽象概念的深化和发展。在此过程中，随着感性材料和理论材料不断丰富，学生将学会对概念作辩证的分析和综合，使思维逐渐由抽象逐渐向具体转变。因此，抽象概念向具体概念的梯度化进行培养关键在于对确定的抽象概念进行辩证的分析和综合，形成辩证的理解和阐释。

（一）抽象概念的培养

吴格明在《逻辑思维与语文教学》中提出："明确概念的一般方法有定义、划分、概括、限制。"这对明确概念的内涵和外延提供了科学的方法，在此基础上，笔者联系阅读教学，提出以下策略来培养学生对概念的理解能力。

1.与词语教学相结合

在阅读教学时，文中会出现抽象的词语，教师可将词语教学与概念的培养有机结合，创造条件，促进对概念的能力培养。具体而言，可以运用相似词比较、提问、设置情境、联系生活实际、练习题训练、联系上下文等方法来训练学生理解抽象概念的能力。

在朱自清的《荷塘月色》中，景物描写蕴含着作者的思想感情，因此正确理解描摹景物的关键词语十分重要，如"幽僻""蓊蓊郁郁""寂寞""阴森森"等。初读文章，学生对这些词语仅有感性的认识，而准确的把握词语的内涵和外延，正确理解这些概念，无疑能帮助学生由感性认识上升到抽象的认识，因此可以运用设置情境、联系上下文或利用相似词替换理解的方法带领学生感受环境的寂寥，夜晚气氛的浓重和恐怖。在《林教头风雪山神庙》

中对人物形象的分析,可以通过分析文中语言进行切入,如,"当林冲离开草料场时,'盖'了火炭,'反拽'上门,'锁'了。"从这些动词中可以分析出林冲细心谨慎的性格。

2.结合作文教学明确概念

概念认识的基本要求是要做到概念明确,明确概念的内涵和外延。学生在写作文时,不仅要对自身使用的概念明确,而且还要明确材料中的概念,因此在培养抽象概念这一思维能力时,可结合作文教学,让学生逐步掌握下定义、名词解释、举例子等明确概念的方法,以便揭示事物的本质。

在实际操作过程中,学生会出现扩大概念、概念没有限制、概念空洞、偷换概念等问题。教师需帮助学生在下定义时,逐渐明确概念的内涵和外延,过滤掉那些形象的、非本质的成分。例如,在学习孟子的文章时,可拓展延伸孟子选文,作为作文材料,训练学生分析、判断等思维能力。材料如下:

孟子曰:"今有无名之指,屈而不信,非疾痛害事也。如有能信之者,则不远秦、楚之路,为指之不若人也。指不若人,则知恶之;心不若人,则不知恶;此之谓不知类也。"

在疏通文意之后,学生需对材料中"指"和"心不若人"的概念进行明确,才能围绕中心行文。对于材料中的这两个概念,对其下定义时,可联系上下文,明确"指"是指外在,外貌不如人,而"心不若人"则指内在不如人。明确了这两个概念后,限制了概念的外延,明确为人的外在和内在,就能避免概念大而空等问题的出现。

以上事例说明,在阅读教学中结合作文教学,利用作文教学的特点,可以不断培养学生明确概念的思维能力。

(二)具体概念的培养

相对于抽象概念,具体概念更加的灵活,能够对概念做出辩证的理解和阐释,教会学生辩证地看问题。因此阅读教学时,除了抽象概念的培养方法,还可以添加阐释性练习和论证的片段练习,学习运用辩证思维进行辩证阐释。

首先,丰富学生的理论材料,进行阐释性练习。在抽象概念的基础上完成具体概念,需要丰富的理论材料作为依据。以阐释"内在与外在"具体概念为例，唯物辩证法认为，内因是事物变化发展的根据和第一位原因，是矛盾的主要方面，因此必须重视内在，明白内在的重要性。此外，还可结合阅读教学的需要，进行阐释性练习。如：在学习《信条》这篇文章时，学生需要理解"信条"这一概念，教师可设置问题：作者在文中写出了他对"信条"的理解，你如何理解"信条"这一概念？你的基本观点是什么。

其次，结合辩证的分析和综合，进行论证的片段练习。在课文中，有些议论文便是对概念的具体阐释，而在教学的过程中，教师可以运用辩证分析和综合的方法来指导学生形成具体概念，如吴晗的《谈骨气》、林庚的《说"木叶"》等。其中林庚的《说"木叶"》是一篇有关诗歌鉴赏的理论文章，文章前段明确指出"木叶"就是"树叶"，然而，为什么诗歌中常以"木"入诗，在辩证地分析和综合中，找出原因，具体解释出"木"含有"落叶"和"枯黄"两大特征。同时在教学时，可以拓展阅读吴晗的《说谦虚》、邹韬奋的《呆气》等文章供学生学习，或者自拟题目如《谈理想》《自信与自负》等供学生进行论证练习，训练阐释具体概念的逻辑思维能力。

三、从抽象推理到辩证推理

在阅读教学中，梯度化培养学生推理能力十分重要。在逻辑思维当中，抽象推理和辩证推理既有联系，也有区别，无论是抽象推理还是辩证推理，其思维方向是一致的，其梯度性体现在推理的辩证性上。因此，培养过程中抽象推理重在运用文本指导学生掌握推理内容，并配以练习巩固；而辩证推理需在抽象推理的基础上，指导学生运用抽象推理形式，赋予推理过程以明确的辩证内容。

（一）抽象推理的培养

作者在行文过程中会使用不同的修辞手法，或者多种推理方法联合使用，因而文中所运用的各种推理并不是清晰可见。然而，培养推理能力，学习辨别各种推理和学习作者如何使用推理又是不可缺少的。因此在阅读教学中，教师可运用多种教学方法培养学生的抽象推理能力。

1.加强逻辑知识学习

教材中"梳理与探究"板块包含"逻辑与语文学习"章节,其中介绍了部分逻辑知识;在推理部分,主要介绍了"三段论"推理和"二难推理"。在教授推理知识时,除了上述两种推理形式外,还可补充推理的三种类型,并结合课文学习其中的推理过程。

一是归纳推理。要求学生能够从一些放映个别事实的判断出发,经过推理得出一个一般性的结论,即从特殊到一般的推理。以贾谊的《过秦论》为例,作者为以秦国破灭为教训警醒统治者,就使用了归纳推理论证。文中前4段主要叙述史实,举出秦从崛起、扩张、统一到覆灭的历史事例,从这些事例中,可以概括为"秦的崛起""秦的扩张""秦的统一"和"秦的覆灭",并由这些个别性前提,总结出一般性结论,也就是本文的中心论点,即"仁义不施而攻守之势异也"。因此,从文中的事例出发,归纳推理出作者的中心论点,得出如下推理形式。

秦之崛起　　（个别性前提）

秦之扩张　　（个别性前提）

秦之统一　　（个别性前提）

秦之覆灭　　（个别性前提）

所以,仁义不失而攻守之势异也　　（一般性结论）

在《孟子·告子下》中:"舜发于畎亩之中,傅说举于版筑之中,胶鬲举于鱼盐之中,管夷吾举于士,孙叔敖举于海,百里奚举于市。"文中列举了六人作为典型事例,从中归纳推理出一条一般性结论,那就是:人要有所成就,之前必会经历磨难,这样才能增强能力。教学时可指导学生从论据出发,归纳推理出论点内容,并在教学过程中,讲解出归纳推理的形式,为运用到写作打下基础。

二是演绎推理。教会学生从一般性结论出发,推导出一个特殊性或个别性的结论。"三段论"是演绎推理最常见的推理形式,准确运用三段论,对论证和说理有重要作用,如《晏子春秋》中:楚人以晏子短,楚人为小门于大门之侧而延晏子。晏子不入,曰:"使狗国者从狗门入,今臣使楚,不当从此门入。"就包含着"三段论":

狗国才会用狗门迎接使者，

楚国让我从狗门入，

楚国就是狗国。

除三段论之外，还有选言推理、联言推理、假言推理等演绎推理形式。

三是类比推理。根据两个事物，如事物 A 和事物 B 在某种属性上相同，推知它们在其他属性上也可能相同。在文中类比推理常以两种情况出现，一种是为了说明某种道理，寻找一个可阐述这种道理的具体事物；另一种是找寻另一事物，具有论证的事物相类似的隐含道理，进行类比。《寡人之于国也》中梁惠王认为自己是为民尽心的贤主，然而与邻国百姓数量上相比并没有增多，因此向孟子询问原因，可是孟子没有正面回答，而是使用类比推理，将"战争中逃跑五十步者与百步者"与"梁惠王与其他'不王者'"进行类比，得出其实"五十步与百步"和"梁惠王与其他'不王者'"，本质是相同的。

学习逻辑推理知识是培养逻辑思维能力的前提，只有了解基本的推理知识，才能为辩证推理打下基础。

2.采取多样化的教学方法

在阅读教学中培养学生的推理能力，除了需要补充必要的推理知识之外，教师的指导必不可少，教学过程中，可采取多种恰当的教学方法，吸引学生兴趣，不断思考，如，合作探究、小组讨论、图表法、思维导图、片段续写等。

合作探究、小组讨论的方法，让学生在预习和思考后的基础上，互相合作，共同思考，说出自己的理解，在头脑风暴中理清推理思路。独自思考时，则可以运用思维导图的方法帮助学生理清文中的推理过程，例如，《在马克思墓前的讲话》中主要是通过"思想家"和"革命家"两个方面进行论述，而这两个重点又是紧扣第二自然段而进行阐述的。片段续写则可以在学生理解前文的基础上，训练学生归纳或演绎的推理能力。此外，还可以采用画图表的方法来培育学生的类比推理能力，在课文中，孟子的《齐桓晋文之事》、荀子的《劝学》、柳宗元的《捕蛇者说》和《种树郭橐驼传》、鲁迅的《拿来主义》等，都是学习类比推理的好文章，可以尝试运用画图表的方式显示出来。

通过画图表将类比推理直观地展现出来，找出类比的相似处，让学生更直观地了解文中是如何使用类比推理的，这对理解和推理能力的培养都有促进作用。

（二）辩证推理的培养

辩证推理对中学生来讲，重要的是掌握好辩证归纳推理和辩证演绎推理两种基本形式。教学生学习辩证归纳推理和辩证演绎推理，既要让他们遵守抽象归纳推理和抽象演绎推理的一般规则，又要注意符合辩证归纳推理和辩证演绎推理的基本要求，即在推理过程中遵循辩证思维的基本规律，特别是对立统一的思维规律。

辩证归纳推理，是从一个或若干个个别事物具有的某种辩证矛盾出发，推出整类事物也有某一辩证矛盾的推理。教学生掌握辩证归纳推理方法，首先要让他们能够对个别的事实进行辩证分析和综合，形成辩证的前提；在此基础上，再通过概括的方法，由个别推出一般性的结论。辩证演绎推理，则是从一类事物都具有某个一般性的辩证矛盾的前提出发，进而推出某个具体事物也有这种一般性辩证矛盾的结论。辩证演绎推理中思维运动的方向与辩证归纳推理相反，它是由一般到个别，由抽象到具体。教学生进而掌握辩证演绎推理方法，首先要让他们能够从所要解决的问题出发，确定一个能够解决这个问题的一般性前提；然后再经过推理，得出一个个别性的结论。在培养学生辩证推理能力时，可结合文本采用读、写结合的方式进行。

在韩非子《郑人有且买履者》的第四部分中，作者列举了"郑武公伐胡"和"宋富人疑邻人之父"两个例子，运用归纳推理，得出了"处之则难也"的论断。如果仅停留在抽象推理层面，显然不利于学生思维的进一步发展。因此，在教这部分内容时，需再以"宋富人疑邻人之父"为材料进行思维片段训练：教师给出开头，要求在10分钟之内，学生接着写出二百至三百字的推理过程，阐述自己的思考，然后教师带领学生从正反两面梳理适合论证的典型事例。

第二节　建构培养逻辑思维能力的教学模式

这一节主要是针对分析、综合、抽象、概括、比较、辩证地分析和综合等逻辑思维方法，以思辨性较强的说理文章或应用性较强的文本为例，总结其他教师的教学实践，尝试建构重视逻辑思维方法的教学内容和教学模式；每一种教学模式都分为局部知识点教学和整体课堂教学两部分加以叙述。

一、归纳教学模式

归纳教学模式需要教师向学生提供材料进行观察，这些材料是学生分析、概括和推理的基础；学生须主动思考和分析，得出自己观察的结论。在这个过程中，学生会获得成就感，既提高了学习的主动性和兴趣，又培养了逻辑思维能力。

（一）知识点教学

1.知识点教学步骤

（1）呈现样例并进行观察

呈现所教知识的样例，并鼓励学生进行仔细观察。此时，学生观察到的内容不一定与教学知识相关，教师需要加以引导，引导学生寻找例子之间的共同特征。例如，学习"通感"这个修辞手法，教师列举出哪些运用了通感的句子，并引导学生进行观察。

（2）分析概括

学生在观察例子之间的共同特征时也就是培养学生分析能力的过程，可运用小组讨论的方式进行分析，并对得出的分析结果加以概括。此时，学生可能会得出错误的假设，教师应增加举例，推翻不正确的结论；如果学生的结论正确，也可能存在着不精练、不深刻或与别的知识点混淆的现象，教师有必要进行第一阶段的总结，加深认识。

（3）补充举例

在此环节，教师补充举例加强学生对知识概念的进一步巩固和理解，要求学生分析新例子是否符合原理。这个过程中可纠正可能存在的错误理解，也可以训练学生自己举例，拓展思维能力。例如，学习"通感"时，进一步补充稍有难度的古文，加以分析训练：

感时花溅泪，恨别鸟惊心；

舞殿冷袖，风雨凄凄；

歌台暖响，春光荣荣。

（4）评价总结

教师需要在学生分析概括的基础上进行总结，用精练、准确的语言概括出知识的概念，让学生的认识更加深刻和精确。评价应多关注学生的分析、概括和推理能力，可结合书本，找寻课文中运用了该项知识的地方，分析原理，再对学生学习效果进行评价。

（二）整体课堂教学

1.主要教学环节

2.课堂教学环节展示

（1）从标题入手整体上把握文章的主旨与观点。

　　①作比较（在对比中了解学生学习的起点）
　　②释文题（理解标题，把握文章主旨，为开启文章的钥匙）

（2）运用概括的方法对课文的段落作细致的分析与观点的提炼

　　①朗读课文（以此作为课文过渡的方法）。
　　②观点概括（"材料"呈现，概括观点）
　　③文段学习（抓住重点词语、语句分析）
　　④再朗读关键的章段

（3）回到整体上来归纳总结，联系写作。

　　①总结写作特点
　　②归纳文章主题思想
　　③作业布置

3.教学过程片段展示

（1）课文背景分析

《大天而思之，孰与物畜而制之》是《先秦诸子选读》选修课程在教材《荀子》选读中的课文。这篇课文选取了荀子《天论》中的部分选段，文中作者运用了大量的排比，文章气势磅礴、层次明晰、论证缜密、具有感染力。

（2）评析与启示

在此教学片段中，老师利用荀子文章句式结构整齐，条理清晰，层次分明的特点，采用了归纳教学模式，训练学生概括、比较、分析等逻辑思维能力。然而，教师给出的"材料"不是课外的，而是直接将文段作为材料，让学生对文段进行分析，概括出文段观点，之后再将各段观点作为"材料"，对文章主旨进行深入揭示，加深学生的理解。

二、演绎教学模式

演绎教学模式与归纳教学模式做法相反，需要先呈现要学的知识原理和概念，然后再举出例子让学生进行分析和概括，帮助学生理解。

（一）知识点教学

1.知识点教学步骤

（1）呈现教学知识概念与原理

对于所学的知识，先将其概念或原理呈现给学生，让学生通过抽象的语言进行分析和理解，并在教师的指导和讲解下，得出自己思考的结果。以学习判断句为例，先将判断句的概念呈现给学生，进行分析和思考。

（2）呈现样例

呈现了知识的概念和原理，并对其进行分析和理解之后，学生对抽象的知识不一定完全掌握，运用时依旧存在困难。在此基础上，可采用呈现例子的方法帮助学生进一步理解,组织学生进行讨论。以学习判断句为例，对判断句的各种形式进行举例，教师对例子加以说明和解释，让学生更加全面直观地理解所教的原理，但是教师不需要每一个例子都进行仔细分析，而是需要指导学生不断观察，分析其中是如何体现的，将抽象的知识进行内化。

（3）学生举例

为了解学生的掌握程度，可以让学生根据所学内容，联系生活实际或以往所学，相应的举出例子，并适时鼓励学生不断积累。

（二）整体课堂教学

1.主要教学环节

2.课堂教学环节展示

（1）从整体入手把握文章的构思、层次脉络与观点。

①忆名言——唤起对以往知识的回忆

②理结构——指导学生把握文章的整体思维结构（呈现文本结构）

③提观点——通过整体思维结构，提出作者观点

④析章法——分析文章结构章法的特点

⑤引思考——在把握整体的前提下提出问题，引发思考

（2）对课文局部（重点与关键部位）作精雕细琢的点拨、讨论、评点、批注。

①朗读课文。（以此作为课文过渡的方法）

②文段学习。（抓住重点词语、语句分析）

③师生共同讨论。（教师设疑，学生小组讨论，教师点拨，答疑）

④教师指导学生把讨论意见在书上作批注。

⑤再朗读关键的章段。

（3）迁移拓展。

①迁移拓展

②作业布置

3.教学过程片段展示

（1）课文背景分析

《尊生》是选修课程教材《先秦诸子选读》中的一篇课文。这篇课文选取了庄子《让王》和《人间世》中的部分选段，提取出了庄子尊生的思想。庄子为了让人们认识到生命的价值，是如何展开论述的呢？这就需要教师指

导学生运用逻辑思维的方法,品味其中的哲学思想。

(2)教学过程片段实录

老师:请同学们说出5个有关生命的格言。

学生:文天祥《过零丁洋》:"人生自古谁无死,留取丹青照汗青"。司马迁《报任安书》:"人固有一死,或重于泰山,或轻于鸿毛"。屈原《离骚》:"亦余心之所以善兮,虽九死其犹未悔。"

学生:孟子《鱼我所欲也》:"生亦我所欲,所欲有甚于生者,故不为苟得也;死亦我所恶,所恶有甚于死者,故患有所不避也。"尼古拉·奥斯特洛夫斯基《钢铁是怎样炼成的》:"人最宝贵的是生命,生命对人来说只有一次。人的一生应当这样度过:当他回首往事时,不会因为碌碌无为,虚度年华而悔恨,也不会因为人卑劣,生活庸俗而愧疚。"

老师:那么庄子是怎么认识生命的?请同学们以"尊生"作为标题,列出它的思维导图。(学生思考,教师启发后列出思维导图)

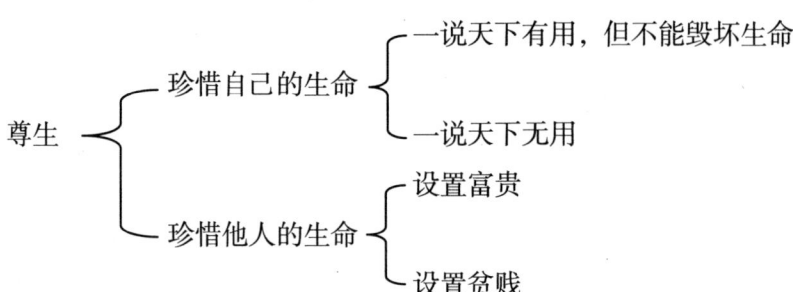

老师:庄子是如何突出"生命"价值的?学生:对比的方式,用天下和生命作比较。

老师:从中可以发现,庄子的尊生体现在两个具体的方面:一是要珍惜自己的生命,二是要珍惜他人的生命。庄子对生命的认识到此为止了吗?看看庄子对生命还有什么更高的认识,请默读第二则,找出其中的主旨句。(约10分钟)

学生:这则的主旨句为:"且也若与予也皆物也,奈何哉其相物也?"体现出生命的尊严,生命的价值,人性的关怀。

老师:这则中,它的结构特点是怎样的?请思考结构章法的特点。学生:

使用先扬后抑，先铺垫后得出自己的观点。

（3）评析与启示

先秦诸子散文对于学生来说是较为难懂的文章，原因在于文章脱离了形象的描摹，而以抽象的文字来阐明理性的思考。在此教学片段中，教师运用演绎教学模式，绘制思维导图，先让学生明确文章结构和论点，再深入文本进行分析和论证，整个片段，教学过程自然流畅，重在对学生分析、综合等逻辑思维能力的训练。教师的有意为之，极大地提升了学生的文本解读能力和逻辑思维能力。

第三节　重视训练逻辑思维能力的阅读练习

阅读练习蕴含着对学生逻辑思维能力的考查，因此，加强对阅读练习的指导，开展专项练习题训练，是培养学生逻辑思维能力的重要方法。

一、文本信息的筛选与整合

在现代文阅读中，无论是实用类文本，还是论述类文本，《考试大纲》都要求"筛选并整合文中信息""分析文章结构，归纳内容要点，概括中心意思"。这些要求正是对学生分析、综合、概括等逻辑思维能力的考查。例如，2017年全国新课标Ⅰ卷，实用类文本阅读题目"根据上述材料，概括说明中央电视台纪录频道开播初期与美国地理频道在制播运营模式方面的不同"，就要求学生正确分析归纳出内容要点，对找寻的信息进行筛选与整合。然而从答题中发现，学生对文本的信息分析不全面，将筛选与整合理解为简单地罗列，逻辑思维能力有所欠缺。因此，教师应针对学生的问题指导学生改正，科学的分析、综合和概括文本内容，训练并提高学生的逻辑思维能力。

以江西省某重点中学2017届高三下学期第一次联考，传记类文本《硬汉海明威》为例，文章题目为"'硬汉海明威'，这'硬汉精神'体现在哪些方面?请概括分析。"

此题考查了对文本重要词语的理解和分析概括能力,而要完整理解"硬汉精神"体现在哪些方面,关键在于对文本信息进行"筛选"和"归纳整合"。批改学生答题时发现,常会出现的问题为:①简单罗列,缺少整合归纳;②对文本内容理解错误,归纳不准确;③归纳不全面。因此,需要指导学生学习如何分析、筛选与概括。首先,审读题目。抓准题目中的关键词和题目要求。此题的关键词为"硬汉精神",要求是概括、分析出的原因。其次,判断范围。在读懂题目之后,通过题目能判断出答案在文中的范围是集中在几段之中,还是分散在各处。而在此题中,文章的题目为《硬汉海明威》,就此可以分析出,全篇是围绕海明威"硬汉"这一中心点来写的:

(1)14岁时,第一次训练,他被职业拳手打伤,第二天裹着纱布仍跳上拳台。

(2)一个膝盖被打碎了,身上中的炮弹片和机枪弹头多达230余块,一共做了13次手术。

(3)母亲警告他:要么找一个固定的工作,要么搬出去。海明威从家里搬了出去,因为什么也改变不了他献身于文学事业的决心。他只想做一流的、最出色的作家。

(4)在这艰难的时候他的妻子带着儿子走了。

(5)海明威始终态度鲜明地反对法西斯分子。

(6)20世纪50年代初,海明威发表了他最优秀的作品《老人与海》,"硬汉"老人有着作者自己的影子。

(7)两次从飞机失事中站起。

根据分析,筛选出以上七点都能够说明海明威是具有"硬汉精神",但如果将这七点都写出来,就没有按要求进行概括,也就是犯了"简单罗列"的错误,只有分析,没有归纳总结。因此,在此基础上,还需要进行概括综合。从上述七条内容中,合并"同类项"概括,会发现第(1)、第(2)和第(7)条是从战胜身体痛苦的角度,第(3)、第(4)和第(6)是从精神角度,第(5)是从抗击法西斯角度。最后,对概括之后的分析结果进行压缩、删减，便可得出全面的答案如下：

（1）战胜身体痛苦方面：14 岁与职业拳手的战斗；一战身中 230 多块弹片弹头；两次飞机失事。

（2）精神方面：在母亲的警告中选择搬出家里从事写作（或：文学方面，他笔下的"硬汉"众多，有作者自己的影子；文学生涯中妻儿离开）。

（3）抗击法西斯方面：参加海军打算与德舰同归于尽（或当战地记者采访中国抗日战争）。

讲授文本时理解文中重要的语句，不仅是培养学生逻辑思维能力的良好方法，也是促进文本学习的必经之路。如，孟子的《吾善养浩然之气》，其中的"浩然之气"是本文理解的重点内容，但正确理解其中的含义，需整体分析课文内容，从中概括出孟子心中"浩然之气"的真正含义，在此过程中，训练了学生的分析、综合和概括等逻辑思维能力。

二、设计专项练习题

练习题的设计题型多样，教师可以根据训练的思维内容和阅读文本材料灵活地设计题目。

（一）形式逻辑思维练习题

1.分析综合等逻辑思维方法

例 1.别的且不说罢，单是学艺上的东西，近来就先＿一批古董到巴黎去展览，但终"不知后事如何"；还有几位"大师"们＿着几张古画和新画，在欧洲各国一路的＿过去，叫作"发扬国光"。

A.运拿挂

B.运—揣走

C.送—捧挂

D.送拿走

这道单项选择题，结合课文内容训练和考查学生对课文的熟悉程度和分析、比较的思维能力。

例 2."生存还是毁灭，这是一个值得考虑的问题……失去了行动的意义。"对哈姆雷特这段独白分析不正确的一项是（　）

A.从语言上看,这段独白是一首富于揭露性和哲理性的好诗。

B.这段独白表明了哈姆雷特是个优柔寡断,缺乏斗争精神的人。

C.这段独白既流露出他的苦闷彷徨,又体现出他对现实的批判。

D.这段独白写出了他对人生的思索,有失落,有抗争。

这道单项选择题,结合课文内容,训练学生对重要文段的理解和分析能力。

例 3.阅读下面材料,概括唐代"以胖为美"的三个具体原因,每个原因不得超过10个字。

例 4.《廉颇蔺相如列传》中围绕秦赵的斗争选取了三个典型的故事,分别为"完璧归赵""渑池之会"和"负荆请罪",课文围绕这三个小故事可将文本分为四个部分,请分析课文第二至第四部分,依据空格提示,概括其中的主要事件。

要求学生理清文章的脉络,划分结构层析,并且能用简洁的语言概括文中的主要内容,因此,此类题型能培养学生分析、概括、分类等逻辑思维能力。

2.概念

概念的基本要求是明确概念的内涵和外延,要使概念明确,就需要了解事物的本质特征,掌握下定义和词义辨析的方法。对学生概念练习题的设计应循序渐进的进行,从解释单个词语的概念到词语之间的辨析,再到对抽象概念的定义,逐渐训练学生的逻辑思维能力。

例 1.解释下列词语的内涵

钢笔、商场、保温杯、奥林匹克

例 2.在下列横线处填入最恰当的一组词语(　　)

①你这么只能_____是不能交涉事情的。

②天地也!只合把清浊_____,可怎生糊突了盗跖、颜渊?

③我在黑暗之中_____着找寻那封公文。

A 意气　分辨　摸索　　　B 义气　分辨　摸索

C 意气　分辨　探索　　　D 义气　分辨　探索

例 3."五四"时期,鲁迅、胡适、周作人等人都对"平民文学"做过阐述，刘半农则用《相隔一层纸》为"平民文学"做了形象的注脚。请阅读小诗《相隔一层纸》，理解平民文学的相关特征，给"平民文学"下一个定义。

3.判断

判断的练习可以与语法训练相结合，遵循从简单判断到复合判断的梯度化训练原则。简单判断可以设计修改病句的题型加以训练。在修改病句的过程中，从词语搭配、句子结构、是否杂糅等角度进行判断；复合判断包括联言、假言和选言判断，既可以选择修改病句的题型，也可以从选择关联词的角度进行训练。

例1.改正下面句子中的错误，并说明理由。

A.房间里放着五颜六色的她从公园拾回来的花朵。

B.通过三年的学习，同学们的知识都提高了不少。

C.许多小说都是反映社会生活的。

D.向老师请假，要说明回或不回的理由。

病句中出现的问题，能够训练学生判断的能力，纠正学生的逻辑错误。

例2.为下列复句选择最恰当的一组关联词语。

母亲热爱新生儿，_____因为孩子满足了她的什么特殊的愿望，符合她的想象，_____因为这是她生的孩子。

A.不仅……而且　　B.并不是……而是

C.不但……而且　　D.不仅……也

例3.下面文段有三处推断存在问题，参照①的方式，说明另外两处问题。高考之后，我们将面临大学专业的选择问题。如果有机会，我要选择工科方面的专业，因为只有学了工科才能激发强烈的好奇心，培养探索未知事物的兴趣，而有了浓厚的兴趣，必将取得好成绩，毕业后也就一定能很好地适应社会需要。

①不是只有学了工科才能激发好奇心

②_____

③_____

在这道短文的逻辑推断题中，训练学生在找出并理解关联词的基础上，判断复句中具体的逻辑要求，判断分句之间的关系，构造出正确的推导过程。

4.推理

推理练习题的设计着重对学生归纳推理、演绎推理和类比推理进行训练,可以是客观题,也可以联系语言训练进行主观题设计。

例1.将下面一段话进行归纳和概括,使整段文字语意完整连贯,逻辑严密。所谓写作,就是向自己心中的那个美学标准靠近的一个过程。没有一个母亲能把自己的美学标准生给自己的子女,而需要自己去建。美学标准怎么建立?写是建立不了的,只能通过读,由此可见,从五六岁读《唐诗》开始,到中学、到大学,通过无穷多的作家作品,脑子里面有一百部长篇小说,_____。

例2.2017年度字词评选结果揭晓:"享""初心"分别被选为国内字、词,"智""人类命运共同体"分别被选为国际字、词。请任意选择其中两三个字词,使之成为关联,呈现出你对当今时代的认识和想法。

例3.请找出一组与之在逻辑关系上最为匹配的词。

渔樵耕读:笔墨纸砚（　）

A.吹拉弹唱:说学逗唱　　B.琴瑟琵琶:赤朱丹红

C.风霜雪雨:柴米油盐　　D.瞻前顾后:舍近求远

例4.仿照下面这首小诗（或者句子）,另写一节（或三句）,要求句式相同,修辞一致。

(二)辩证逻辑思维练习题

1.辩证分析和综合

侧重辩证分析和综合的拓展练习相对于抽象的分析和综合,其梯度性在于对事物认识的全面思考上,从正反两方面认识事物的具体核心,从而教师可以设计训练学生从正反面思考问题,全面地认识事物。例如。

在学习老子的《有无相生》时,里面蕴含"有"与"无"的辩证思想,在学习"长短相形,高下相盈,音声相和,前后相随"时,里面包含"长与短""高与下"等对立项,据此,设计拓展练习:请同学们快速想出5组相对立的论题,要求任何一组论题,必有相反的内容,如"近水楼台先得月"与"兔子不吃窝边草。"在同学们找出的对立论题中,再请你自选一组,谈谈你对它的认识。

在这道题目中，学生在找出对立论题之后，需要学生选择其中一组谈论认识，而这个过程正是训练学生辩证分析和综合的过程，让学生在对立项抽象的认识基础上，在正反的全面分析中，辩证地综合出对一组对立论题的全面认识。

2.具体概念

具体概念相对于概念的训练，其梯度性在于辩证地看问题，明确事物之间的对立与统一，把握其中的联系，因此，在设计练习时可以设计学生对词语或句子概念的阐释性理解，训练学生在对立统一中发现事物的本质。

例1.最近杭州下沙一家服务公司推出"银行代排"服务：付2元钱，就帮你排队。有些市民说，2元钱可以省2小时，值啊；还有人说，有这种服务，银行应该感到脸红。你是如何看待"银行代排"的，请从雇佣者和被雇佣者角度，阐述你的理解。

例2.有人认为："成功=名+利。"你是如何看待"成功"？请写一段话，200字左右。

3.辩证推理

辩证推理训练的目标是要求教师指导学生在抽象推理的基础上，运用对立统一的观点分析问题，对事物的认识进行辩证的分析。难点是学生缺乏对事物进行辩证分析，造成推理的片面性，因此从辩证归纳推理和辩证演绎推理角度进行练习的设计，指导学生学习辩证思考。

例1.宋人有耕田者。田中有株，兔走触株，折颈而死。因释其耒而守株，冀复得兔。兔不可复得，而身为宋国笑。

①耕者"释其耒而守株"的原因是_____。

②耕者"身为宋国笑"的原因是_____。

③这个故事告诉我们的道理是_____。

例2.挫折在一定意义上并不是一件坏事。_____。经历挫折会带来损失和伤心，但是，只有经历挫折才能更加体会到成功的喜悦和不易。

第四节　组织培养逻辑思维能力的课堂教学活动

组织课堂活动是丰富教学形式、调动课堂氛围的好方法，同时也是培养学生逻辑思维能力的好时机。在活动体验中，学生发挥主观能动性，自主活动，真切体验着思维过程，同时培养学生个性，拓宽阅读的思维空间。因此，在本节中，笔者将逻辑思维的相关形式、方法和规律与教学活动相结合，试图在阅读教学活动中找寻培养逻辑思维能力的最佳方式，以此激发学习兴趣，让学生在感性体验和理性思考中，提高逻辑思维能力。

一、开展演讲和辩论

演讲和辩论是口语交际教学的重要教学内容，是训练学生语言运用能力的有利工具，而且，语言与逻辑密不可分，运用语言的过程就是进行分析和加工的思维过程，因此，将逻辑思维的培养贯穿于演讲和辩论的活动实践中，以此作为阅读教学中活动组织培养思维能力的切入点。

（一）演讲

"演讲是当众讲话，它是一个人讲给大家听的言语交际过程。"这是一项综合性的训练，对学生的听说、思维和写作能力均有要求，也正因为此，开展演讲的活动，进行系统、长期的科学训练，对学生语文综合能力的提升非常显著。演讲者有效地表达思想时，就离不开对逻辑知识的运用，因此，就思维能力而言，实质上就是演讲者要遵循逻辑思维规律，运用分析综合、概括、分类等思维能力，做到概念明确、判断正确、推理合乎逻辑，使得演讲者思维的条理性、敏捷性和辩证批判性方面不断提升。

通过演讲来促进学生逻辑思维能力的提升，形式多样，笔者通过课前体验、课中学习并尝试和整堂课比赛的方式，逐步培养学生演讲水平。

1.课前演讲

每次语文课前，按照学号的顺序让学生依次上台进行三分钟的课前演讲，演讲内容轻松随意，不进行主题设定，可以是新闻事件及评论、课外阅读的交流、名人名言的介绍等都可以作为演讲的内容，学生依据自己的喜好而定，但必须严格规定需要全程脱稿演讲。之后，针对同学的演讲，进行自评和他评，教师再进行总结指导。学生刚进校时，有的学生表达清晰、条理清楚、自然大方；有的学生们在演讲时会出现紧张、思维不清、逻辑混乱的情况，还存在紧张，放不开的现象，强烈的对比会让学生丢失信心，因此，教师应积极鼓励，让学生在不断的实践过程中不断改进。

他评的过程亦是激发学生思考能力的方法，对台上同学的观点提出质疑时，在评论的环节会出现不同观点的碰撞，面对同学的质疑，学生们在你来我往中提升了思维的敏捷性。笔者教学期间，曾在班级组织课前演讲，覆盖到班级的每一位同学，学生自己选择想演讲的内容，逐渐从之前的胆怯，到积极踊跃地上台展示，语言表达更加流利、有条理。

每位同学的演讲过程，也是阅读的分享过程，开阔了每位学生的视野，现收录了学生课前演讲话题主题若干例，如，我最喜欢的作家及小说；读《半月谈》评论《是什么催生人性之恶》有感；东野圭吾《嫌疑人的X的献身》；谈谈清明节的由来；如何看待"舍"与"得"；生活万花筒——微信朋友圈；传统名著与网络小说；我对"生如夏花之灿烂；死如秋叶之静美"的理解等，长期的课前演讲训练，学生的观察力，搜集材料、整理、分析、归纳能力，口头表达能力得到了训练和加强，思维的条理性在活动中逐步加强。

2.课中演讲

课中演讲时针对阅读教学过程中，针对课文的内容进行演讲，并学以致用，开展小型演讲。

在教学时，除了抓主旨、理脉络、析语言、品感情之外，还可以通过朗读体会演讲辞的特点和魅力，或举行小型的演讲让学生自主撰写演讲稿，如，蔡元培的就职演讲《就任北京大学校长之演说》感情真挚、思路清晰、语言典雅、论证严谨、说理充分、热情洋溢，极富鼓动性。其中对北大青年学子提出了三点要求，这三点要求相互独立，但又都围绕他的办学方针展开，因此，在学习之后，让学生以"理想"为主题进行演讲，先撰写演讲稿，再请学生上台演讲，以此训练学生的逻辑思维能力和口头表达能力。

3.课堂演讲比赛

利用课余时间组织演讲比赛，以比赛的形式开展演讲，形式更加正规，准备更加充分，竞争更加激烈，鼓励学生勇于展现自我。演讲比赛需要学生针对主题，搜集大量的资料，灵活运用分析、归纳和概括等逻辑思维能力。此外，演讲辞的撰写必不可少，撰写演讲辞的过程同样也是展示逻辑思维能力的过程。好的演讲既需要充沛的感情，更需要条理的清晰性和论证的逻辑性。有关演讲的方法，除必修课本有所涉及之外，选修课本《演讲与辩论》更加详细地介绍了演讲的魅力。

首先，概念要明确。演讲者必须清楚地知道并理解自己演讲的主题概念，此外，还需明白演讲者所用词语的准确概念，例如，在学习选修课文《恶乎往而不可》后，举行了主题为"形美与心美"演讲比赛。为此，演讲者对"形美"和"心美"的内涵和外延，需要灵活地运用下定义、概括、限制等明确概念内涵和外延的逻辑方法。其次，判断要恰当。所谓判断恰当，就是要让听众可以接受其演讲的内容、举例、关联词等。最后，推理必须合乎逻辑。演讲者对主题的理解，论证的过程，不仅要求能正确地运用演绎推理，还要能恰当且合乎逻辑地运用归纳推理和类比推理。

在课前演讲"他评"的训练下，学生已经能够运用评价性的思维进行评判他人的演讲。在此基础上，列出细化的评价标准，就能够更加准确地帮助学生评判自己和他人在演讲过程中的优缺点。在竞争中，每位演讲者都尽力使演讲内容生动，有感染力，并且条理清晰，逻辑正确，学生的思维能力也就在不知不觉中得到不断提高。以"形美与心美"演讲比赛为例，具体流程：①抽签演讲。在规定的主题下，请同学抽签逐一进行演讲，在规则的要求下，邀请部分学生为裁判进行评分。②对话交流。演讲结束后，听众向演讲者提出问题并进行交流。③师生点评。对话辩论之后，教师和其他同学对演讲过程、答辩情况等进行点评。④修改演讲稿。演讲者根据老师和同学的点评，对演讲稿进行修正。

（二）辩论

"辩论，是彼此用一定的事实理由来阐述自己的见解，揭露对方思维矛盾，以便达成共识的一种思维方式。"辩论强调思维的辩证性、敏捷性，在阅读教学中，适时开展有针对性的课堂辩论活动，学会一分为二地看问题，对激活学生的辩证逻辑思维能力有不错的效果。辩论不同于演讲，演讲更多是独角戏，而辩论更具有对抗的特征。辩论时既要举出论据支撑自己的观点，还需要寻找相反的观点进行反驳，总结时要对自己的观点进行概括，说服听众，引起共鸣。

庄子的《秋水》篇记录了著名的庄子与惠子的辩论，在学习课文的过程中，如何理解庄子与惠子的观点，其中角度不同就会有不同的理解。我们知道庄子之所以坚持认为"出游从容"的鱼儿很快乐，其实是庄子自己愉悦心情的外化与投射。在这场辩论中庄子赢得了胜利，并且是靠曲解惠子的意思，才能在争论中维持自己的起初判断，有点诡辩的成分。但从逻辑上看，惠子是胜利者，因为他坚持了逻辑判断的规则，无论如何理解，都能让学生感受到先贤高超的辩论技术。同时，课上可以拓展《三国演义》中的"诸葛亮舌战群雄"片段，进一步让学生领略辩论的风采，理清诸葛亮的思路和运用的方法。除了在课文中感受文中人物辩论的风采外，让学生真切地参与到辩论中，更能提升学生的思维能力。阅读教材中蕴含了许多适合辩论的素材，如，钱钟书的《谈中国诗》，作者通过中西诗歌的对比，表达出对中国诗歌的热爱之情。在此基础上，教师在教学时，可以举行小型的辩论赛，激发学生的思考，如：介绍：××中学为激起学生学习经典古诗文的兴趣，试行"诗歌考级"的策略，举行以"学习古诗是否需要考级"为辩题的课堂辩论。教材中"表达与交流"部分，专门介绍了辩论的指导与实践，在学习过程中，开展辩论比赛，学以致用，如："美是客观存在还是主观感受""中学生上网的利与弊""近墨者黑与近墨者未必黑"等。

利用辩论培养学生逻辑思维能力，在指导学生辩论时，学会析"概念"，准确定"判断"，运用技法巧"推理"。例如，在辩论中，正反双方都必须对双方辩题中的关键词语进行合理的内涵和外延的定义和划分，才能准确的搜集有利于自己的材料，并找出对方的逻辑错误，如，在辩题"天然的才是真正的美"和"雕饰的才是真正的美"中，关键的两个概念为"天然"和"雕饰"，对于反方而言，一味的将"雕饰"定义为后天加工的事物时，就远不及正方未经过人工"清水出芙蓉"的自然的美，再与现实的整容相连，反方就毫无胜算可言。此时，若将"雕饰"的概念重新定义为"自然"，是将原始的自然物经过艺术家高超的艺术加工，而达到更高艺术境界的"自然"，比原始的"天然"就更具美感。因此，训练学生打开思路，拓宽概念的外延，将定义朝向自己有利的方向发展，培养学生定义概念的能力非常重要。

二、绘制思维导图

思维导图（Mind Map），又称心智图，是由英国著名的心理学家及教育学家东尼·博赞在20世纪60年代提出的一种新的思维工具。思维导图犹如神经网络，由中心向四周放射，主题位于中心，每条分支上使用一个关键词，再由关键词向外分散，各分支形成一个连接的节点结构。

在绘制过程中，学生手脑结合，对各分支进行理性判断，通过增强学生视觉感官刺激，来激发学生的内在联想能力和思维发散能力。将绘制思维导图与阅读教学相结合，为培养学生逻辑思维能力提供一种趣味性与效果并存的思维方式。绘制思维导图过程中，可将各种逻辑思维能力有机结合，不断内化。因此，运用思维导图，有利于帮助学生掌握读书技巧，养成善于思考问题和解决问题的良好读书习惯，形成良好的逻辑思维意识，实现学生全面发展。

第五节　拓展培养逻辑思维能力的课外教学资源

在阅读教学中培养学生的逻辑思维能力不能仅停留在课堂内，教师还需拓展课外教学资源，多方面地培养学生的逻辑思维能力。教师可以精选经典的思辨性文本和热点新闻评论，进行思辨性阅读，以此增强学生的逻辑思维能力。

一、指导阅读经典思辨性文本

阅读教学不应仅局限于课堂之中，需拓展课外教学材料，以拓宽学生视野,提高学生的阅读能力。但是,如何发挥课外阅读的效果,需要教师依据阅读的规律和学生的身心发展特点,恰当地选择阅读文本,在不同的学段,有的放矢地指导学生阅读,而不能仅仅推荐课外读物,放任自流。因此,在阅读教学中,可增设专门的课外阅读课,有步骤,有方法的地带领学生进行思辨性阅读。

(一)课外阅读篇目的选择

教师可从文化经典著作、小说、诗歌散文、剧本、语言文学理论著作、当代文学作品和科学与人文方面进行补充推荐。除此之外,教师也可以根据学生每个学段发展的不同和相关的学习内容,相应安排和推荐课外阅读篇目,并进行阅读指导;每个星期安排1至2节课进行交流学习,使课外阅读对学生的阅读能力和思维能力展现更显著的效果。

(二)课外阅读实施步骤

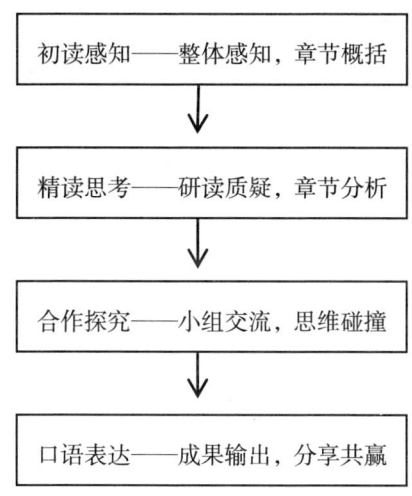

(三)课外阅读步骤实施具体方法

1.初读感知——整体感知,章节概括

在这一环节中,对于那些非章回体文本,教师可指导学生阅读时运用圈点勾画法、分类梳理法,尝试对每一章节仿造古代章回体小说的标题格式进行重新概括。这种方法会激发学生阅读的兴趣,理解文本内容,同时训练学生概括的思维能力。当然,在这个过程中,教师需要指导学生掌握圈点勾画、分类梳理和模仿概括的方法,梳理分类出文中的主要人物、情结、故事的发展，让学生真正理解文本内容。

2.精读思考——研读质疑，章节分析

在精读环节，主要运用批注法和写读书笔记的方法，分析文本的写作特点、人物性格、情节结构等。指导学生在阅读文本内容时，可以做感想式批注、疑问式批注、赏析式批注、续写式批注等，让学生带着思考阅读，敢于质疑，敢于写出自己的想法。此外，在阅读时需要学生做读书笔记，对文章出处、作者、背景进行介绍；对好词好句进行积累；对文章写作特点、人物形象、故事情节进行分析；对读后心得体会进行撰写，让学生真正深入研读，精读思考，从而促进阅读能力和逻辑思维能力的逐步形成。

3.合作探究——小组交流，思维碰撞

每个星期利用1至2节课进行阅读交流，以小组合作交流的方式进行两方面的训练。首先，针对学生自己阅读中产生的疑问，组织小组合作探究，共同思考，让思维碰撞。其次，教师针对所阅读的著作，安排活动，以小组的形式完成，并以比赛的形式增加学生的积极性。或者针对所阅读的著作拓展资料补充，利用网络等资源，加深对著作的理解。

4.口语表达——成果输出，分享共赢

阅读完之后，可以运用朗读、演讲、读书报告会、辩论等方式，既训练学生口语表达、语言组织与思维能力，又可以让学生之间分享彼此的收获，实现共赢。

二、关注热点新闻和评论

在阅读教学中，关注热点新闻，既有利于学生对新闻的学习，又能引导学生关注时事评论，激发浓厚的思辨兴趣。新闻热点犹如一则作文材料，对于社会上发生的热点事件，如何提出观点，辩证地看待问题，是培养学生阅读分析和逻辑思维能力的良好方法，因此，教师在语文阅读教学中，可联系课文，适时引入新闻热点，引发学生思考，以便养成独立思考的习惯。此外，教师还可选择思辨性较强的时事评论，丰富学生的思想，使学生的思维更加全面。

新闻热点涉及政治、经济、文化、军事、环境、科学等各个方面,既可以是身边小事、品性道德,也可以是国际问题、人类发展等。在阅读教学中,教师可依据课文内容拓展延伸有关的新闻和相关话题的评论,拓宽学生思维,提供学生更多思考的空间,养成辩证思维、全面思考问题的习惯。

第九章 写作教学与逻辑思维能力培养概述

第一节 逻辑与逻辑思维能力概念

课程目标中明确提出要培养逻辑思维和运用逻辑思维对作品进行合理分析与对比的能力,并能归纳出语言的基本规则。在阐述观点时要遵守逻辑思维的规则,做到有理可依,能判断基本的语言现象,能正确、合理、有逻辑性地表述自己的观点。虽然又一次强调了逻辑思维能力的培养,但并没有提出系统的方法来培养学生在写作教学中的逻辑思维能力。

在汉语中"逻辑"是一个外来词,它是通过音译的方法引入到汉语中的。在拉丁文、英文和德文中它分别是"logica""logic"和"logik"。而这些词都来源于古希腊文,它有语言、说明、比例、尺度等多种涵义。亚里士多德曾使用这个词来表示事物的定义或公式等。

"逻辑"虽然是个外来词汇,但是运用在平常生活中却是个多义词。一种理论或者观点可以用逻辑来描绘,如"你真是毫无逻辑"。有规律可循的事物可以用逻辑来表述,如"地球围绕太阳转是符合逻辑规律的"。生活中一些特别的逻辑技巧的运用也可以用逻辑来表示,如"他说话真有逻辑性","他的作文写得真有逻辑"。

"逻辑"的现代汉语词义为:①对客观事物的阐释,例如:"一年有四个季节,12个月。"②某种理论、观点,例如:"你说的话就必须听,这符合逻辑吗?"③某种思维的法则,例如:"你这个思想是和常理相违背的"。④有关逻辑学的课程,例如"学校要积极开展培养学生逻辑思维的课程"。

分析性是逻辑思维的一个重要特征,具有逐步发展的特点。在进行逻辑思考时,要确保每个阶段都分析清楚,才能得出正确的结论。人们对逻辑思维的理解是一种以逻辑为基础的思维技巧。

人脑对事物的理性分析就是逻辑思考,在分析开始的时候,大脑会将自己对客观事物的认识具象化,然后根据具体的东西进行推理,进而得到新的认识。精准、严谨、明了、可循环运用是逻辑思维的重要特点。

逻辑思维是人类特有的一种高层次的思考方式,通过理性的分析来显示客观事物的特性。不确定、模糊是不符合逻辑思考规则的;逻辑思维是一种清晰合理、有根据的思维,贯穿于教学的全过程;如概念、判断、推理等思维形式以及比较、分析、综合、抽象、概括等逻辑方法是逻辑思维的关键。为了让学生在写作中更好地掌握这些方法的使用技巧,教师应提升对学生逻辑思维能力的培养。

逻辑思维能力是指对事物进行严谨地分析,运用正确地推理方式进行思维的能力。即对事物进行观察、比较、分析、综合、抽象、概括、判断、推理的能力,采用科学的逻辑方法,准确而有条理地表达自己思维过程的能力。

第二节 逻辑思维与中学生写作能力

逻辑思维是写作过程中必不可少的重要助力。在构思一篇文章时,学生首先要审题立意,在确定主题后,再在脑子里搜寻相关材料,并把材料组合起来,其次就是要思考如何架构文章结构,通过写作表达来表现文章,最后再对已写好的文章进行修改,这些写作过程都是通过逻辑思维来进行的。所以,本文将从写作的不同阶段来探讨培养学生逻辑思维能力的重要性。

一、逻辑思维与审题立意、选材能力

人所共知,学生在写作时是不同于文学家的,是受限制的,是有一定的法则的,学生的写作必须遵循教师的出题旨意,写什么内容,用什么形式写

都有明确的规定，符合题意是高考作文考试大纲第一点要求。审好题、审清题是符合题意的关键。所谓审题就是正确理解题目所给出的条件、规则。

立意是一篇文章要确定的文意。立意主要包括：文章思想内涵、构思方式、写作目标等。立意与主题之间存在着差异，二者是包含与被包含的关系。文章的立意要在写作前确定。一篇文章的主题就是人们常说的文章中心思想、中心论点和基本观点。相较于立意，主题的范围更为狭窄，因为主题是包含在立意当中的。一篇文章或一部作品，其构思可以涵盖多个主题，例如一些长篇小说，只要不断深入分析，就可以发现更多、更丰富的"意"。

戴师初说："凡作文发意，第一番来者，陈言也，扫去不用；第二番来者，正语也，停止可不用；第三番来者，精意也，方可用之。"在每次准备写作和开始构思立意之前，第一，脑海中最先出现的大多都是他人使用过的材料，写作时要尽量避免使用；第二，那些在日常生活中常常出现的故事，也要尽力避免；第三，在写作过程中，要注意文意的确定。通过对笔触和思维的提炼，学生可以形成更新颖的观点，等这些都准备好后，中学生就可以提笔写文章了。

在培养逻辑思维的层面，一般可以运用以下几种方法：归纳法、演绎法以及辩证法。

由个别到一般进行推理的论证方式叫做归纳法。在了解了很多不同的观点或事物后，它可以总结出这些事物的共同特点，并归纳出一个一般性的结论。归纳的运用方法比较灵活，可以先讲故事，然后归纳。运用归纳法进行立意，必须要以题目所提供的事实为基础来获得到有关事物的普遍规律，学生由此也能更清楚地明确作文的主题。在构思立意时，学生应充分考虑材料中的客观事实，并对材料进行理解和分析，通过推理来获取客观事物的本质特征；在推理时，学生应注意区分个别与一般、局部与整体的界线，这样才能在文章中充分、深入地阐述自己的观点。

比如有两则这样的材料：

材料一、曾经，《士兵突击》一夜之间红遍全国，人们都记住了许三多这个人物形象，在生活中许三多有些呆头呆脑，家里经济条件不好，出来参兵一直都是他的梦想。但就是这个并不聪明的人在军队中凭着不放弃的精神，一个人独自坚守七连,成为了一名特种兵,最后许三多成功了,获得兵王之称。

材料二、杨绛,是我国杰出的文学家,她曾经说:"有些人之所以不断成长,就绝对是有一种坚持下去的力量。好读书,肯下功夫,不仅读,还做笔记。人的成长,必有原因,背后的努力与积累一定数倍于普通人。所以关键还在于自己。"

要求:请你根据对材料的理解,任选角度,写一篇文章。

在运用逻辑思维中的归纳法对材料进行全面、综合的分析后,学生会在两则材料中找到一个共同的主题:奋斗。学生可以从这一点来决定主题,并在脑中搜寻有关奋斗的素材,如果学生能够从这个角度确定文章的中心思想,那么他们的文章就不会脱离素材的中心思想。

以客观事物的共性为基础,通过推理来揭示事物的个性特征,通过这种方式产生结果或者表达某个观点的过程,就是"演绎"。运用演绎法来确定立意,就是根据特定的原理,对特定问题进行研究,从而构成文章的中心思想。例如,老师在给出了一篇题为《如何辩证地看待成功》的命题作文后,学生脑中可能会呈现出:"天地之功不可仓卒,艰难之业当累日月"这样一句话。这句话的意思是,成功并非一朝一夕之功,而是需要时间来积累的;成功中的艰难险阻是日积月累的,而眼前的困难就是成功的踏脚石,将来自然会取得成功。所以,在遇到困难时,我们要做到的是不要被困难击倒,要有一个好的心态去面对困难。在上述关于奋斗的分析中,运用的就是演绎法。需要注意的是,运用演绎法形成中心思想时,推理所依据的理论必须是正确的。例如,老师给出一篇题为《说金钱》的命题作文,有些同学会联想到彼翁的"金钱是胜利的基石"。这句话很容易将学生的立意带偏,每个人都想要钱,但是君子爱财,取之有道。金钱是否是成功的必要条件,不能绝对化。学生若不能领会其含义,那么其所选的理论就存在模糊性,这可能会使文章脱离中心思想,甚至与逻辑规律相违背。

辩证法,是看待事物运用对立统一的方法,辩证法最早起源希腊,融入中国文化中,其内涵更为广泛。

辩证法这一词汇的本来意思是口头表达的技巧,是运用逻辑思维进行论证的一种方式。它可以从不同观点中获得关于事物的认知。人们通常对一个主题会有不同的意见，运用辩证法就可以统一不同意见，从而产生新颖的观点。

朱行能在《写作思维学》中指出，运用思维的载体是写作的过程，思维要贯穿于写作的每一个环节，脱离思维的写作没有任何意义。该书从"写作的思维品质""写作的思维类型""写作的思维方式"三个角度出发，以近年来的高考作文为基础，将写作学和思维学全面系统地、有机地交叉融合起来研究。下文将对学生在写作中应该培养什么样的思维，怎么提高学生的写作思维，学生如何运用思维写出佳作进行详细阐述。

比如有这样两则材料：

材料一：在现实当中，有胆识看到自己缺点的人是真正的成功者，但是，一个人的自信往往夹杂太多的疑虑，他们会思考这是自信还是自卑，他们不畏惧自卑，也不骄傲自己的自信，他们会用自卑的心理战胜生活中的困难，实现人生的目标。其实，自信与自卑没有界限。

材料二：周国平《智慧与人品》中有一句发人深省的话："我相信，天才骨子里大都有一点自卑，成功的强者内心深处往往埋着一段屈辱的历史。"

要求：请阅读以上材料，联想自己的生活经验，表达自己的观点，以"自信与自卑的关系"为话题，写一篇文章。

在这样的材料写作中，教师应引导学生用辩证思维来立意，从事物的关系入手，就可以得出这样的结论：自卑与自信是互相依赖的，它们就像一对双胞胎，都是人所具有的特征。从事物变化的角度入手，可以得出如下结论：在一定程度上，自卑是一种很好的品德，自卑能激励人更勤奋。所以，引导学生从辩证法的角度来看，成功脱离自卑是不完整的，成功需要自卑的激励。从这一点出发，文章的立意就会更深。

通过阅读，学生可以获得大量丰富的素材，在写作中，学生可以根据题目，自觉地选取能够表达主题的材料。然而，尽管有很多的素材储备在大脑中，学生还是不知道该怎么开始写作。出现这一现象的主要原因是素材在脑中累积的比较混乱，且学生不懂所获素材的利用方法。学生确定主题后，便可对主题进行一系列逻辑分析，这个主题是什么，为什么要确定这样的主题，确定这个主题文章会怎样呈现，自己应该如何去呈现这样主题的文章。在这种逻辑分析下，学生可以自如地使用所存储的素材，素材就有了生命，文章就有了内容。

"是什么"是对文章主旨的概念澄清，它可以界定，可以用特征说明、举例、划分等，这个过程可以将意旨化虚为实，化大为小。"为什么"是一种原因思维，由果到因，就是要探究主旨的缘起，为自己的结论寻找支持。如果被激活的素材在脑海里混乱的储存，那么当想用的时候，这些素材就需要仔细选择、分析、比较，其中有与主题紧密相关的，也有毫无关联的，有必须采纳的，也有带有迷惑性的，有枯燥、空泛、腐朽的，也有意义深远的，这些素材往往与时事紧密相连，因此，学生要有意识地选取素材，谁是必须采纳的，谁是应该毫不犹豫放弃的，谁是首要的，谁是次要的，这些都要认真辨识。

根据事物对立统一的基本原则，教师在指导学生进行作文写作时，应引导学生从多个角度对材料进行分析。学生首先要意识到，素材是一个整体性系统，它们紧密联系，彼此协作。比如一些学生在写他所熟知的历史人物时，就会写廉颇，因为他们中有些人非常敬佩廉颇的直爽磊落、知错能改、英勇善战，甚至在秦王的威慑下，廉颇也能确保自己的军队不会受到任何威胁。这样的心态难免会使他们的描述出现一些偏差，廉颇虽然耿直、知错能改、英勇善战，但却因为目光短浅、心胸狭隘，险些让自己的国家陷入岌岌可危的困境。所以，学生在使用廉颇的材料时，应从正面和负面两个视角出发，对其进行全方位的分析，提升文章的内涵。

其次，就是分析客观存在的事物的显性层面，揭示事物的本质特征。

在《新湘评论》中有这样的一则材料：一个小男孩跟随母亲到商店买东西，老板让他自己拿一些零食，但是这个小男孩却没有拿，而是告诉老板，让他帮自己拿糖果。当老板问及原因时，这个小男孩的回答是，老板的手更大可以帮他拿更多的零食。从正面分析，教师可以指导学生为文章确定主题，这个男孩是智慧的。他懂得如何利用别人的优势弥补自己的缺点。但是，也可以从反面论证这个小男孩其他方面的特点。

在写作教学的过程中，教师可以根据事物的矛盾和统一原则，引导学生对材料进行分析，以此来提高学生的逻辑思维能力。比如现在社会倡导的是全面发展，家长们很早就开始重视子女的教育了，期望子女掌握更多的知识，为未来的发展打下坚实的基础，为此，很多家长都会为自己的孩子报各种各样的补习班，从这个角度来看，家长很看重自己孩子成长的，这很值得社会提倡；但从另一个角度来看，家长盲目给孩子报各种补习班会给孩子带来很大的压力，同时，家长不从孩子特长、兴趣爱好等因素上理性地选择补习班也会给家长带来较大的精神和财务压力。教师在写作教学中，要将素材分成两个方面来进行教学，这对于培养学生的逻辑思考能力是非常有用的。

综合运用以上的方法，学生在写作时就能避免所采用的素材不符合文章的中心思想，避免文章呆板，毫无新意。通过这样理性地分析素材，素材就会富有创新性，文章的主题思想就能得到充分体现。

二、逻辑思维与谋篇布局能力

谋篇布局就是对文章进行架构，是有逻辑地安排写作中的每个步骤，可以调节文章内容和形式的关系。假如文章的中心思想是文章的核心，选择的素材则是文章的重要内容体现形式，那么，对文章进行谋篇布局就是给文章搭建框架。因此，唯有认真地谋篇布局，才能把各个零散的片段组合起来，形成一篇完整的佳作。

《文章学教程》中这样的阐释："结构是训练思维力的依据。一篇文章是作者思维程序和思维成果的再现。文章结构的过程和结构的形式，从整体上，最恰当地记录了作者思维的程序和成果。因此，好的结构有助于作者思维条理化；而精研结构有助于读者思维能力的培养。"在写作教学中，学生的逻辑思维能力和谋篇布局能力关系密切，提升学生逻辑思维能力是培养学生的布局谋篇能力的关键。大多数学生在写文章的时候，脑子里都没有一个清楚的结构框架，想到什么写什么，这样会导致文章的逻辑混乱。在写作教学中，教师应注重培养学生的谋篇布局能力，合理地安排文章结构。学生在写作前应先思考行文的脉络，这样才能使文章思路清楚，有利于更好地反映出文章的内在逻辑。从微观层面来看，就是要明确用一条或数条线索来贯穿全文，清楚地阐明文章的结构，明确在写作之前采用的写作技巧，例如，安排好文章的开始和结束，文章的段落层次是怎样划分的。由此，我们可以看出，写作中的逻辑能力与谋篇布局能力有着密切的关系。

布局谋篇中通常采取因果关系的形式。世间万事皆有因果关系，写作时要了解事情的缘由和结果。学生可以根据它们之间的因果关系，将文章的内容组织起来。它的模式是"原因1剖析、原因2剖析、原因3剖析——结果"或"结果——原因1剖析、原因二剖析、原因3剖析——结论"。例如，如果给出一个"学习有益"的题目，学生可以在一开始就表明观点"学习有益"，而在主旨上，学生可以解释"学习对我们以后的人生有什么好处，如果不学会有什么后果"，最后总结："学习是我们的精神食粮，但也要会学习，因为有益的学习，才能是你成功道路上的助推力。"这是一篇比较典型的使用了因果思维方法的文章。

但是在运用这种思维时，学生应该认识到：（1）文章要完整地阐释清楚因果的必然联系，避免文章片面化倾向。（2）文章要遵循逻辑推理关系，对因果作细致的分析，明确产生因果的根本之处。（3）事物是多方面的，要考虑问题全面，可能出现一个原因多种结果，推之也是一样的。

中学生的写作能力除了与逻辑思维紧密相关，更需要与其他思维协同配合。在谋篇布局中经常还运用到对比思维和辩证思维。

对比思维是将两个不同或相似的东西或观点进行比较，以获得不同或同一事物的本质属性。事物是辩证的，就像一个硬币有两个面，我们在写作时要辨证地看事情，不要顾此薄比，同时兼顾素材正反两面的思考，是在用对比思维来写作。用这样的思维方式来谋篇布局，不但可以使文章的主旨更加饱满、深入，也可以让作者对文章内容有更好的把握，易于和读者产生感情上的共鸣。

对比思维包括：

（1）纵比思维：是指对一个事物的历史、现状，乃至未来进行的比较。对客观事物在发展的各个时期和各个阶段进行对比，理解客观事物的运行的规则，从而清晰地认识事物发展的各个阶段和趋向。其运用模式可以采用："事物在多少年前的状态—事物在多少年后的状态—对比分析—得出结论深化主题"。比如：给出命题作文——《我最喜爱的植物》，学生可以按纵比思维来架构文章"植物幼苗时期—植物缓苗时期—植物生长旺盛时期—植物年老时期"。这样架构文章比简单地陈述"植物的一天天变大,每天都在成长"要清晰明了。

（2）横比思维：通过对同类事物或同一时间段的对比,了解同类型事物的不同特性,从而使学生能更好地利用其好的特性,舍弃其坏的特性。其使用方式有：甲方的特征—乙方的特征—进行分析比较—总结规律,升华中心思想。举例来说：学生在写"快乐"的时候,有的学生会写打游戏,随着游戏等级越来越高,他也能从中获得乐趣。有的学生写在课堂上做了一道题,他不明白其中的意思,然后自己去找了一些资料,请教了老师,终于,他明白了,这是一件多么快乐的事情。如果把两种快乐进行横向比较,我们会发现,前者的快乐虚无、短暂,后者的快乐更为持久、真实,从而突出文章主旨。

（3）自比思维：通过对自己不同时期、心态、看法的比较,从而阐释某种观点的思维方法。学生可以采用以下的思维方式："从一个角度分析甲的特征—从另一个角度分析甲的特征—进行对比—阐明观点"。例如,让学生写一篇话题作文"痛苦"：小时候,人会认为每天阅读和做功课是一件很痛苦的事情;到了青年时期,在经历了很多事后,开始认为有困难无法解决,才是一种痛苦;年老后觉得,原来失去双亲才是最大的痛苦。学生将不同时期对痛苦的认识进行对比,这样的文章会更有深度,引人深思。

学生在运用对比思维架构文章时,应该注意以下几个问题：要把同类型的事物进行比较;对比的事物要有清晰的可供比较的层面;在文章中要阐释清楚进行对比的依据。

辩证思维,就是要用全面、发展和联系的观点看问题,它主要有以下几个方面：

（1）一分为二的观点："一分为二",要求我们分析问题时,既要看到它的这一面,又要看到它的另一面;既要看到它的正面,也要注意它的反面。

例如在 2011 年湖南高考佳作《把自己看淡》提到：

"把自己看轻也是一种智慧"是这篇文章中所论证的论点。文章采用了正反论证,先举例说明刘邦善于把自己放在低微的位置,他得到的是众人的忠心。再从反面举例说明生活中把自己放在高高在上的位置,结局是孤身一人。

对事物进行"一分为二"的理性分析，可以把握事物的本质属性，从而完整地认识事物的特征。

（2）联系的观点：在世界中事物之间是普遍联系的，互相依存的关系。学生在分析作文题目时，要善于联想与作文题目相联系的材料。比如，当学生写一篇话题作文"爱护动物"，教师可以指导学生从"动物与人类的关系""动物与社会的关系""动物与生态的关系"三个方面展开，这就是运用了联系的观点。

熟练掌握辩证法的基本知识、基本原理是运用辩证思维布局谋篇的关键，具体问题具体解决。

三、逻辑思维与语言表达能力

写作是一件浩大而又漫长的工程，从审题立意、选材和布局谋篇等方面进行深度剖析，作品就有了主题、有了血肉、有了构架，最后就是用语言文字来表述。用适当的文字才能准确生动地表达思想。语言的表达并不是机械的，而是要有思想的参与。吕叔湘、朱德熙的《语法修辞讲话》中曾明确说："要把我们的思想正确地表达出来，第一件事情是要讲逻辑。"可见，语言表达的基础是离不开逻辑思维的参与。

在引导学生写作时，应注重词汇选择的逻辑性，在逻辑关系中要明确词汇的特定含义，如此才能筛选最恰当的词汇。例如："教师苦口婆心地教育学生，他们既没有怨言，也没有自私的想法"，表达了教师（　　）学生成为栋梁之才，桃李满天下的（　　）。"在这个题目里，有三个词可供选择，即"盼望　愿望　希望"，"愿望"的意思是"对将来实现某种目的的期望"。"希望"的意思是"想要达成某个目标。""盼望"的意思是"急切地希望。"明白了这些词的含义，我们就可以在括号里依次填入"希望""愿望"。

有时一个概念有多重词语，也就是所谓的近义词。这样的词语的现象，可以使你的文章避免重复，更加的活泼生动。例如"今天的碌碌无为，明天的一事无成"，"这一年四季，春夏秋冬"。

在不同的语境中，一个词语会体现出多种不同的含义。如：（1）火龙果在北方是稀罕东西。（2）小敏生气地说："不让玩儿就算了，我不稀罕那个玩具。"这两句话都用了"稀罕"这个词语，但其中的具体所指是有区别的。前者指的是稀奇。后者指的是认为稀奇而喜爱。

其次，要注意句子的逻辑关系。在逻辑关系中，句式是和语意相照应的，但同样的词义也可以通过不同的句型来表示，比如"他们都去上课了"和"他们没有不去上课"，这两句话表达的是同一个意思。由此可见，不同的句型也可以代表相同的意义，比如"他走了"可以表示"他没有呆在这个地方了"，也可以表示"他死了"，所以，学生必须根据具体的语境去理解句子的真正含义。

再次，逻辑思考在修辞上的运用。修辞是使文章生动活泼的重要因素，但要记住，修辞必须建立在逻辑的基础上，忽视逻辑、违背逻辑法则是无法用好修辞的。因为一句话的表达，首先要看它的意思对不对，其次才是表达方式，句子的意思通顺与否与逻辑有关，而句子表达优美与否则与修辞有关。比如"当你站立在高山之上，放眼四处，眼前是孩子在海边嬉戏的画面"，这句话很优美，但这并不符合常理，如果是站在一座山的旁边，那么山的旁边应该也是山才对，而这句话看到的画面却是在沙滩上。

最后，消灭病句的能力。病句是大多数学生在写作时经常会出现的，令老师和学生都很头疼的是怎样去消灭这些病句，实际上病句都是逻辑出现了问题，我们可以从逻辑的层面去辨析并修改。（1）概念出错的病句，"这地方太凄凉，万人空巷。""万人空巷"是"热闹非凡"的意思，不是"萧瑟凄凉"之意，作者对"万人空巷"这个词语的含义把握不清，依据表面意思去使用这个词语，应改成"辉煌"。（2）判断出错的病句，"西红柿甜甜酸酸的，可以生吃，也可以炒熟了吃，它还具有美容的功能，这种水果我们都爱吃。"这句话是不符合逻辑规律的，"西红柿"是一种"蔬菜"，这句话却把它定义为"水果"，这是常识性的错误。这句话判断有误。（3）推理出错的病句："如果小明认真学习，就取得好成绩。"我们一读感觉是没有错的，但仔细分析后我们会发现，认真学习了后，并不一定就可以取得好的成绩，此时就不能用"如果……就"这组关联词语来表达推理的结果了。

第十章 写作教学逻辑思维能力培养的现状及原因分析

第一节 写作教学逻辑思维能力培养现状及原因分析

笔者在实习期间向抚州市临川一中、临川二中、临川十中以及抚州一中的中学师生发放了 400 份问卷调查，总共发放 400 份问卷，实际有效问卷 382 份。

从与教师的访谈和问卷中可以了解到在中学写作中逻辑思维能力培养的重要性已经显而易见了，但是在实际的教学中却是处于被忽视的地位，探求其原因主要有以下几个方面，如下表所示。

表 中学语文教师对写作教学中学生逻辑思维能力的培养的认识

中学语文教师对写作教学中学生逻辑思维能力的培养的认识	逻辑思维与中学语文写作教学不相关	逻辑思维的培养对学生的语文成绩没有帮助	中高考语文试卷中关于逻辑思维的题目几乎没有	逻辑思维的培养在中学语文写作教学中的缺失是由于教材编排上的忽视	中学语文教师在写作中对培养学生逻辑思维能力认识不足
占比	50%	83%	75%	78%	85%

如表所示，中学语文教师中有 78%的人认为，在中学语文写作教学中，逻辑思维能力的缺乏是因为课本中缺乏与逻辑知识有关的课文。中学语文教学中逻辑内容的缺失是造成中学生逻辑思维能力低下的主要原因。在中学乃

至大学时期，我们对学生逻辑思考能力的培养从来没有给予过多的关注。其根源在于，在学生接受初等教育的时候就没有注重对学生进行逻辑思考的培养。以往的语文教学大纲或语文课程标准都忽略了写作教学中的逻辑思维能力，这就导致了初等教育阶段语文写作逻辑训练的丢失。

从上表中可以看出，85%的中学语文教师在写作教学中对培养学生的逻辑思维能力的认识不足。从前面的论述中，我们可以知道我国的语文教育在教育观念上就不重视培养学生的逻辑思维能力，在这样的背景下，中学语文教师也就意识不到在写作教学中学生的逻辑思维能力。

从上表可以看出，在教学理念上，教师们并没有意识到对学生进行逻辑思维能力训练的重要性。出现这种现象，很大程度上是由于中学语文老师没有意识到，作文是培养学生逻辑思维能力的一种重要手段。中学语文教学忽视学生的逻辑思维，主要是由于我国的教学观念不够重视。随着科学技术的飞速发展，培养具有创造性的人才，培养学生的逻辑思维是当代教育发展的趋势。然而，在我国的学校教育管理体制中，却缺乏对学生进行逻辑思考培养的意识。在这样的时代背景下，中学英语教师很难认识到逻辑思维能力对学生写作的重要指导作用。

在我们的教学理念中，每个阶段的写作都与逻辑的协调发展密切相关。但现如今，教育界人士普遍认为逻辑学枯燥乏味，难以掌握，且在应试教育的大环境下，逻辑知识对考试、学习的提升效果甚微。如果把逻辑思维放进语文教学中可以极大地促进中学写作的教学，那么我国的教育理念就会更加注重逻辑思维的训练。

从与中学语文教师的访谈中，有少部分中学的语文教师在写作教学中认识到培养学生的逻辑思维能力的重要性。但是，在问及是否会把训练学生的逻辑思维能力付诸写作的过程中时，唯有小部分的语文教师表示可能在之后会考虑付诸实际的写作之中，问其原因，有以下几点：

首先，写作教学在时间上无法保证。在语文教学中，阅读教学是主要的，但对于学生来说，阅读是一件较为困难的事，这就导致了教师在阅读上的花费更多，这也是阅读教学本身性质所决定的。与此同时，在中高考指挥棒和教学进度的双重压力下，教师在写作与阅读的精力分配上更加偏向于后者。

退一步说，就算老师有足够的时间来教学生写作，想要有所提升也要经过长时间的培养，这是一个既耗时又不见效的事情。所以，在写作教学中，培养学生逻辑思维是一件非常困难的事情。通过和几位一线语文老师的交流，我发现大部分老师都觉得高三才是写作重点关注的重点关注阶段，所以写作教学时间分配就集中在高三阶段。

其次，在写作过程中培养学生逻辑思维能力，学校没有开展专门的专业培训课程。对于教师，教材是唯一能体现专家引导的实物，但是在如今的各大市场中充斥着的都是各种关于如何提高写作技巧的书籍，而关于提高学生思维甚至是逻辑思维的书籍就更是寥若晨星。从中可知，逻辑思维作为学生必须掌握的思维品质被忽略是不可避免的。而教师在写作教学中会更加重视提高学生的写作技巧也是必然的倾向。

在寻求提升学生逻辑思考的途径时，绝大多数的语文老师都是从两个方面着手：一是按照题目来进行，即按照题目的不同种类，比如命题、半命题、材料作文等；二是按照写进行，实际上就是一种常见的写作技巧，例如：立意、布局，等等。确实，它不但是培养学生逻辑思维能力的重要途径，也是提升学生思考深度和广度的好方法，就当前在中高考指挥棒下，也是一种有效的应对应试教育的方法。

然而，从学生的个人角度来看，这一方法无法从根本上解决学生缺乏逻辑思维能力的问题。我国著名文学大师叶圣陶先生曾经说过："写作能力是学生一辈子要受用的能力，是他们安身立命，求得发展的能力。"写作能力的形成并非一朝一夕之功，而是一个循序渐进的过程。中、高考的写作训练并不能使学生的逻辑能力得到提高，逻辑思维能力的提升要建立健全的逻辑能力培养机制上，比如可以在中学的各个阶段进行分层的逻辑思维能力训练，形成一种阶梯式的培养方法。

第二节　写作教学逻辑思维能力培养的写作现状及原因分析

就学生的角度来说，基于了解到逻辑思维能力在写作中的重要性时，对于想要迫切地提高自身的逻辑思维能力的心情是可想而知的，但是学生的这种愿望与实际的写作情况是有一定差距的。

以江西省抚州市 2019 届高一的一次月考考试语文试题为例：

读下面的材料，根据要求写作。（60分）

（1）君子欲讷于言而敏于行。（孔子）

（2）大言不惭，则无心为志。（朱熹）

（3）言论的花儿开的愈大，行为的果子结的愈小。（冰心）

（4）一言之辩，重于九鼎之宝；三寸之舌，强于百万之师。

（5）他，是口的巨人。他，是行的高标。（臧克家对闻一多的评价）

读了上面五个句子，你对"言"和"行"的关系有怎样的感悟与思考？请以其中的两三句为基础确定立意，写一篇文章表达你的看法。要求自选角度，明确文体，自拟标题；不要套作，不得抄袭；不少于 800 字。

抚州市临川中学的抽样调查显示，80%的同学都觉得有勇气的言行值得称赞，但也要注意言行的得体。这个题目，同学们的想法基本都是正确的。95%的同学能够在作文中表达出正确的观点，但是在写作的深度和逻辑上仍有欠缺。65%的学生在谈论"该不该言行"时，只从"言行"的角度去讨论，还是没有对"言"与"行"的关系进行全面的论述。这也说明，学生的逻辑思维还停留在对素材的解析层次上，在写文章时，既没有关注"言与行"的关系，也没有注意到"是否言行"之间的矛盾层面，更没有深入挖掘素材，所以没有表现出"该言行"和"不该言行"之间的冲突。究其根源，笔者认为，学生对于逻辑思考的理解还停留在表层，以至于不能很好地将其应用到写作中。

通过对中学作文教学中逻辑思维能力的调查发现,当前,尽管学生的逻辑思维水平有所提高,但还没有脱离机械的思维方式,这一现象产生的原因,要么是逻辑思考对学生而言比较困难,要么是由逻辑思维的本质决定的。但我们可以在培养逻辑思考的策略上进行突破。逻辑思维品质的培养和思维品质本身的培养是一样的,它要求严格的逻辑性训练和有效的运行机制。在中学校园生活中,学生的逻辑思维水平呈现阶梯状增长,在逻辑思维方面,高一学生明显高于低一年级,就个人的成长而言,逻辑思维能力会随着学习年龄的增长而增长。

那么,这就有一个问题值得探讨了:如何分阶段地让学生的逻辑思维能力能逐步提升,并能在写作中运用逻辑思维。如何为不同学段的学生制定不同的培养方案,让习惯于形象思维的初中生能过渡到会运用逻辑思维的高中生,使得学生在不同的教育阶段接受不同程度的逻辑思维能力的训练,高一学生优于初中阶段的学生,高二学生能优于高一学生,而高三的学生又能进一步提高逻辑思维能力。这就需要一个有目的、有计划地实行方案,需要一定的策略,需要花一定的时间去研究,让学生能逐步地增强自己逻辑思维能力。

下表是学生在写作时碰到的主要问题,论据不充分、论证没有逻辑性和语言匮乏是学生在写作中出现的较为常见的问题。从表中的数据和上面的例子,可以看出学生在写作中缺乏逻辑思维能力。

表 写作中的主要问题

写作中的主要问题	中心论点不明确	论据不充分	论证没有逻辑性	语言匮乏	不知道如何进行写作布局	其他
占比	28%	80%	75%	65%	52.8%	5.4%

由上表可知,75%的中学生写作时逻辑不清楚。学生在论述文章观点时没有逻辑性,说明学生逻辑思维能力较差,不懂得如何运用逻辑思维来设计文章。逻辑思维是贯穿在整个写作过程中的,且每个环节都紧密相连。在写作教学中,由于缺乏对学生逻辑思考能力的培养,致使学生在写文章时难以找到正确的论证依据,甚至连文章的结构也不清楚。

第十一章　基于逻辑思维能力培养的记叙文写作教学策略

中学语文教学以教科书为主要载体，以选文为主，选文多为文质兼美的。这不仅可以丰富学生的思想内涵，也可以作为学生的写作范文。2017 版新课标选文的次序虽有变化，但仍然按照记叙文、说明文、议论文的排序方法。然而，在实际的语文教学中，教师往往倾向于低年级主要学习记叙文，中级阶段主要学习说明文，高年级主要学习议论文。下面，笔者将根据记叙文、说明文和议论文的顺序，以教科书中的一些范文为例来谈谈写作教学策略。

记叙文是以记人、叙事、写景、状物为主，以写人物的经历和事物发展变化为主要内容的一种文体形式。记叙文的分类：从写作内容与形式看，可分为两类：短小的记叙文和详尽的记叙文。根据写作主体的不同，包括以下几种：①写作主体是人的记叙文；②写作的主体是物的记叙文；③写作的主体是景物的记叙文（即散文）；④写作的主体是事物的记叙文。一些学生也许会纳闷，为什么记叙文会与逻辑有联系，而事实上，每一篇记叙文都与逻辑性相关，比如从什么角度描述人物，如何组织叙述线索，应首先写什么，其次要写什么，哪些要集中精力，这些都要求有逻辑地介入。中学生的逻辑思维已逐渐趋于成熟，所以，中学生在写作时也会运用逻辑思维来思考问题。

第一节　在塑造人物形象中培养逻辑思维能力

对比是根据一定准则，将两个或更多有关联的东西进行比较，找出其中差异和优缺点。人物所表现出的思想品质、风貌、神态等方面在记叙文中占据了很大的比重。记叙文中描写的成功者，大都具有鲜明的性格特征。肖像描写、语言描写、动作描写、心理描写是记叙文中常见的描写方式，但在实际的叙述文写作中，学生要对所收集到的素材进行分析、对比，选择合适的素材来表现人物形象，这样的人物才具有生命力。例如《记梁任公先生的一次演讲》中作者写梁启超的外貌时选择了其特有的特征"身高不高却精致，头顶秃了，下巴宽，穿着不合身材的大褂，精神，眼中有光，睿智幽默"让我们一下就可以记住他生动、幽默、谦逊、自负的精神品质。

在事件中展现人物性格。记叙文中的人物可以通过人物描写来表现人物形象，但用真实、具体的素材来表现塑造人物形象更能凸显其个性，但一定要选取能够凸显其个性的典型事例。在写作中，如何选用合适的素材来突出人物的形象，是学生在写作中需要注意的问题。学生在筛选素材时就可以提高自己的逻辑思维能力，选择有说服力的素材，以突出角色的个性。

就拿《记梁任公先生的一次演讲》来说，作家既描写了人，又描写了事情，而且巧妙地选用恰当的具体事件，使人物的个性特点更加突出。梁启超先生的阅历很广，但作者并没有简单地罗列他的经历。作者只挑了一件貌似无关紧要的事情，那就是先生在学校演讲。这件事是具有代表性和说服力的。作者描述了他为演说所作的准备，他在开场白中的自我挖苦以及演讲中的真实情感和渊博知识。从作者的描述来看，先生幽默风趣、平易近人、学识渊博、热爱祖国的人物形象跃然纸上，使读者对梁启超的人格特质有了更深的理解。

再如《林黛玉进贾府》中作者对贾母的描写，在林黛玉初见贾母时，描写了贾母的外貌，一位白发如银的老人，当贾母见到黛玉时，她立刻把黛玉抱在怀里，并哭着叫着黛玉心肝宝贝，众人劝了好些时候，才止住了哭声，并告诉四春今天家里有贵客,不用上课了。文中对贾母的描写是比较少的,而作者单单选择这样的典型画面来写贾母,其目的就是突出贾母对林姑娘的疼惜之情。

记叙文要选择经典的材料是其一个方面,要想在记叙文中把人物写得生动真实,可以选择一些矛盾的人物,因为现实生活中的人有多方面的性格特征,可以说在现实中大部分人都只是普普通通的人,很少在性格上有太过极端的表现,但是人的贪欲和欲望会使他们内心充满了矛盾,这样的矛盾在写作时值得我们思考的,要写人物的最真实的面貌,要不文章就会显得无趣和空洞,这样的文章是吸引不了读者的。

以契诃夫的小说《装在套子里的人》为例,别里科夫是一个特殊的背景下的复杂角色。他住在一个小镇里,但那个小镇就是沙皇俄国的影子。别里科夫是沙皇统治时期的受害者,也是沙皇俄国的帮凶,是一位伪君子。他学识渊博,属于知识阶级,是俄国沙皇政权迫害民众的工具。作家擅长捕捉人物的语言、外貌、心理、行为等,从而使别里科夫塑造得丰满、逼真。别里科夫的外貌描写是"总穿雨衣,去哪里都带着雨伞"。在不断变化的社会环境下,他恐惧、憎恨,将自己隐藏在大大小小的套子里,不敢面对生活;别里科夫的性格特征就是想办法摆脱,想要从"套子"里钻出来,干涉现实,操纵别人,维护"体制",避免"糟乱"。别里科夫总是说,千万不要出错,这就是套子式的言谈。别里科夫的角色具有深远的社会意义,他是沙皇俄国时代随波逐流的知识分子,他们紧固人们的思想,阻止社会的进步,因此,会让人们感到恐惧和憎恨。他的下场是可悲的,象征着旧时代的消亡,所以也鼓励人们敢于探索新鲜的空气,促进社会进步。我们读懂了其中的矛盾,也就可以理解"别里科夫"这样的人物,他们的思想是被束缚的,是社会的黑暗面。通过这样的分析过程,学生们也学会了如何在叙述中刻画出一个矛盾的角色。

第二节　在记叙事件中培养逻辑思维能力

　　记叙文六要素：时间、地点、人物、事情的起因、经过、结果。学生在写记叙文时，想要条理清晰，就必须合理安排文章这六要素，当然，这也是一种逻辑推理的过程。倒叙就是先交代事情的结果，再交代经过和原因。所谓顺序，就是要说明经过、原因，然后说明结果。插叙就是指在故事情节的合适的位置，加入一些情节，解释一些关系，或者从侧面解释一些矛盾。补叙，又称追叙，是在写作时用简短的文字来补充先前所讲的内容。无论哪种叙述方式的选取，都必须经过作者的仔细挑选，并且要有一定的逻辑联系，否则，就会使人难以理解。

　　例如：在《囚绿记》中，郁达夫之所以爱绿色，是因为他喜爱绿色所象征的生命力和向上的精神。为何作者要囚禁绿，是因为绿藤的命运与他相同，生活在一个空间里，心理上也同样是身处牢笼，经历了人生的艰辛与残酷的现实；绿藤不仅是人生的象征，在民族危难之际，作者更赋予了其坚强、奋勇拼搏的精神，也是中华儿女的品质，这是作者写该文章的另一理由。这篇文章文笔精巧，将作者的这种情怀隐匿其中，却也令人深思。为何要释绿，是因为他对新的力量、新的时代、新的生机包含向往。为何作者又要怀绿，就是要将这种精神传承给后人，让他们在和平的岁月里，依然能保持着这种彭博的生命力和对自由的向往。这一系列的故事是连贯的，而且作者叙述的过程也是条理清晰，有头有尾。是一篇非常值得学生学习记叙文写作的优秀文本。

　　新课标中对高中生写作的要求是要表达真实情感，但是这并不意味着就不可以虚构故事，问题是该怎样虚构故事让读者觉得这是真实的表达，是完全符合生活的规律的，那么生活的逻辑就不可避免地需要被考虑了，需要联系现实生活中的逻辑来展现人物的心理和行为。

　　比如关汉卿的《窦娥冤》，为了反映元朝的黑暗，作者选取了窦娥这个悲剧角色，并进行了一系列分析推理：楚州的贫寒读书人窦天章为了入京考取功名，便将自己的小闺女窦娥卖给蔡婆婆当童养媳。窦娥20岁的时候，她的丈夫去世了，她和她的婆婆生活在一起。蔡婆婆是放高利贷的，她曾向无赖张驴儿父子讨过银子，没想到却遭到了他们的恐吓。蔡婆婆引狼入室，张驴儿逼着窦娥和他结婚，窦娥却不肯，张驴儿本来是要把蔡婆婆毒死，然后栽赃窦娥，但却阴差阳错得害死了他父亲。张驴儿甚至以此要挟窦娥，窦娥不肯就范，被送官府，官府收了贿赂，对窦娥严刑逼供，最后以蔡婆婆的性命相要挟，窦娥不得不认罪。窦娥在死前发了三个毒誓，三个都应验了。三年之后，窦天章到任楚州，为窦娥洗清冤屈。

  陈述和描写是记叙文的主要表现方式。然而，叙述一件事情，不仅要说明它的意义，还要说明它的深意，所以，在叙述的时候，一定要有一段抒情的话。在记叙文中表达情感，是指在叙述的时候，充分地渗透作者内心和情感。在记叙文中论证某一客观事实，就是将自己的看法和思想表达出来。在叙事诗中表达情绪、观点，并非盲目表达自己的感受，使人迷惑，而是要依据事件的逻辑关系来进行有效的解释。通过激发学生的逻辑思考来表达，就可以培养和提升学生的逻辑思维能力。

第十二章 基于逻辑思维能力培养的说明文写作教学策略

说明文是用来解说某一具体事物的文学体裁，说明文的语言必须严谨科学，能清楚地说明事物的本质特性。

要培养学生的逻辑思维能力，说明文是一个不可缺少的重要的训练方式。在初中阶段学生主要学习说明文写作，张会恩在《文章学教程》中提到："在初中阶段是学生思维发展的一个敏感期，是逻辑思维由从属地位转化为主导地位的转折期，是学生从经验型的逻辑思维向理论型的逻辑思维发展的开始，也是学生逐步了解对立统一的辨证思维规律的开始。"

从小学阶段学生就开始接触说明文了，说明文写作的训练可以有效地促进和提高学生的逻辑思维能力。据研究表明，中学阶段是思维发展的一个重要敏感期，也是逻辑思维转变的关键期。所以，中学说明文教学肩负着培养学生逻辑思维能力的重要任务。然而，当前一些老师和学生对说明文存在着一定程度上的疏忽，致使学生的说明文水平较低，学生逻辑思考能力的发展出现断层。

第一节　在把握事物的特征中培养逻辑思维能力

说明文中重要的作用在于把握事物的特征，特征是指人或事物在性格上所独有的内容。学生唯有理解和熟悉多种逻辑思维的方法，才能把握事物的特征。培养逻辑思维的方法主要包括以下几种：分析、综合、比较、分类、抽象、概括。

分析是将解释对象的整体性质在大脑中分解成多层次进行说明，以便于读者清楚地了解其性格特点。综合与分析是一组相应的概念，它是将解释对象各个层次上的性格特点结合起来进行的整体分析。分析与综合是相辅相成、互相关联的，在练习说明文时，学生要将分析与综合的需求结合起来，这样才能体现出事物的基本特性。比如周立明的《动物游戏之谜》，文章首先"列举动物游戏的现象。"接着写了"动物游戏的方式"以及"动物为什么游戏"作者从这三个方面进行了分析，并对其进行了总结。

在说明文中，比较是指将说明对象与同一或类似的说明对象作对比，以区分它们的内部关系，掌握描述对象本质属性的过程。正如卡尔·萨根在《宇宙的边疆》中所说的那样，"从一个星系际的优越地位上，我们可以看到无数模糊纤细的光须像海水的泡沫一样遍布在空间的浪涛上，这些光须就是星系。"通过"光"与"海洋泡沫"的对比，使我们对星系中光须的特征有了更清晰的认识。

在中学生学习说明文时，往往看到事物外在的一些现象，而且表述含糊是他们学习说明文的通病。从这我们可以看出学生还不具备分析能力，不能掌握好综合与分析能力的尺度。从我们分析可以看出要培养学生在写说明文中的逻辑思维就必须掌握好分析与综合、比较的能力。

分类，在说明文中，是指对说明对象的不同的特征进行不同层次的划分，对说明对象进行比较分析，从而阐释清楚说明对象的特点。

在说明文中，抽象是指区别描述对象的本质特点和非本质特点，把握说明对象的本质特点的思维过程。概括，在说明文中，是指将已掌握的说明对象的本质特点结合起来，并试图将其应用于其他有此特点的说明对象中。在培养学生逻辑思维的这几种方式中，每个阶段都是相互依存的。在说明对象时，学生不仅要解释说明对象的显性特点，还要从显性特点中发掘出潜藏的特点，也就是揭示说明对象的本质特征，这就要求学生对说明文进行逻辑分析。例如，《中国石拱桥》在介绍赵州桥时，除了描述赵州桥的形态构造外，还从四个层面阐述了其构造原则及设计特征。作者首先对材料进行了抽象处理，然后对桥梁的整体特点进行了概括，从而证明桥梁的设计与建造都是合理的。这种行文能使读者更清楚地了解赵州桥，不至于模棱两可。

第二节 在选择恰当的说明方法中培养逻辑思维能力

学生虽然理解了说明对象的本质特征，却只是停留在思维层面。学生要想清楚地阐释说明对象就需要掌握说明的方法。分类别、作比较、下定义、作诠释、打比方等，是说明文中经常运用的说明方法。这些说明方法中自身就含有逻辑规律。这些说明方法与分析、比较、综合等相比，是更高一级的思维，把说明方法运用在实践层面。

下定义，在说明文中，即用一句浓缩的语句严格地解释说明对象的意义和本质特点，这就要求我们用严密的逻辑来概括和总结说明对象。下定义的句式通常是这样的：A 是 B 的 C。下定义通常用判断句的形式来表示，其中 A 表示一个原始的概念，C 表示从属概念。例如，"兵马俑是秦始皇创建的奇迹。"，"兵马俑"是原始的概念，而"奇迹"则是从属概念。从下定义的概念界定可以看出，它本身就是逻辑方法，经常运用这样的逻辑方法对学生逻辑思维的培养意义重大。

作诠释，在说明文中，是指从一个角度阐释说明对象，理解关于某种事物或观点的特征和本质的逻辑思维方式。比如《看云识天气》这篇文章对"彩虹"进行解说，课文中提到在夏天，雨后会在天空中出现弯弯的弧线，这就是"彩虹"。

分类别，在说明文中，是指在说明事物的特征时，根据说明对象不同的属性进行分类，再分别对说明对象的属性进行分析比较的逻辑思维的方式。比如：在《中国建筑的特征》一文中，作者分别对中国建筑的九个特点加以说明，从而阐释中国建筑独特之美。

做比较，是把两种或不同事物的特点进行比较，运用逻辑思维突出事物本质特征的方法。如《苏州园林》中作者在描写苏州园林的建筑时，将苏州园林和我国的建筑进行比较，以此说明苏州园林的建筑不注重对称的特征。

第三节 在确定说明顺序中培养逻辑思维能力

一篇成功的说明文既要掌握说明对象的本质属性，又要使用恰当的说明顺序。说明顺序是一种能够更好解释说明对象本质特征，与人们的逻辑思维相一致的表达方式。其中，空间顺序、时间顺序、逻辑顺序是最常见的几种说明顺序。在说明文中，逻辑顺序被频繁地用于解释说明对象的逻辑关系。在说明文中，逻辑顺序适用于解释不同的说明对象，不管是从客观存在的事物，还是观念抽象中的事物。

比如在《桥之美》中，作者就从整体上概括了桥梁的美：与周围景色的交融、衬托之美；线，块，面搭配之美；与周围的风景形成了一种和谐之美。随后作者又举了一些例子，阐述了怎样的桥梁是美。该文章逻辑清晰，从一个较高的视角，使读者真正体会到了人类的发展之美，这就是作者在文章构思上的巧妙之处。事实上，美丽的东西总是存在于我们的周围，就像法国雕塑大师罗丹所说的："生活中不缺少美，缺少的是发现美的眼睛。"经过这篇文章的学习，学生将加深对"美"的了解。例如：桥不仅仅有支撑作用，还具有观赏性；如果我们用心观察生活，带着一双发现美的眼睛去观察，那么，生活就会给赋予你生命中的美。这是一种由抽象到具体的逻辑顺序。

又如《故宫博物馆》一文中，第四到第十自然段描述了三大殿，太和殿的重点方向，外观，内饰和功能。第十二到第十四自然段描述了后三宫略，突出显示在主宫凤的图案和御花园。这就是运用了主体部分到客体部分的逻辑顺序。

如《生物入侵者》一文中，首先对"生物入侵"这个概念进行阐释，陈述了"生物入侵者"，会危害人类、破坏生态环境，最后解释了生物入侵增多的根本原因，"人类盲目引进外来物种，这些物种繁殖速度快，使得本地生物面临灭绝，生态环境失去平衡。"这就是由表面到实质的逻辑顺序。

除了上述的逻辑顺序外，还有从整体到局部，从概括到具体，从特点到用途等。虽然不同的说明顺序作用不尽相同，但它们都是为了解释说明对象的本质特点，都有助于学生在训练说明文时，增强自己的逻辑思维能力。

第四节 在运用准确地说明语言中培养逻辑思维能力

训练写说明文主要的目的是向学生传授科学知识，因此，它必须运用严谨的字句，真实地陈述事物的特点、实质和规则。说明文的语言无论是枯燥还是生动，语言必须精确无误，符合逻辑。下面我们就以周立明的《动物游戏之谜》一文为例来略加分析。

《动物游戏之谜》一文中，第一，作者在描写动物在游戏中厮打时，把"亲密地""看似""极"三个字运用得非常准确。从"亲密地"一词中可看出，他们并不是在打架，而是在玩耍。"看似"和"极"也非常精准地表达了相同含义；第二，在描述动物长大后寻找伙伴的过程中，作者使用"结成"一词，这一词与"形成"有所不同，用"结成"而不用"形成"是因为，"形成"指事物经过发展变化后出现的某种情况，"结成"则是指在某种前提下出现的情景，与"关系"更配；第三，作者在描写动物游戏的原因时，使用了"调整与补偿"等词语，更符合逻辑关系。"调剂和补偿"是动物游戏的根本原因，陈述其中任何一个层面都是不合理的。

在这篇文章中，作者还使用了大量这样的词语，教师分析完后，要注意引导学生自己去分析和领悟，以感受说明文魅力。作者首先列出了动物游戏的各种现象，接着论述了动物游戏的种类和特点，并对目前国内外有关动物游戏的一些研究成果进行了介绍。这是一种从特殊到普遍的演绎推理，思维严密，衔接流畅，使文章更加具体、形象。

第十三章　基于逻辑思维能力培养的议论文写作教学策略

议论文，又称说理文，是对事物进行分析、阐述、表达观点、提出主张的一种文体。作者通过摆事实、讲道理、辨是非等手段，来论证其观点正确与否，或是树立或否定某种的主张。论证需要有一个观点，作者要用严密的分析论证来阐述其观点，且务必做到逻辑清楚，有理有据。从议论文的写作性质便可看出，它是以逻辑思维为主导的文体。

第一节　形成论点中培养逻辑思维能力

一、概念与命题作文审题训练

在议论文中，论点就是其核心，在文章的整个写作过程中，作者都要以论点为中心。在论证过程中，作者要运用逻辑思维分析该论点的合理性，比较不同论点间的差异，找出最恰当的论点。也就是说，学生在构思一篇议论文时，会在脑中提出不同的论点，只有逻辑思维排除那些没有意义的论点，才能找到最符合文章的论点。在这样的过程中，学生就达到了运用逻辑思维的目的，有利于学生逻辑思维水平的提高。

首先，要引导学生找到核心概念。例如，在《对这个苹果的思考》这一命题作文中，大多数同学在写苹果时都会记述苹果的用途、种类等，许多文章都写得条理分明，组织严密，却不注重"思考"。所以，无论这篇文章的写得有多么的条理清楚、论点清楚、分析合理，这与题目的要求完全相反。教师在指导学生写作时，可以采用概念系列的方式来引导学生审题，使学生对题目的理解更加清晰透彻。

这个苹果的思考就是这个概念系列中学生应该论述的观点，题目中的几个要素也一一列举出来了，使学生能够清楚明白。学生在审题过程中运用概念系列可以准确的找到关键词。

其次，在议论文中，理解题目的概念是重要的一个环节。对于给定作文题目的议论文写作，被称为命题作文；对于只给出题目的一部分的议论文写作，被称为半命题作文。

但是无论是哪种形式的议论文写作都要明确题目的具体概念，要明确论点的载体是什么。否则，学生的文章就会模糊不清，概念界定不清，主要的论述观点不明确。因此，在学生写作时务必指导学生区分概念。

比如老师给定题目《对成长中愧疚的反思》，有的同学偏重于写自己的成长经历或者成长中发生的让自己愧疚的事情。出现这种状况的原因是，学生忽略了"对愧疚的反思"这一核心概念，学生在构思时，不仅要谈自己的成长经历，还要谈到自己为什么会内疚，以及以后要怎么避免同样的事情发生，在事情不可避免的时候自己该如何面对问题。引导学生运用逻辑思维对题目的核心概念进行分析，这样才能使文章更具深度和可读性。

比如在《你妈妈最欣赏的人》这一命题作文中，学生首先要明确这篇作文的中心概念就是"最欣赏的"，其次，注意限定范围"妈妈"。当学生注意到题目的限定词后，他们就会知道，我们要写的是"我妈妈"最赞赏的人，而不是"别人的最欣赏"的人。而且，"最欣赏"这一核心概念还限定了学生仅能描述个人的优点或者对你妈妈有深刻启迪的个性特点。其中他身上泯然众人矣，人人都具有的特点不用写。学生不但要了解中心概念的意义，还要找出限制中心概念的核心词语。限定中心概念的词类通常都是形容词，所以要注意主题中的形容词。这样，在写作时，你的文章才能论证清楚、明晰、有条理，而不至于跑题。

二、材料作文审题训练

近年来,高考作文趋向于材料作文,各种大小考试试卷中都涉及了材料作文的写作形式。在材料作文写作中,学生在选择题目时常常会手足无措。在中学语文考试中,有这样一句俗语,叫作"得作文者得天下",如果你不明白材料的核心内容,那么你的作文成绩就会不太理想。

材料作文审题立意的方法有以下十种:提炼中心法、抓关键句法、由果溯因法、由物及人法、分析关系法、明确褒贬法、多向辐射法、舍次求主法、求异同法和寻互补法。本节主要介绍几种主要的审题立意的方法。

精练中心法:这是材料作文中常见审题立意法。教师在引导学生进行练习材料作文时,应注意引导学生从材料中提取核心信息,这些核心信息就是文章的中心思想。例如,有一则材料这样写道:盖达尔在旅游途中遇到了一个小男孩,小男孩很疑惑为何如此有名的大人物连一个精美的旅游箱子都买不起,实在和名人的身份很不匹配。盖达尔说,箱子是装东西用的,又何必在乎外表,人也是一样,有学识是重要的,外貌又有何关系。

通过阅读这则材料,学生可以得到一些重要的信息:这则材料主要描述了达盖尔和小男孩关于旅行手提箱的对话,可概括为:随身东西可以粗略,不在意,但是为人要认认真真。由此,学生可以提炼出两个关键的论点:①做人要认真;②做人不可贪图虚名,要脚踏实地地充实学问。

抓关键句法:关键句有助于学生更好地理解材料,并从中提炼出核心观点。所以,教师在指导学生训练材料作文写作时,应引导学生找出关键句,并以此来确立文章的中心论点。在审题过程中,学生要注意文章中所包含的主人公观点或意见的句子,通常来说,文章的中心论点就隐藏其中。比如在一则材料中。

一只蚌跟它附近的另一只蚌说:"我身体里有个极大的痛苦。它是沉重的、圆圆的,我遭难了。"另一只蚌怀着骄傲自满的情绪答道:"我赞美上天,也赞美大海,我身体里毫无痛苦,我里里外外都是健康的。"这时,有一只螃蟹经过,听到了两只蚌的谈话。它对那只里里外外都很健康的蚌说:"是的,你是健康的。然而,你的邻居所承受的痛苦却是一颗异常美丽的珍珠。"

学生分析这则材料会发现，表明观点的句子就是螃蟹所做出的评论性的语句，其主要意思为，你的邻居是经历过磨难痛苦才有今天的成就。所以，教师可以引导学生从这个层面为文章立意：唯有经历过磨难和痛苦才能感受成功的快乐。

因果联系法：世间一切事物的因果都是紧密相连的。大部分客观存在的论述对象都有因果。教师在指导学生进行材料写作训练时，应注意引导学生深入探究材料中的原因和原因产生的结果的本质特征，这样的审题方式可以降低学生偏题的概率，甚至可以使文章立意更加深刻。比如有这样一则材料。

一个小孩放学回家，想切苹果吃。这个小孩没有按照平时爸爸切苹果的方法，最后竟然切出了漂亮的五角星图案。

通过对这则材料的分析，五角星的图案是偶然出现的，是这个小孩不按常理处理这个苹果产生的。因此，教学生就此可以确定文章的中心论点：父母要给孩子留有发挥创造性思维的机会和条件。

人物相连法：如果材料中大部分叙述的对象单纯是事物时，或者带有哲理性的故事时，教师可以指导学生采用"人物相连法"，把对物的叙述引用在人类的身上，这样就能确定文章的核心论点。比如，有这样一则材料。

在《深圳风采周刊》中刊登了一则奇怪的文章，在浙江的某个城市竟然出现猫活活被老鼠咬死的现象。

一些学者对此进行了分析，认为在现代都市里，大多数人都把猫当作宠物来饲养，猫在不用劳动的情况下就能吃饱喝足，自然也就没有了捉耗子的动力。由此便使这种现象陷入了恶性循环。此外，夜视是猫科动物的天赋能力，而能够满足夜视能力的物质被称为牛磺酸，这种物质大多存在于老鼠体内，现在大部分猫都是家畜，不需要为食物发愁，所以，猫的夜视能力不足，捕猎老鼠的能力也会降低，在这种情况下出现猫被老鼠吃掉的现象就不足为奇了。

在指导学生进行这种材料写作训练时，老师要引导他们掌握这样一条原理——一切事物都是和人有关的。猫是上述材料的讨论对象，教师在引导学生立意时，可以将猫视为人，例如小孩，那么养猫的人就是小孩的家长，材料中猫被老鼠吃掉的现象，可以升华为因为现实生活中家长对孩子的过度溺爱，造成了如今孩子独立生存能力低下的问题，根据这一角度可以指导学生将文章立意为，父母要懂得让孩子去经历生活的风雨，不能把孩子豢养在温室之中。

三、使用概念系列教学法确定中心论点和分论点

学生在写作议论文时通常先确定文章的每个小论点，在小论点的前提下确定中心论点。在学生写议论文时，可以运用概念系列和画关系图的方法帮助学生明确中心论点。

例如在《论诚信》明确了中心论点："诚信是不可缺少，是不能缺少的。"之后，可以分三个层面进行论证："诚信成就了英雄""诚信留下了至死不渝的爱情""诚信开创了神话和传奇"。我们用思维导图看看会更加清晰明了。

论诚信

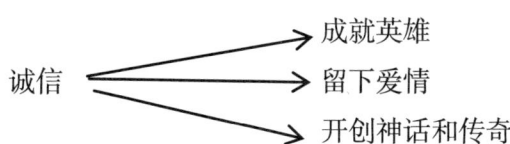

句子与命题是中心论点与分论点的固有形式，而对概念的认识则是论述的一个重要环节。从上述分析可以看出，本文的中心概念是"诚信"，"造就英雄""创造了爱情""创造神话和传奇"是分论点的核心概念，阐述了诚信的重要意义以及诚信的好处。在写议论文时，运用此方法能调动学生的逻辑思维能力，使学生能更准确地把握中心论点。

其次，在引导学生写作时，要从中心论点的内涵入手，从而掌握各个小论点的含义。在判断小论点时，我们可以从其内涵与外延两方面进行分析。比如，我们要写《谈勤奋学习》，它的中心论点是"人应该勤奋学习"，而"勤奋学习"则是它的核心概念。这个概念的基本含义可划分为"学习"和"勤奋"两个层次。基于此，我们可以得出两个小论点："学习的有用之处""我们需要勤奋学习"。学生可以使用关系图来确定文章的论点。

谈勤奋学习

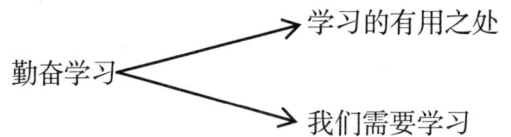

第二节 收集论据中培养逻辑思维能力

论据，让读者信服论点的证明过程，可分为事实性论据和理论性论据。

事实性论据是一种对客观事物的真实描述与归纳，它具有直接现实性的品格，因而是论证论点的最有力的依据；事实性论据包含个别事例、概括性事例和数字。想要选择最有说服力的论据，就必须要运用逻辑思维进行分析。例如我们要写一篇《坚持就是胜利》的论文，我们可以举三个例子：①狄更斯是英国著名的作家，但很少有人能发现他成功的原因。不管是晴天还是刮风下雨，他都会坐在大街上，聆听、观察、记录着人们的生活，感受着他们的艰辛，不断地收集着各种素材，所以他的作品充满生机。他对社会生活的长期观察，使得他对小说中人物形象和社会生活的刻画栩栩如生，小说也极具深厚历史意蕴。可见，狄更斯之所以能取得如此大的成就，成为英国著名的文学大师，是因为他坚持的毅力。②蒲松龄，曾四度参加科举，虽均未中榜，但他并没有就此放弃自己的理想，他决定要创作出一部名作，于是他在市场上镌刻了一副对联，以此来激励自己。凭着他坚持不懈的精神，他写出了一部千古传诵之作《聊斋志异》。③春秋时代，越王勾践在与吴王夫差的战争中落败。当夫差要捉拿勾践的时候，范蠡献计，先假意投降，只要有足够的力量，他日后就不会输给夫差。夫差一意孤行，没有听从忠臣的劝告，答应了勾践的求和，但要求勾践要亲自到吴国来。于是在这三年中，吴国越王勾践为奴为婢，遭受种种残害和辱骂，最终返回了越国。勾践没有放弃报仇复国的理想，他每日秘密操练士兵，夜里赤裸着上身睡在干草上，还在房梁上挂了一个苦胆，每当他坚持不住的时候，都会舔一口苦胆，以此来告诫自己不要忘记当年的屈辱。结局，越王很快打败了吴国，夺回了自己的领土。

同时，越王勾践也成为了春秋时期的最后一位霸主。

理论性论据就是通过引用名人名言、俗语金句、科学理论等来阐述论点，以此来帮助读者更好地了解文章的中心论点。这就要求学生在日常阅读中注重素材的积累，并在心中对材料的可用性进行分析。例如，在一篇《理想与信念》论文中，同学们曾引述：①曹操曾言："大志与良谋，大志是首要条件"。②屠格涅夫曾经说过："先相信你自己，别人才会相信你。"孟子是运用理论性论据的杰出代表人物，他善于在辩论中运用生动的比喻来增加其说服力和感染力。以上都是很有说服力的理论论据。然而，理论论据很多，如何正确地选择合适、准确的论据，则需要学生通过逻辑思维来进行分析、比较、选择。

第三节　进行论证中培养逻辑思维能力

论证就是指用论据的材料对论点进行阐释的逻辑推理的过程。它主要通过分析的形式进行，是一套从论点推理到论据的发生机制。所以，遵循推理的规律，论证才能产生。本质上，就是学生运用逻辑思维用论据去阐释论点的环节。目前，在中学语文的教学中，关于逻辑推理知识的学习，主要是在论证方法知识的学习中学得的。常用的论证方法有以下几种："例证法""引证法""喻证法""反证法""类比法"。它们和逻辑推理的方法是有密切关系的。

例证法是议论文中使用得最多的一种。例证法是一种很好的逻辑推理方法。在一篇论文中，任何观点的提出都要有一个论证的过程，且必须要有事实来支持，不然就没有说服力。

引证法是指通过引用经典语录、约定成俗的市井言论、生活常识等作为论证论据来证明论点的一种论证方法。在《说木叶》中引用了许多古典诗歌来证明木叶的特点：高木是空阔而荒凉的，而高树则是饱满有朝气的。比如吴均的《答柳恽》说："秋月照层岭，寒风扫高木。"曹植的《野田黄雀行》

就说："高树多悲风，海水扬其波。"

  反证法是用反证法来反驳别人谬论的一种说话方法。反证法的论证要经过下列步骤：第一步提出论点；第二步，提出一个与之相反的论题，由学生以逻辑推理的方式进行分析，得出反论点是不正确的结论；最后，根据逻辑关系推断出，如果反命题是错的，那么原命题就是对的。通过多次使用，可以培养学生的逻辑思维能力。就拿《三国演义》来说，关羽要不是守华容道，曹操早就死了。假如诸葛亮不相信马谡，也许之后还可以守住街亭。这些例句，均使用了反证法，所有的事情都是真实的，无法更改，而反证法却可以回到最初假设条件，用相反的结局，来证明论点。

  喻证法，也叫比喻论证法，是在议论文中用具有相似点的事物打比方的一种论证方法。比喻论证的优点在于把抽象的事物具体化，使人容易接受和理解。学生在写作中学会运用这种论证方法，其逻辑思维能力可以得到提高。

  类比法，就是把相似的东西拿来做对比的一种论证方法。在指导学生进行议论文写作时，教师应注意引导学生运用类比法，以此来促进学生逻辑推理能力的发展。

第十四章　学生语文思维培养引入古诗词教学的重要意义

前面我们深入中学语文课堂,通过问卷的形式对中学语文思维培养的现状进行了调查,并分析其存在的优点与不足,并对问题的出现做了一定的反思。为了更有效地解决上述问题,我们以古诗词为手段进行思维培养,探究古诗词的介入对解决语文思维培养现状中的问题有怎样的意义。从三个方面进行阐述,首先,古诗词的引入为语文思维的培养提供材料,满足语文思维发展多样性的需求;其次,古诗词的引入为语文思维的培养提供方法上的借鉴,优化思维培养的方法;最后,古诗词教学可以提高学生的语文思维能力。

第一节　满足语文思维培养多样性的需求

通过对中学语文思维教学现状的调查,我们发现语文课堂中对思维多样性关注较少,思维培养的类型比较单一。社会发展的多样性要求我们思维的多样性,古诗词教学可以满足我们思维培养多样性的需求。我们以古诗词为教学手段进行思维培养,通过挖掘古诗词深层的内涵,把握古诗词的特点,丰富思维培养的类型。古诗词内容源于生活实践,通过古诗词的学习可以培养学生的社会思维;古诗词的情感真挚且强烈,通过古诗词的学习可以培养学生的感性思维;古诗词思维富于理趣,通过古诗词的学习可以培养学生的理性思维。

一、古诗词内容源于生活

古诗词的内容都是源于生活,集中、本质地反映生活,是历代劳动人民在社会生活实践中智慧的结晶。在古诗词的学习中,学生从诗歌中描绘的生活图景和生活画面中展开丰富的联想与想象。在这些富有社会意义的生活图景中,使得学生的社会思维得到培养和锻炼。

长久以来,人们更看重古诗词的抒情性,而忽视了其叙事性。但中国古代诗歌确实存在叙事的传统,且不容我们忽视。且内容都来源于我们的社会生活,可以反映一定社会生活的面貌。诗人在观察、研究生活的时候,往往用自己的眼光和体会,到生活的深处发现的一些具体、个别的东西。诗歌虽然简短,但是简短的诗歌蕴含着丰富的内容。例如我们学习杜甫的《石壕吏》,透过这部作品,实现与唐代历史对话。《石壕吏》作于安史之乱时期,因为战败,朝廷大量补充兵员,强行征兵。此时杜甫在任职途中对朝廷征兵现象有所听闻,于是写了"三吏""三别"。《石壕吏》语言简洁精练,描述了官兵强行征兵,一个年迈的老妪哭诉求情无果,最后被带走的故事。作品中没有作者态度直接的表达,作者站在全知视角进行描述整件事情。行文仅仅120个字,但是情节却不简单,深藏的丰富的情感。是真实事件的描写,作者投宿的石壕村也确有此地。《石壕吏》描写了当时历史背景下的民不聊生的生活图景,体现了统治阶级乱征兵引起的社会矛盾,以及外族入侵造成的民族矛盾。我们学习这首作品,透过故事看到了历史的画面。文学作品是社会现状的反映,是历史的产物。通过学习这类叙事性较强的作品,要培养学生的社会思维,站在社会背景下去鉴赏一部作品,学会纵向的思考。

又比如我们学习《氓》,写了一对恋人有起初的新婚燕尔,到最后丈夫变心,遭受遗弃的故事。一个善良的妇女,述说了她悲惨的人生命运,哀诉了她的不幸遭遇。文中以桑叶沃若,来比喻新妇的年轻美丽。用桑叶的黄和陨,来比喻新妇因为操劳而憔悴。又以桑叶的枯黄殆尽来比喻青春磨尽,人老珠黄,容颜不再。从而深刻地揭露出封建制度下的女性地位低下,女性命运的悲惨和无奈。文学作品是社会发展的产物,是一定历史背景影响下的产物。古诗词的内容来源于社会实践，是实践的产物，是我们进行思想交流的工具。在交流与学习中社会成员形成统一的文化共同体，使知识代代相传。

社会思维是指整个社会人们作为思维主体反映和把握客体对象的思维结构。它反映着一个历史时代一个民族对客体对象认识和把握的广度和深度。学生学习古诗词，可以透过诗歌看到当时历史背景下的社会特征，以及表现该特征的社会思维。同时，可以为学生的思维提供丰富的材料，提高思维的广度和深度。使得学生的在思考问题时，更具有全局的眼光，和历史的深度。并且社会思维，是多样性和开放性的统一。多样性体现在社会思维是无数个社会个体思维的结果，是思维"百花齐放，百家争鸣"的产物。同时，各种思维相互碰撞，相互交流，保持相对的稳定性。同时，社会思维不断的吸收与包容外来的思维形态，不断推陈出新，获得新的生命和活力。古诗词的产生，源于千百年中华民族的丰富的实践，是人民精神文化的产物，我们通过古诗词这样的精神财富去进行感觉，提炼思想和交流感情，正是在这样的思维交流中，我们逐渐形成了具有中华民族特征的社会思维。

二、古诗词情感真挚强烈

古诗词具有饱满的情感，抒发诗人真挚而浓烈的情感。诗歌是情感的产物，是诗人表情达意的工具。同时，人对事物的认识是从感性认识开始的，通过对诗歌中饱含的浓烈的感情的探究，可以培养学生的感性思维。

"诗者，吟咏性情也。"艺术创作都离不开情感，尤其是诗歌。钟嵘就曾经提出："文学艺术作品都是作家的主体心灵的展现、也就是作家内在感情活动的外在体现。"作者的情感活动凭借古诗词得以表现，抒情成了古诗词的首要任务。通过对古诗词情感的体悟，学生可以获得一定的感性认识，而感性的认识是人类思维的起点，特别是形象思维的起点。人们有了感性认识活动，才能进一步进行思维活动。情感是作者在日常生活的所见所闻，内心受到一定的触动，而产生的心理活动。在中国古典诗词中，抒发作者的情感的作品丰富多样，内容也多姿多彩。

就比如古诗词中蕴含着胸怀天下的家国情怀。青年时期的杜甫就胸怀天下，写下"会当凌绝顶，一览众山小。"壮志豪言。在经历人生的起伏和国家兴衰之后写下"烽火连三月，家书抵万金。白头搔更短，浑欲不胜簪。"的忧国之思。在他《凤凰台》中"我能剖心血，饮啄慰孤愁、血以当醴泉，岂徒比清流？所重王者瑞，敢辞微命休？"为祖国的事业，愿意剖心沥血，奉献自身。

中国古典诗歌饱含丰富的情感，情感是思维的开端。情感是人类心理活动之一，是人对客观事物的特殊反映，在语文教学中，情感的学习对中学生的思维的发展有着重要的意义和作用。语文学科是一门人文科学，语文教材中课文选择应该是饱含人文性的，充满人文精神和情感的。艺术作品的产生离不开作者丰富的想象和饱满的情感，古诗词亦是如此，情感是诗歌的灵魂。学生进行语文学习时，以情感人，以情动人，在爱情诗中感受爱情的甜蜜、在山水诗中感慨祖国山河的壮丽、在羁旅诗中抒发对故乡的无限思念。感性认识是人们对事物认识的初级阶段，是理想思维发展的基础。语文学科的特殊性，语文思维是文学的思维，文学思维是感性的，是有温度和情感的。我们要关注学生感性思维的培养。感性思维是通过事物的表象，特征展开感知和联想。与富有逻辑，推理的理性思维有所不同。没有感性思维的语文学习是空洞的。在语文教学中，学生无法感知到文本中叙述的美，无法体会到情感，写作文时空洞且麻木，这是感性思维缺失的体现。我们的语文学科是情感性和人文性为主的学科，古诗词具有饱满的情感，可以作为我们培育学生感性思维的重要材料。古诗词的学习可以使得学生在情感的体悟中获得对美的享受，获得思维上启迪，进而培养学生的感性思维。

三、古诗词思想富于理趣

古诗词还有一个重要的特征便是思想充满理趣。古诗词不仅有感性的情感的宣泄，更有理性和智慧的表达。通过学习探究古诗词思想上理趣，帮助学生形成一种富有理性的思维。

诗歌不仅仅是一种表达情感的方式，也是人类认识世界包括认识自己的方式。古诗词中蕴含中华民族千百年的智慧，是历经岁月所沉淀下的哲理。何为"理"？古诗词中所指的"理"，是指古诗词作品中所蕴含的哲理、道理、义理，只要蕴含有认识世界的真理性，有体悟人生的启迪性，便可称之为"理"的内涵。古诗词往往通过对身边细小事物的描写，以小见大，在描写中蕴含着对生活思考和对生命的感悟，其中蕴含的哲理也是耐人寻味的，学生通过学习获得心灵上的启迪，感受诗人富于理趣的思想，培养学生的理性思维。人的思维是由感性上升到理性的，理性思维一种高级的思维形态，包括了思维的抽象性和逻辑性。在富于理趣的诗歌中，最有代表的是宋诗。宋诗中具有代表性的当属苏轼的作品。我们耳熟能详的《题西林壁》。

《题西林壁》苏轼

横看成岭侧成峰，远近高低各不同。

不识庐山真面目，只缘身在此山中。

这首简单的小诗，其出色之处，不在于它的写景和抒情，而在于它富于理趣。庐山千姿百态，它的真面目却难以确指，究其原因是自己身在山中。唯有跳出其中，摆脱自己所处的位置，才能识"庐山真面目"。同样的，我们的人生也是如此，如果能够换一个角度，换一种立足点去加以观察，会有不一样的收获。正所谓，当局者迷旁观者清。简单的小诗，其思想饱含理趣。这样的富于理趣的诗歌还有很多，对学生的学习是一种心灵上的启迪，对培养学生的理性思维有一定的作用。理学家朱熹的《观书有感二首》。

《观书有感》朱熹

半亩方塘一鉴开，天光云影共徘徊。

问渠那得清如许，为有源头活水来。

这首诗用生动的形象揭示了深刻的哲理。朱熹借"方塘"作比，表达了微妙难言的读书感受。诗中将读书时，有所顿悟、有所收获、有所提高的情形，就像水渠方塘打开，清澈透明，天光云影交融，灵光流动之感。"问渠那得清如许，为有源头活水来"两句，用水渠中的水流为何如此清澈，是因为源头有源源不断的清水注入。比喻我们要保持思想上的鲜活，就要不断地更新知识，不断地去学习和交流，要有开朗宽阔的胸襟去不断接受和学习新知识。朱熹用简单的例子富有哲理地表述了在读书时应有态度。

我们古诗词中蕴含着千百年人民思想的积淀，是对社会、对人生、对世界的充满理性的认识。分析古诗词情感中的理趣，学生不能仅仅停留于感知和体悟的感性认识层面。需要去分析、对比和想象。还有进行抽象和概括等等思维活动，达到一种顿悟的境界，才能真正的体会到古诗词的思想。感性思维是语文教学中必不可少的，同时我们也要关注学生理性思维的培养。理性思维是要求学生对语文的学习更加深入，对文章有理性的认识，对世界对生活有理性的认识。许多学生在语文学习中，没有作文没有逻辑，语言表达不顺畅，思想内容没有深度。这是理性思维缺失的体现。我们的古诗词思想富于理趣，可以作为培养学生理性思维的材料，让学生在学习中，得到思维的锤炼，提高思维的深度，培养学生的理性思维。

第二节　为语文思维培养方法的优化提供借鉴

语文思维的培养需要落实到具体的教学实践中，以古诗词为手段进行思维培养，是将语文思维培养落实到具体实践的重要体现。在语文思维培养的调研中，我们发现中学思维培养的方法比较单一。因此，我们可以借鉴古诗词鉴赏的方法，以期对优化思维培养方法有一定的启发。

一、古诗词吟诵的借鉴

吟诵是我们进行古诗词欣赏时必不可少的方法。吟诵，是指吟诵的人通过自己的语言来表达古诗词的情感与内容的一种形式，其中古诗词的吟诵要求吟诵者要读出古诗词的押韵、节奏以及吟诵者从古诗词中体悟到的思想内涵？语言是思维的外在形式，让学生用声音来传达古诗词的情感，是学生领悟诗情，激活学生思维的有效方法。在《尚书·舜典》中："诗言志，歌咏言，声依咏，律和声。八音克谐，无相夺论，神人以合。"吟诵是历史悠久且行之有效的古诗词鉴赏方法。把吟诵带入思维培养的课堂，优化思维培养的方法。吟诵的方法有很多，对语文思维培养有一定的借鉴。

（一）课前诵读，情绪渲染

语文思维发展的过程中，学生是思维的主体，其心理状态进入到最佳时，思维才容易被激活。语文教师要注意营造良好的氛围，要注意学生情绪的渲染，要引起学生的注意，并保持继续学习的兴趣。在课前进行导读可以充分的渲染整个课堂的氛围，让学生迅速进入到课堂的学习的情境中来。课前导读的样式可以丰富多样，借助多媒体进行导读、趣味导读、视频导读、配乐导读等形式。这样的形式，帮助渲染情绪，消除学生思维的陌生感。

（二）老师范读，因声入境

在语文思维培养过程，老师进行范读，可以让学生进入到古诗词的情境中。教师的范读是比较正确，普通话流利，对古诗词也有一定情感有一定的感触。老师的示范能够很好地将学生带入到古诗词的情境中去。也就是所谓的因声入境,陈少松老师对"因声入境"这样定义:"所谓因声入境,就是指随着吟诵时声音的语调变化,语速的缓急变化和腔调的抑扬顿挫而进入到诗歌的情境之中。"例如,老师在朗读《念奴娇》时,语气激昂,高低起伏变化,声音洪亮富有气势。学生从朗读中品味出词人豪情,在高昂处领悟出惊心动魄的古战场奇景,在低沉处体会到人生如梦的无奈。通过声音传达出对古诗词的理解,当富有情感的声音传入学生的大脑,会激发学生对语言的敏感,刺激学生的大脑。大脑迅速对声音做出反应,消化声音内容,迅速地领悟古诗词的意境。

(三)学生吟诵,以声共情

让学生自己去吟诵,切身走进古诗词中,通过声音达到与文本的共情,情感的共同。"情感是客观事物在人脑的反映,这种反映不是以揭露客观事物的意义人的行为,热情的情感具有强大的助推力,对思维具有启发作用。通过学生自己吟诵的方式,可以帮助学生获得情感上体悟,增强学生思维的活力

同时,当学生在头脑中获得情感上体验,他凭借内部语言进行思维加工,要把这种情感传达出来告诉别人,这就需要将情感转化为外部语言信息表达出来。吟诵便是学生对古诗词理解的表达方式之一。学生自己吟诵,将学生的耳、口、心、眼多项感官的综合作用的结果。是真正意义上的体验式教学,与传统的讲授模式相比,更加关注学生的主观能动性,更符合学生思维的发展。此外,学生自己的吟诵应该要建立在学生勇敢地展示个性的基础上进行,学生加上自己的个性吟诵,鼓励学生创新诵读,激发学生的创造性思维。

(四)反复吟咏,增强记忆

通过反复的吟咏,对增强学生的记忆力是十分有用的。在彭华生老师的著作中,就将记忆力作为思维能力之一。学生拥有好的记忆力,是培养思维的基础。在学习中,学生通常会记不住古诗词,或者记住之后容易忘记,但是学生对一些流行音乐却记得很清楚。吟诵,用文字和音乐的结合,展现古诗词的音乐美和节奏美,帮助学生更好地记忆。朗诵和死记硬背是用左脑重复记忆模式,而吟诵是用右脑的音乐助记功能。并且吟诵这样的富有韵律的记忆方式,帮助思维长久的记忆,避免记不牢。因此,吟诵是帮助记忆的特

效方法之一。

吟诵在古诗词教学中十分的常见，吟诵的方法多样，对学生的思维的发展具有促进的作用。我们将吟诵法运用到语文课堂中，可以促进学生语文思维的培养。

二、炼字炼句的启发

炼字炼句是我们进行古诗词鉴赏时，必不可少的方法。学生由表及里，对古诗词的语言深入的探究，可以丰富学生想象和联想能力，可以促进学生思维的深刻性和严密性以及创新性。中国诗歌中有不少关于"一字师""一字为工"的佳话，说明炼字是中国古诗词的优良传统。有学者评价："诗总是体现着两种对立倾向的和谐：少与多，一与万，有限与无限，辞约与意丰，'尽精微'与'至广大'；诗人总是兼有两种品格，内心倾吐的慷慨与语言表达的吝啬。"古诗词语言的精妙，需要我们炼字炼句。同时，通过炼字炼句对学生思维的发展有很好的促进作用。

（一）反复推敲，提高思维深刻性

对古诗词进行炼字炼句，必不可少的要对字词进行反复的推敲。古诗词的精妙往往就在一个字上。苏小妹做诗的例子可以看出，诗句："轻风细柳""淡月梅花"在中加上一字。苏东坡："清风摇细柳，淡月映梅花"觉得不妥，再来一句："清风舞细柳，淡月隐梅花。"苏小妹："清风扶细柳，淡月失梅花。"令人赞叹不已。"扶"蕴含细柳柔美之态，"失"月色梅花交融之境应运而生，可谓，"语不惊人死不休"。教师可以在平常语文课堂中，将这些推敲字词的任务教给学生，让学生进行反复的推敲。在反复的锤炼中，提高学生的语言使用能力，同时让学生深入探究字词含义，感受古诗词言有尽而意无穷的效果，不断的思索，不再局限于字词的表面含义，而是深入诗歌意境中，提高学生思维的深刻性。一个人具有一定的思维深度，思考问题时能够透过事物的表面现象抓住事物的本质，掌握规律，揭示事物的多种规律，遇见事物发展的进程。通过炼字炼句的方法，让学生不断的进行推敲，提高学生思维的深度。

（二）力求精准，提高思维严密性

在炼字炼句时，我们使用字词时要力求精准。古诗词字词的使用，要符合逻辑。贴切自然，不能过于追求晦涩难懂，而失去语言的精准。例如在苏轼的《念奴娇·赤壁怀古》中"乱石穿空，惊涛拍岸，卷起千堆雪。"其中的几个动词就使用的十分的准确，值得学生进行深入的探究和赏析。"乱""穿""惊""拍""卷"这几个字的使用，不见得是最巧妙，但是却是最精准的。我们在炼字炼句时应该注意。要求我们在使用字词时要严谨，要认真，要客观，要符合事物的规律。在不断的思考中，可以提高学生思维的严密程度。思维的具有严密性，是指在思维的过程中，能够遵循事物发展的规律，有逻辑性地提出问题，思考的问题符合规律，论证问题时条理清晰，陈述问题时应清楚且鲜明。学生思维的严密性的培养并不容易，需要落实到具体的语言使用环境中，帮助学生多练习提高。

（三）新颖独特，提高思维创新性

除了力求精准之外，在炼字炼句时我们要注意字词使用新颖独特。新颖独特的使用是有一定的难度的。需要老师在平常的古诗词教学中加强学生的炼字炼句，培养学生思维的创新性。老师可使用对联的形式，来激发学生的思维。一些例子就让人过目难忘。例如："上联：水冷酒，一点两点三点。下联：丁香花，百头千头寓头。"一代才女李清照所作的对联，至今赞叹不已。在语文课堂中，炼字炼句的使用方法多样，形式丰富。我们最重要的是要激发学生的思维，激发学生的创作欲望，不断的提高学生思维的创新性。思维具有创造性，是指思维能够灵活地创造出具有价值的独特的事物。思维的创造性体现在能够创作出不同别人的新的观点、新的看法，创造性思维是发散思维与聚敛思维同时并用的结果。提高学生思维的创新性，培养学生的创新意识应是学校教育的任务。创新，归根为两个字——突破。是带有新颖性独创性的。创新是一个复杂的思维过程，是感知、理解、鉴赏以及迁移等多方面能力综合的结果。增加思维的创新性，是进行思维培养，提高学生思维能力的重要目的。

三、知人论世的运用

"知人论世"是我们进行古诗词鉴赏时经常运用到的手法，其主要是指，在鉴赏古诗词时，要对诗人的社会地位、生活经历、时代环境等进行了解，由浅入深以加深对作品的理解。也就是，读其诗，务必要知其人。许多诗歌，我们进行解读时，因为其背景的不了解，导致解读不到位，甚至误解诗意。同样，一些诗歌在解读时，我们拘泥于一字一句，不能用历史的眼光去看待，导致我们解读带有主观性，不具有说服力。在语文学科中，通过"知人论世"的方法对古诗词进行鉴赏，同样对学生语文思维的培养有一定启发。语文学科的阅读教学，理想的效果便是让学生与情感体悟最大限度的作者的表达相切合。帮助学生最大限度地接近文本，对文本的解读也更准确。知人论世运用到思维培养的课堂，方法多样且形式丰富。可以让在课前进行资料补充，进行趣味的导入，引起学生的兴趣，消除学生思维的陌生感。可以将收集资料的任务教给学生，让学生去搜集资料进行展示，增加学生的课堂参与度，培养学生思维积极性。可以把多个作家的故事进行对比，引起学生的探索求知欲望，促进学生思维的灵活性和深刻性。

（一）背景补充，扩宽思维广度

在语文古诗词教学中，老师经常采用背景知识补充的方式来让学生了解诗人的生平事迹以及时代背景，这是帮助解读诗歌的有效方法。同时，背景知识的补充，可以让学生用一种全局的眼光去看待古诗词，丰富学生的知识，扩宽学生思维的广度。例如学习李清照的作品，需要对李清照的人生经历进行了解，了解她的人生的三个关键期：一是她少女时代的欢乐时期；二是她初为人妇时，甜蜜的时期；三是夫死国破的悲凉晚期；她的每一个时期的作品，情感基调都是不一样的，这是由于她生活经历所致。像《如梦令》是李清照尚未出嫁前所著，词中风格轻快愉悦，生活饶有趣味，境界优美怡人。而《声声慢》就是词人南渡后痛失亲人、流离失所、国破家亡，此时尝尽人生悲苦，境况十分凄凉，心中忧愁无法排解，于是写下这首词。两首不同时期的作品，蕴含的情感内涵是不一样的，学生在学习时，要能够用一种全面的角度去分析问题，从而扩宽思维的广度。思维的广度，是指思维涉及的范围的广阔程度，知识广博，杜绝思维狭窄片面且固执的思维现状。

（二）去伪存真，杜绝主观臆断

许多诗歌，人们不能欣赏它，其主要是因为不了解它的写作时代所导致。我们在进行解读时，要注意不要先入为主。对诗歌解读时，要充分地理解其时代背景，消除我们的思维定势，杜绝主观臆断的现象。就比如李白的《蜀道难》关于诗歌的主题就有很多的解读。在黄志浩老师的：《古代诗词创作与鉴赏》中对这个问题有一定的解释，我们这里引用一下："一、认为是李白初入长安时所作；二、此作是李白晚年时所作；三、是讽刺后来的剑南节度使章仇兼琼所作；说法不一，各执己见，使得这个问题有一定的争议。李白《蜀道难》的例子，说明在进行知人论世时，我们要有一颗去伪存真的态度。同时，我们的思维中通常会有一定思维定势，并阻碍创造性思维的发展。因此，我们要善于发现问题，真正的知"人"知"世"，才能算读懂作品。

四、以意逆志的把握

在古诗词鉴赏中，还有一个重要的方法"以意逆志"。对我们进行语文思维的培养，也同样具有启发。童庆炳老师对"以意逆志"这样阐释："'以意逆志'其基本意思是，要以读者自己对诗的体悟和理解对古诗词进行推测、去琢磨诗人在诗里所表现的意义以及思想。但是由于每一个人对同一部作品的看法和理解不太一样，那么读者对同一部作品就会有不同的解读和评价。"在古诗词教学中，我们教给学生以意逆志的鉴赏方法，让学生对古诗词能够有自己的解读和认识，对培养学生的自我意识和独立思考的能力有很大的帮助。

（一）揣摩诗意，培养自我意识

以意逆志很重要的步骤是学会揣摩诗意，这是解读诗歌的关键步骤。对于同样的作品，同一首诗歌、同一个人物、同一个情节以及同一句话，不同的人就会有不同的看法，所谓"仁者见仁，智者见智"。每一个人的阅读经历不同，人生经历不同，对一部作品断然会有不同的看法，我们要学会接受别人的不同意见。比如王之涣的《凉州词》是一首众人公认的边塞诗。主要是针对三四句："羌笛何须怨杨柳，春风不度玉门关。"有不一样的看法，有人这样解释：在玉门关这个地方，春风吹不到，哪里有杨柳可折。也就是说边塞的将士啊，不要埋怨。但是明代杨慎却认为它是表述的是"皇恩不及边塞"，是一首讽刺作品。边塞没有春风，借此暗喻身居繁华帝都的君主不关心远在塞外的将士，因此这是一首讽刺诗。不同的解释都有一定的道理，我们的读者所站角度不同，鉴赏看法也有所不同。当然究竟作者是否确有此意，我们不得而知。但是我们会发现文学作品因为多样的解读和评价，而愈发突显其价值和生命力。

在我们的语文课堂中，我们要鼓励学生提出自己的看法，学会自己大胆的揣摩诗意。每一个中学生都应该发挥自己的主观能动性，让自己读书、自己感受、思考事物，自己掌握事物的发展的规律。其次，应大胆地表现自我。把自己放在学习的主体地位上，使用"我认为""我觉得"等词语，谈自己对课文的理解和看法。通过以意逆志的手法的学习，我们在语文思维培养过程中，要关注学生思维的自主性，要培养学生的自我意识。

（二）不以辞害志，坚持独立思考

在以意逆志的使用中，我们要注意"不以辞害志"。所谓的不以辞害志就是指："反对只取字面意义而牵强附会的解诗方式。某个字推断句子的含义，不以某句推断整首诗的思想和情感，而要以自己的'意'迎合、揣摩作者的心志。"学生在鉴赏诗词时，不能拘泥于一字一词而去牵强的对诗句进行赏析。要有自己独立的思想去进行思考。在《红楼梦》中，有这样一个情节，香菱向黛玉请教如何做诗。黛玉颇有见解："词句究竟还是小事，立意是最要紧的。若立意好了，词句都是用不着过多的修饰，都是极好的，这就叫做'不以辞害意'。"不要过于拘泥于词句，而诗句的立意才是首要讲究的。在我们的语文教科书中举了一个例子："杜牧《山行》这一诗中，有很多读者认为'白云深处有人家''霜叶红于二月花'这两句写得最好，认为从中可以读出诗人心情的悠闲自得。但是，我们有过爬山的经验的人，就会知道此首诗写了路途的'遥远'、气候的'寒冷'、山径的'险峻'、天色已'晚'，可以看出诗人此时应是行色匆忙，而绝不是悠闲自在地在山间漫步。诗人'停车'赏看"枫叶，才突显出霜染枫叶之美。"从中我们看出，在进行鉴赏时，不要局限于一字一句的美感，而误解了全诗的含义。

我们要将我们自己的生活经验和人生阅历，以及我们的主观感受融入到欣赏的过程中来，并且要充分的发挥我们的主观能动性，在鉴赏时生发出新的旨意。老师要引导学生进行独立的思考，独立的去发现问题，解决问题，并能够独立对结论的正确性进行检验。在语文课堂中，教师往往会引导学生顺着自己的思路进行思考，但同时要设置疑问，引起学生的认知冲突，让学生自己对问题进行解决，培养学生独立思考的意识。

第三节　帮助学生语文思维能力的提高

根据前面的调研，我们发现在语文思维培养过程中，思维培养的效果不明显，学生的语文思维能力略显不足。我们利用古诗词作为手段，把握古诗词教学的特点，以期更加有效的提高学生的思维能力。语文思维能力是指，具有其他思维能力的一般性，也具有语文学科的独特性。语文思维能力从广义来看，包括学生听、说、读、写等方面的能力，这是学生能力表现出来的外在的能力，而学生的语文思维能力是学生内在核心的能力。因此，语文思维能力是语文能力的基础，是提高学生语文能力的核心所在。语文思维能力有观察力、感悟力、概括力、反应力、转化力、想象力、判断力、记忆力等。语文思维能力是由语文学科的独特性所决定的，是扎根到语文知识的学习中，经过长期的努力训练，而培养出语文思维能力。我们以古诗词为手段，具体到语文古诗词教学中，培养学生的语文思维能力。

一、解析古诗词意象，培养学生的观察力

在古诗词教学中，教师很注重对古诗词意象的解析。每一个意象的选择都是源于诗人对生活周密的观察和深入的体验。观察是指学生积极主动的去感知客观事物的一种较为有效的手段和方式，观察对青少年思维发展有着非常重要的意义。观察能力总是与思维能力相联系。因此我们应该抓住诗歌的意象进行解析，来培养学生的观察能力。

就比如在《古诗词十九首》中诗人是这样表达的："胡马依北风，越鸟朝南枝。"用胡马对北风的眷恋，南方的鸟对南枝的期盼来指游人对故乡的深深的相恋之情。这是通过对胡马和南方的鸟的生活习性的深入而细致的观察，准确的表达了诗人的情感。在中国古典诗词中我们可以看到许许多多的意象。意象的使用将诗人所要表达的情感用形象化的事物表现出来。每一个

物象的出现都有其独特习性和特点，每一个物象变成意象进入到我们诗歌中，都是经过人们通过细心的观察和认真的选取。高中的学生相对于低年级的孩子来说，以及具备一定的观察能力，且大脑中具备一般物象的画面。但是我们依旧要培养学生的观察能力，这里的观察是深入的细致的观察，并且能够透过物象的表面特征去分析综合，抽象概括。意象的学习便是一个很好的方式。客观物象映入到作者的眼里，作者将原本较为杂乱无序又粗糙的材料，根据作者的主观感受进行一系列的创造组合、拼接、描画，最后形成特殊形象。就比如在古诗词中我们常用的流水意象，关于流水的意象学生应该很清楚。但是我们却从背后读出不一样的情感。又比如。

"我住长江头，君住长江尾，日日思君不见君，共饮长江水。"

这里流水意象代表着阻隔和相思。通过观察，我们看到长江水的汹涌和壮阔，将相爱的人阻隔来，无尽的思念和痛苦油然而生。然而，对意象外在观察是远不够的，需要深入细致地分析和理解意象，例如苏轼：

"大江东去，浪淘尽，千古风流人物。"

浪花如何就淘尽英雄，仅靠眼睛去观察，似乎有悖常理，但是用心去观察会发现合乎常理。在教学中，我们通过对古诗词意象的分析，培养学生对生活的观察的能力，并且能够合理地运用分析综合等方式，深入的了解到古诗词的意象。观察是思维的发展的基础。通过观察，学生可以不断的从周围的环境中获取感性认识的材料。观察能力越强的学生，联想与想象力也会更强。培养学生的观察力，可以让学生保持良好的好奇心和探究意识。观察是我们进行思维的一种方法，同时观察能力也是思维能力的体现。在高中阶段的学生进行观察，就是学生思维的过程，在观察中学生可以发现问题、分析问题和解决问题。

二、分析古诗词语言，锤炼学生的感悟力

在古诗词教学中，古诗词语言是我们感悟古诗词含义最直接和最有效的手段，因此我们可以通过分析诗歌的语言，锤炼学生的感悟力。

思维的感悟力是学生所具有的能够从事物的表面直接把握事物的特性、规律的一种思维能力，是一种能够宏观地把握事物本质特征的思维能力，是

一种及其敏感的感悟的思维能力。学生在读完一首诗之后，能够迅速的准确的从诗歌语言中有所感悟，无需太长时间，能够迅速地把握住情感的基调。例如在教李白的《将进酒》时，在教学开始时，让学生进行朗读。学生在读到诗歌中。

"君不见，黄河之水天上来，奔流到海不复回。天生我材必有用，千金散尽还复来。"

学生能够从语言中迅速把握住这首诗歌的豪迈和狂放。在读陶渊明的《饮酒》时，会用从古诗词的语言中，体会到悠然闲适和自得的人生境界。同时一首好的诗歌不仅仅需要诗人对人类的精神内涵的挖掘，同时也需要诗人拥有对语言的敏感和天赋。诗歌的语言与散文与小说是有所不同的，相对小说和散文，诗歌语言更具有凝练性。柳宗元的《江雪》。

"千山鸟飞绝，万径人踪灭。孤舟蓑笠翁，独钓寒江雪。"

极为精练和简单的语句，勾勒出一幅幽静而孤独的画面，诗人当时的寂寥而孤独的心境都呈现出来了。古诗词的语言不仅仅具有凝练性的特点，还具有生动性的特点。一个一个词字让诗歌的意境都突显出来，体现诗歌语言的生动活泼。此外，古诗词语言还具有鲜明性的特征，李清照的《如梦令》中。

"知否知否，应是绿肥红瘦。"

用借代的手法，用"红"指海棠花，"绿"指海棠叶。"肥"和"瘦"两个字将大雨过后的海棠花和海棠叶的质感生动地表现出来。令人赞叹不已。王安石的《泊船瓜洲》中很著名的一句诗："春风又绿江南岸。"一个"绿"字将春风的无形化为鲜明的形象，传达出春天的色彩，十分传神。古诗词的语言具有凝练性、生动性、鲜明性等基本的特征。在进行诗歌鉴赏时，抓住语言的特征进行分析，提高学生的感悟力。语文思维中学生的感悟力的提高，体现在学生遇到问题时能够迅速地做出反映，解决问题往往也是快而准。学生的感悟力的提高，体现在思维的敏捷度的高低。当思维产生后，会面对很多有待分析的材料，此时大脑如果能够快速的对材料进行分析与综合，并迅速地做出正确抉择，那么思维的敏捷度就比较高。思维敏捷度的高低与思维能力的高低往往是成正相关的。古诗词语言具有的凝练性、生动性和鲜明性的特点，在进行古诗词语言鉴赏时，学生的思维得到相应的锤炼，思维的敏捷度也会有所提升。在语文学习中，教师尝试让学生用诗性的语言进行表达，除了积累诗歌语句之外，让学生在作文中多运用古诗词，并且让学生进行诗歌创作，多写具有诗性的语言，可以提高学生的作文语言使用的能力，让学会用精练而准确的语言表达情感。同时，教学中不断的鼓励学生对古诗词的语言进行鉴赏，并写下鉴赏的语言，提升学生的审美感悟能力。

三、领会古诗词意境，启发学生的想象力

领会古诗词意境是我们进行古诗词教学时需要掌握的一个重点。意境是指诗中描绘的具体情景、生活画面以及蕴含在情景和画面中的思想感情和深刻含义。能够让学生领会到古诗词的意境，必不可少的要启发学生的想象力。想象力是一种能够获得新异的一种思维能力，对学生的发展有着重要的意义。因此，我们通过引导学生领会古诗词意境，来培养学生的想象力。

意象是古诗词的材料，古诗词是由一个个的意象组织起来而形成的，意境是由组合起来的意象而形成的。意象的外延比意境要广，但是意境的内涵又比意象要深。有意境的艺术作品不仅表现出艺术家的思维魅力，也表现出欣赏者的思维魅力。古诗词语言具有概括性，语言表达讲究含蓄，因此总给人一种"只可意会不可言传"的审美感受。这就是古诗词所具有的魅力，需要深入到古诗词的意境中去才能领悟到古诗词的精髓。深入提到古诗词的意境，需要学生具有灵活而敏捷的思维能力，并且具有丰富的想象能力尤为重要。

在学习时，要充分的引导学生进入到古诗词的意境中去，发挥学生的想象力，体会了古诗词的情感。例如在阅读王维《山居秋暝》时，帮助学生理解诗的意境十分重要。这首诗是著名的山水名篇，诗句字词表面的含义并不复杂，极度的简单，景物的描写学生很容易就明白。

《山居秋暝》王维

空山新雨后，天气晚来秋。

明月松间照，清泉石上流。

这几个简单的意象相加，"空山""明月""清泉"等是我们生活中十

分常见的意象，关键是意象相加在一起所营造的场景。动中显静，自然恬静。一幅宁静清幽的图景显现在脑海。盛唐诗与其他类型的诗歌相比，最突出特点是"意境"。而王维将意境做到极致，成为盛唐诗的美学风标，影响了中国诗歌，也影响了整个中国美学，成为王维对中国诗学的最大贡献。又比如《鸟鸣涧》。

《鸟鸣涧》王维

人闲桂花落，夜静春山空。

月出惊山鸟，时鸣春涧中。

同样也是十分简单的意象，但其中蕴含着禅道，有一种"妙悟"之感。全诗以静写静，空山月夜宁静悠然之感。其意境深远，令人回想无穷。对意境的准确把握，需要学生发挥想象力，想象力是诗歌的翅膀，不仅诗人要想象，读者也需要想象。教师通过古诗词意境的学习来培养学生的想象力，教师其实不必讲太多，这些字词和意象学生都是很好理解的，只须让学生进行回想相关情境，例如"空山新雨后"让学生回想下雨过后的环境，再联系当时所在的空旷空寂的山野。再让学生想象一下明月从松间洒落下来的情境等。这些意境相加在一起，再让学生将这幅图画用自己的语言描绘出来，使学生完全沉浸在古诗词的意境之中。想象力是语文思维能力中很重要的一种思维能力，是形象思维、抽象思维、创造思维培养的基础。拥有良好的想象能力，和广阔的想象力的空间，是语文学习的关键。

第十五章　语文教学与文学艺术思维

　　语文教学艺术是教学艺术的一个门类，它是对学生进行言语教育与文学教育的艺术性活动，具有其自身固有的特征。

　　语文教学艺术是一种符合教学规律的，具有创造性、情感性与审美功能的教学活动方式。教学是一种独具特色的艺术活动，语文课堂教学是语文教学艺术活动的中心。我们应该认真研究语文课堂教学的艺术创造。创造性地把握语文教学内容。教学的艺术能够使学生在教学的全过程中始终保持良好的心态和旺盛的学习热情，能取得良好的学习效果。

第一节　艺术思维的概述

一、艺术思维的概念

　　所谓艺术思维，具体地来说，就是通过创造具体生动的形象来反映社会生活和自然环境，并以美的感染力具体影响人的思想感情和社会生活的一种对世界的艺术掌握的特殊方式的思维活动。

　　严格地来说，艺术思维属于"审美—艺术思维"。也就是说，艺术思维实际上就是审美思维。审美思维，实际上就是人类艺术形式化观念形成的一个标志。这种审美思维的产生，"只有当人类的智力发展到一定水平时，艺术作为一种社会现象才能产生出来。"也就是说，人类具有了形式化观念，他才具备了审美思维的能力，在这种思维的引导下，才能创造出具有真正艺术价值的艺术作品,"而且在艺术创造的思维方式上也明显地打上了一种形式化的印记"。

尽管原始人创造的艺术不能和我们今天的艺术作品相比较,尽管实用的目的还比较明显,但它是人类艺术思维产生的必不可少的阶段。

艺术作为审美的对象,艺术成为审美的对象,取决于人类审美思维的成熟。如前所述,真正意义上的审美思维必须具备的条件首先就是形式化思维的成熟。

原始思维也不同于文明人类的思维,它具有非理智性、非逻辑性和意象性等特征。原始人把物质生产和精神生产合而为一,所以他们的时代就不可能生产出真正意义上具有纯审美性质的艺术品。因此,艺术思维的真正产生是在原始社会瓦解、人类文明产生的历史条件下发生的。

二、艺术思维的特征

艺术思维有两个主要特征:第一个特征就是具有形象性和典型性。艺术是依靠形象(色、声、形、情等形象)的美来表现人们对社会生活的理解、情感、愿望和意志的,它按照审美的原则来把握、再现生动具体的社会生活,并用美的感染力来具体地影响社会生活。因此,艺术家在创作的时候,首先要考虑形象问题。如唐代诗人中,李白的《黄鹤楼送孟浩然之广陵》一诗,写别情就用了"孤帆远影碧空尽,唯见长江天际流"的诗句,把别时景象有感于心者形象地写出,可谓情景交融;再如他的《劳劳亭》诗云:"天下伤心处,劳劳送客亭。春风知别苦,不遣柳条青。"借春风有情来写离别之苦,说春风吹过而柳色未青,似乎有意不让人折柳枝送别。含情于中,形象生动。韦应物的《登楼寄王卿》诗:"踏阁攀林恨不同,楚云沧海思无穷。数家砧杵秋山下,一郡荆榛寒雨中。"这也是通过对自然景物形象描写而抒发诗人居官自愧之情,读后令人似亲临其境。

艺术思维的生命力还在于它的典型性。艺术思维的典型不是某些个别具体事物的简单再现,而是概括和综合了客观事物和社会事物中的某些或某方面本质的东西。艺术形象越是典型,概括的范围就越是广泛,它的教育意义也就越大、越普遍。因此,艺术思维不同于道德思维和政治思维。我们评价艺术只能用美学标准,而不能简单地用道德标准或政治标准。

艺术思维的第二个特征是独创性与普遍性。《艺术教育原理》一书中曾经指出,科学的特征是关联,艺术的特性是孤立。艺术家是以孤立的心灵去观照对象,从而将对象从诸多联系中孤立出来。因此,艺术作品一经形成就不会有任何重复。具有独创性的艺术作品只有在"群籁虽参差,适我无非新"的生命体悟中才能获得。正如叶燮所说:"可言之理人人能言之,又安在诗人之言之;可证之事人人能述之,又安在诗人之述之;必有不可言之理,不可述之事,遇之于默会意象之表而理与事不灿然于前者也。"

艺术之所以对人具有普遍教育作用,不仅因为它在人类初期曾作为传授劳动经验、培养劳动技能的有效工具,而且还因为它能给人以美的享受、容易为人们所接受。艺术作为意识形态上层建筑,它的作用就在于为一定的经济基础服务。一般来说反映先进的阶级和社会势力要求并为适应生产力发展要求的经济基础服务的艺术思维,必定对社会发展起到积极的推动作用;反之,则对社会发展起消极阻碍作用。社会主义艺术要求革命的思想内容和尽可能完美的艺术形式的统一,坚持艺术为人民服务、为社会主义服务的方向。但是,艺术思维具有历史继承性和人类共享性,所以,诸如莎士比亚的戏剧、歌德的诗、托尔斯泰和曹雪芹的小说、鲁迅的杂文等,都是全人类的精神财富和不朽的文化遗产,它们都具有永久的生命力。

三、思维与语言关系密切

只有人类才具有思维能力,人类的思维究竟起源于何时,至今尚无定论。不过,一般认为,"人类的思维运动迄今已越过了300万年的历史长河"。

思维虽然与环境、与实用的行动有关,但我们更不应当忽视的就是思维与语言的关系。劳动和语言相结合,既是人类起源和演化的推动力,更是由猿脑变人脑的原动力和人类思维起源的催化剂。思维与语言关系密切,这是中外考古学家和心理学家都肯定的一个事实。

语言对人类的发展关系巨大,连达尔文也认为,动物也有语言。既然如此,在这里,我们就有必要将人类的语言和动物的所谓语言区别开来。

譬如黑猩猩所谓的思维就始终停留在"前语言阶段"。事实上,黑猩猩连最起码的文化发展也无法达到。有些动物虽然也有手势语，但它们只是处在"情感性表达"和"社会情绪"的阶段。而人与动物的关键区别就在于人既有主观性表达，更有客观性表达，然而，在动物的各种活动中，没有证据表明动物达到了这个客观表述的阶段。

因此，我们可以断定，"动物并不具备人类那种成熟的语言形式，但动物之间在进行情绪活动、智力活动、交往活动时存在着一种'信号'的活动方式，这可以看作是动物的语言。"因此，"自然环境中的动物的'语言'当然并不具备人类思维的特点和人类社会交往的属性"。

"思维发展受制于语言"，这已经是一个无可争辩的事实。可以说，"没有语言，人就没有理性；而没有理性，也就没有语言"。没有语言，也就没有完整的思维了。因此，语言的形成与发展对人类思维来说就至关重要。可以说，人类是我们目前所知的"唯一使用语言的动物"，并且正是靠语言区别于其他所有动物。正是由于语言的缘故，正是由于意象思维的形成与发展，人类思维才逐渐形成，最终达到了能够表述自然、社会以及内心世界的一切领域，甚至最终能够很好地表现自然、社会和人生，这正是由于语言的伟大奠基的结果。

四、艺术思维的发展过程

（一）人类最初的思维属于"感性思维"

人是具备自由创造能力的生灵。"虽然在一小块土地上，在一件工作中，在一定空间的生活里，人的感官远不如动物的感官灵敏，但正因为这样，人才获得了一个长处，即自由。"人的力量所具有的这种倾向我把它称为"思维"。所谓思维，就是人脑的机能和对客观存在的反映，是人脑接受、加工、存储和输出信息以指导人的行为的活动和过程。没有思维支配，人的所谓的自由也就会变得毫无意义。

（二）艺术的生命取决于思维

虽然思维和感觉、知觉有着密切的联系，但它们对于事物的反映在性质上还是有本质区别的。这主要表现在：第一，思维的反映对象一般总是比较复杂的，甚至是相当复杂的，因为思维对于事物的反映必然是远距离的、穿透性的、系统的。第二，思维的反映必须以感知的反映作为依据或基础。也就是说，人对事物的反映必然先是感知性的，然后才能上升到思维层面。第三，思维所反映的事物全部或者多数或者一部分都不是主体当时直接接触的，或者说干脆就是看不见的，而它们之间的一定联系或区分更是看不见的或者说是不容易看出来的。所以，思维是对事物的整体性反映，是一种潜在的"心理流"，而不是显性的、可直观的东西。第四，思维反映的范围相对来说也较为广泛和较为深入。对事物的感知性反映，可以说还是皮相、浅层次的，还不能反映事物的本质，而只有思维才能系统、概括和深层次地反映事物。

依据别人的经验或论断，这则是艺术家在进行艺术创造时需要切实注意和认真防止的。艺术思维是人类精神中影响最为广泛、最为深远、最具活力的因素。因此，我们可以毫不夸张地说，影响艺术创造的最重要的因素就是思维。艺术思维的成熟与否决定着一个艺术家一时创作的成功与否甚至他的艺术生命。

（三）语言是一切思维的支撑点

没有语言思维，也就不可能产生概念思维。概念思维，是理性认识的基本形式之一，就是反映客观事物本质属性的思维形式。而这中间，理性作为一种潜在的因素，贯穿其中。这里我们所说的"理性"，"是与某种机体组织相联系有唯一积极作用的思维力量"人类的实践精神的掌握方式经历了一个由低级向高级发展的过程。人类的思维是从简单的模仿开始的，这和动物相类似。随着人类实践精神活动的不断深入化、复杂化、规模化和系统化，理性力量越来越强，概念就慢慢地产生了，人类从此便进入了概念思维阶段，标志着人类抽象能力的诞生。在概念产生以后，人们的思维就以概念为材料来进行，产生概念思维。概念思维使人增强了征服一切领域的信心，从此，"人拥有更自由地施展力量的空间"。概念思维与艺术思维有所不同，它是以语言为思维的物质手段的，所以语言学家称它为语言思维。

概念思维并不排斥艺术思维。相反，人的艺术思维在概念思维的影响下得到新的发展，成为与最初的即无概念的艺术思维不同的思维形式。这也就是说，有了概念思维以后，它就必然参与、影响、制约着艺术思维，从而把艺术思维提高到了一个新的水平。

语言支撑着一切思维形式，而最能展示语言"才华"的天地莫过于艺术思维了，意象的创造正是靠语言来进行表述的。

（四）艺术思维的过程就是创造意象的过程

与科学思维不同，艺术思维是以象征思维为主，以意象思维为核心的。这是因为艺术的掌握是对世界的诗意的、审美的掌握，而任何审美价值都体现在一定的物象或形象上。真正意义上的艺术活动，是从人的审美理想和审美需要出发、以创造艺术意象为目的的活动。

这一意象就是遵循亚里士多德的"把谎话说得圆"来创造的，因而它可以是想象的、虚构的，甚至是实际上并不存在的，这是艺术掌握中的意象思维与实践精神的掌握中的意象思维的不同。但艺术活动不管怎么样都是离不开具体形象的，这就决定了艺术思维是以意象思维为主的一种思维形式。我们所说的象征思维，更主要的是一种艺术表现手法，就是艺术家通过艺术思维的想象和联想活动，凭借某种具体的物象来表现与这种物象的形态、属性相类似的思想感情。所谓意象思维，则是艺术思维创造与描述环节的基本思维形式。是由表象概括而成的理性形象，是事物的表象与主体对其深层之理解的辩证统一。意象以语词为其物质形式。语词既有抽象概括性，又有具体形象性。文学艺术通过语词表达形象化的概念——意象，进行形象创造。

艺术思维的出发点就是要紧紧抓住审美属性，进而形成审美意象。

艺术思维的第二步就是要把一般的审美意象转化为艺术典型形象。这个过程是一个分析与综合的过程，是抽象与概括的过程，是把特点、情节分离，进行归纳、概括的过程。经过这种思维过程创造具体形象。当然，这个思维过程的每一步都伴随着意象运动，思维的基本材料是意象，思维的运用诸如分析和综合，等等，主要是使意象和意象不断结合，简单意象综合为复杂意象，单一意象综合为复合意象，初级意象综合为高级意象，最后形成完整的艺术典型或者是构成一种象征体系，通过有序的语言表达出来，这就是艺术创造的过程。关于这个过程，我们在后面有详细论述，恕此不再赘述。这个过程一般是概念思维在前，即先形成概念，然后才进行艺术思维；而在进入艺术思维过程后，概念思维就会退居从属地位，它不能代替意象思维。

艺术思维中的意象思维是自由的、不受观念和时尚制约、影响的。而其他思维中的所谓意象思维实际上是对概念的图解，其中的联想和想象是从属于观念的，联想和想象实际上是观念的外壳，其联想和想象是按照推理的方式来创造意象的，如果以这种方式进行艺术创造，那就只能创造出公式化、概念化的毫无感染力和毫无意义的东西来。

第二节　文学中的艺术思维类型

一、诗歌思维

诗歌艺术思维最突出的特点就是想象。当一个人感情异常丰富时，他就会浮想联翩，要充分表达情感就要展开想象。想象是诗人情感抒发的最得力的工具。雪莱说："诗可以解作'想象的表现'。"诗人在创作诗歌时，思维异常活跃，感情也极为强烈，想象使诗歌更富有鲜明、生动的色彩。因此，活跃的想象造就了诗歌多种多样的表现手法。像李白的《将进酒》中的"黄河之水天上来"、《蜀道难》中的"蜀道之难难于上青天"，这些夸张手法的出现与想象是密不可分的。只有想象思维完全开启之后，诗人才有可能完全投入到诗歌情景中去，从而创造出富有想象、夸张色彩的诗句。实际上，比喻往往就是实质上的想象与夸张，像苏轼的"欲把西湖比西子，淡妆浓抹总相宜"，诗人就是运用比喻手法，传神地写出了西子湖的美丽。可以说，奇妙的想象造就了奇妙的比喻。

想象思维不仅创造了诗歌中多种多样的写作手法，而且为诗歌增添了无穷的想象力，使诗歌富有意境美。

想象还是诗人概括与综合的基础。如杜甫的"朱门酒肉臭，路有冻死骨"，就写出了人人所见之事，但却道出了他人所不能言的寓意。强烈的对比，正是非凡想象的结果，从而深刻地揭示了冷酷的社会现实，抒发了诗人对社会不公平的强烈不满。

因此，诗歌思维的主要核心是想象，它是诗歌思维的主要特点和出发点。

二、散文思维

散文的最大特点就是"形散而神聚"。因此，散文思维的出发点就是在表面的漫不经心中表现灵魂的聚焦。

抒情散文是一种通过描述某一事情的片段、某一人物的侧面、某一特定的自然景物来侧重抒发作者对生活的激情和感受的散文。因此，创作抒情散文时，作者往往托物言志，千方百计把自己的思想感情渗透到所描写的客观事物中去，使自己的本质力量对象化，把自然人化，或把自己自然化，使主观的"情"与客观的"物"融为一体，不可分离，难辨主客，从而创造出诗的意境。抒情散文就是凭借它优美的意境来感染人的。

作家在创作议论性散文时，其思维侧重点往往不在"情"，而在"理"。要将政论性与文艺性紧密结合，就要求作家在创作时其思维要有严密的推理、合乎逻辑的判断以及令人信服的论据。作家要通过作品摆出足以支撑论点的事实材料，经过判断、推理、论证，最后得出结论。这是议论性散文的一个重要的思维特点。

在叙事性散文中，报告文学所占的比重较大。因为这种文学形式能够迅速而及时报道社会生活中的重大事件和群众关心的事情。如约翰·里德的《震撼世界的十月》、夏衍的《包身工》等。报告文学所选取的材料一般都具有普遍的社会意义，并且通过作者的分析、议论，能够敏锐地提出并回答现实生活中的重大问题。并充分运用文学手段，对素材进行选择、取舍和艺术加工，在真人真事的前提下塑造形象和典型。在思维过程中，作家要明确热情歌颂新事物。可以叙议结合，可以声情并茂。把议论和抒情很好地结合起来。

综上所述，无论哪种类型的散文，都具有"形散神聚"的特点。

所以散文家在创作活动中，其思维重心就在于放纵思想自由驰骋的同时，还要主题集中，用中心思想这条红线串起生活的珍珠。

三、小说思维

所谓小说思维，就是以创造典型形象为基本任务，以人物为中心组织情节、细节，以叙述、描写为主要方法的艺术思维活动。一部小说成功的标志，就是应该有一个或者多个能够站立起来的人物形象。《三国演义》《水浒传》《西游记》《红楼梦》《安娜·卡列尼娜》《红与黑》等古今中外优秀小说，都有几个甚至几十个不朽的文学典型。

  小说构思的中心，就是要使人物站立起来、行动起来。而能够站立起来、行动起来的人物一般必定是性格鲜明的、活灵活现的。孕育人物，最重要的是确定人物性格。人物性格应该从他活动的环境中多方面地去展开。人物性格既要有确定的一面，又应该有不确定的一面。这样，就能够做到人物性格既鲜明又丰富，更有利于围绕人物性格来组织情节。情节实质上就是人物性格的发展史，也是人物关系的发展史。人物关系就是典型环境，就是主要人物、次要人物相互间的关系。一切自然的、社会的生活场景的描写，都要服从创造人物的需要。情节的重点需要鲜明、生动的细节描写。人物性格往往是从典型的突出的细节中得到表现的。如中国古典名著《儒林外史》中描写严贡生临死的时候，为了油盏里点了两根灯芯，从而伸出两个指头久久不能咽气。这一细节就很典型，因为它突出地表现了人物的吝啬性格。

  人物性格，既要从行动中去显现，又要从心理上去刻画。即使是着重描写人物心理的小说，也仍然要展现人物的行动、人物对现实的态度。因为人物心理归根结底是人的现实活动的反映。现代小说在表现方法上有很多发展，如意识流小说，它打破现实生活的顺序，而以人物的意识活动为轨迹顺序，尽管如此，也仍然要写出人物的现实活动。否则这种意识就会失去历史的内容，变得不可理解。一般地说，中、长篇小说人物性格有一个形成的过程，而短篇小说由于篇幅的限制，一般只能截取生活的横断面，而不可能纵向地描写生活。

第三节　语文教学艺术与学生艺术思维的培养

一、语文教学中的艺术

(一) 艺术与教学艺术

艺术，是个含义复杂的词语，包括以下意义：第一，泛指人类活动的技艺，包括一切非天然的人工制品；第二，指各种艺术创作活动；第三，专指美术、音乐、舞蹈、戏剧、文学等专供观赏的艺术作品。艺术不是自然之物，也不是一般的人工制品。它是人类发展的一种本质因素——创造力的体现，无创造性的活动都不在艺术的范畴。除此以外，艺术还具有形象性。艺术的另一个明显特征是作用于人的情感，与情感无关的行为、作品，都不能称为艺术。无论是宽泛的实用艺术，还是纯粹的欣赏艺术，创造性、形象性与情感性是艺术的共性。

最早提出教学艺术这一概念的是捷克教育家夸美纽斯。他于1632年写成世界上第一部以教学论命名的巨著《大教学论》，这本书的出版标志着教育成为一门科学。在这本书的卷首语"致意读者"中，夸美纽斯明确阐述了写作宗旨："教学论是指教学的艺术。……我们敢于应许一种'大教学论'，就是一种把一切事物教给一切人类的全部艺术，……是一种教得彻底、不肤浅、不铺张，却能使人获得真实的知识、高尚的行谊和最深刻的虔信的艺术。"

此后，许多教育家都对教育是科学也是艺术做了阐述，认为教学活动是一种艺术，其理由有三点：教学活动是一种创造行为；教学活动是一种作用于人的精神和情感领域的活动；教学活动本身具有审美价值。做到了这三点，必定会取得理想的教学效果。教学艺术是一种高水准的教学境界，并非一切教学活动都具有艺术性。教学艺术是一种符合教学规律的，具有创造性、情感性与审美功能的教学活动方式。

（二）创造教学艺术的途径

因为教学艺术是富有情感的活动，是一个有序的完整结构，是师生创造精神的外化，所以要实现教学艺术化，必须注意情感、知识与方法这三个方面。

1.教学是善待学生的艺术

所谓教学艺术，首先不是教材处理、教法选择方面的技术，而是教师善待各种各样学生的良好心态。教育的本质在于使人性得到充分的发展与完善，要实现这一目的，就要求教师一定要爱学生。教师对学生的爱意、善意在教学过程中，会自然流露出来。这种发自内心的情感，在教学中会化为和谐的氛围。

2.教学艺术是科学地把握教学内容的过程

教学艺术的创造是为了使受教育者在一种艺术化的氛围中接受教育，使教学能够最大限度地发挥作用，使学生的性格得到最充分的发展。教学艺术的主体部分是传授知识的艺术。离开了教学内容，教学艺术就失去了存在的价值。准确地把握教学要点，透彻地理解教学内容，广泛地收集教学材料，熟练地驾驭教学过程，是进行教学艺术创造的基础。

3.教学艺术是灵活而巧妙地运用教学方法的智慧

教学艺术就其本质而言和其他艺术形式一样，是以富有创造性的方法营造一种使人愉悦的氛围，在视听空间具有具体性、生动性、趣味性和启发性。教学的艺术能够使学生在教学的全过程中始终保持良好的心态和旺盛的学习热情，能取得良好的学习效果。教学艺术离不开对教学方法的创造性运用，一般的教学方法必须升华，才能化为教学艺术手法。

二、语文教学艺术的特征

语文教学艺术是教学艺术的一个门类，它是对学生进行言语教育与文学教育的艺术性活动，具有其自身固有的特征。

（一）不因循守旧，显示创造美

1.创造性地把握语文教学内容

语文教学艺术强调创造性地把握教学内容是由学科的丰富的人文性决定

的。语文教学内容共有三大块：语言、言语、文学。语文能力训练的任务总共五项：思、听、说、读、写能力的培养。语文教材的内容富有文学性，语文课外活动丰富多彩。将多种教学内容融会贯通，巧妙组合，是对语文教学内容的再创造。

2.语文教学过程的创造性设计

语文教学过程有其常式，如果教师只用常式而不能根据学生、教材的具体情况设计出科学的、新颖的教学过程，教学就失去了艺术性。例如，很多语文教师讲课文只用一个程序：介绍作家、作品、背景材料、分段、总结段落大意、概括主题和写作特点。这个程序是较为完整、可行的教学模式，但是不能年年月月地用下去。阅读教学的程序必须有变化。语文教学过程的富有创造性的设计，是语文教学艺术创造的重要方面。

3.语文教学方法的创造性应用

有很多使用频率很高的教学方法，都可以升华为艺术。艺术化的教学方法有两个主要特征：巧妙、灵活。因为，创造性地运用教学方法本身就是一种艺术活动。

（二）注重整体性，形成结构美

系统论美学认为：艺术、人类的审美活动，以及一个民族的文化的全部内容是一个整体，其中各种因素都处于一个完整的系统之中，因此分析事物应该遵循整体性、有机性、有序性、普遍性的原则，认识艺术现象和审美活动应该注意各个部分的相互作用及其之间的关系。在语文教学中，要求教师从教学设计到施教的过程，要从整体着眼，从整体与部分、整体与环境的相互关系中认识、把握教学的规律。由于语文教材本身的整体性、综合性很强，尤其是课文的内容与形式是个不可分割的有机的整体，所以语文教学艺术的完整性较其他课程更明显。

夸美纽斯在《大教学论》中指出：要把艺术与科学当作百科全书式的整体去教，如果不这样，知识对学生来说就会变成一堆木头，结果是弄得这些学生领会这件事实，那些学生领会了别的事实，谁也没有得到一种周全的教育。我们应该牢记教诲，善于把一节课的内容同单元的教学内容联系起来。把本单元的内容与更长时间段的内容联系起来，从而使语文学科内容的整体性凸现出来，使语文教学的各个环节不能脱节或顾此失彼。教学论从它诞生时起就强调的教学整体性原则，在现代语文教育中应该得到进一步的发扬。

（三）重视简洁性，体现形式美

艺术家和科学家都认为简单是美的。高尔基说："没有什么比简单的自然更纯真更高雅的了。"教学艺术体现出的简单，其要素是教学思想的集中、明了和教学方法的简明、自然。教学过程中师生紧紧围绕一个中心，重点、要点突出，一切都进行得自然、妥当，水到渠成。在教学过程中，内容应该简明扼要，语言应当简洁凝练，板书应该简约明了，一切都做得干净、利落，给人以美感。简洁是教学艺术形式美的核心要素。

（四）讲求节奏性，构成旋律美

课堂教学如同演奏交响乐，有张有弛，有疏有密，从而形成音乐的节奏美。上课伊始，设计一段清新的导语，如同音乐篇章的序曲，将学生的注意力抓住，明确意向，打通思路。接着应该加重负荷，增大密度，趁着学生有兴致，可由读到讲，或由问到答，展开教学的中心内容。这样持续二十几分钟，教学任务会完成大半。然后继之以短时间的舒以品味，疏以润神。接着便应该进入概括、总结、练习、留作业阶段。

（五）展现形象性，突出文学美

语文教材中的文学作品具有鲜明的形象性，在钻研教材，设计教案及施教的过程中，教师应该进行再创造，使教材中的艺术形象更加丰满、生动地展现出来，而不能照本宣科地抽掉文学作品中的形象性，使之变成干瘪的教条。要在课堂上展现文学作品的形象性，首先，要注意教学语言的风格，尽量运用富有文学色彩的语言讲析文学作品，用说明性、议论性的语言解析作品是必要的，讲解须精辟、简练。教师要设法引导学生进入文学作品所创造的意境，让他们能够体会到文学作品所独有的魅力，而不应该只是自己陶醉于其中，学生不知所云。还有，作品的形象性和形象思维本身都伴随着丰富的情感。教师如果抽掉文学形象的情感，使之变成一种说教，就抽去了文学形象的灵魂。总之，语文教师从教学语言，从对理解作品形象、意境的引导和情感的传递等方面着手设计教学，才能展现语文教材的形象性，突出教材的文学美。

（六）把握抽象性，显示理性美

语文教学除了应强调形象和情感以外，还应该注意教学内容和思维训练所具有的理性美。语文教学中有很多内容是人的逻辑思维的产物，我们必须将它们还原为逻辑思维形式，如说明文、议论文、语法知识的学习。还有许多东西须凭借理性思维方式来解析，如对文章段落的讲解、作文训练等。因此，语文教学必须强调理性美。人类理性思维和抽象思维能力具有一种与形象思维迥异的审美价值。理性美的特点是它并非是以生动性和可感知的形式诉诸我们的感官，而在于当审美主体运用逻辑思维把握了这些内容以后，产生了类似大彻大悟般的美感。

（七）注意趣味性，创设氛围美

教学艺术应当注意趣味性，以形成情趣盎然的课堂氛围。趣味性作为教学艺术的一个显著特征，古今中外的教育家对此多有精辟的论述。古希腊哲学家柏拉图认为："强迫学习的东西是不会保存在心里的。"17世纪英国教育家洛克在《教育漫话》中写道："教育儿童的主要技巧是把儿童应做的事也变成一种游戏似的。"由此可见，在确认教学的知识性以后，应该考虑把趣味性放到重要地位。语文教学的趣味性应该体现在：让学生觉得有趣，激发他们的学习动机；让学生觉得有味，学了还想再学；让学生学有所得，堂堂课都有收获。

（八）追求独特性，创造风格美

风格是艺术作品或艺术创作中显示出来的艺术家的创作个性和艺术特色。教学风格是教学艺术创造活动中所显示出来的教师的个性心理特征与教学艺术特色的总和。教学风格是教师的德、学、才、情、识与教学技能融合为一体所产生的综合的艺术效应，具有明显的个性化的、独创的特征。并非一切教学活动都能形成"风格"，只有能够称为"艺术"的教学活动，才有风格。风格是作家成熟的标志，也是教学艺术成熟的标志。

根据教师课堂教学活动的总体特色，我国目前的中学语文教学艺术风格可以分为四类：情思激荡型、谨严朴实型、睿智深刻型和广博典雅型。教学风格具有创造性、稳定性、完整性、主导性及变化性。语文教学艺术风格的形成是教师卓有成效的创造性劳动的成果，单纯地模仿不可能形成教学风格；

风格一旦形成就是相对稳定的，缺乏稳定性的特征不能称为风格；教学艺术风格和一切艺术作品一样，是一个完美而和谐的整体，其构成要素不能割裂；教学风格的主导性与变化性相统一，也是教学风格所具有的重要特征，即在保持一定的风格的同时，适当地变化风格，也是发展艺术创造力的有效途径。

夸美纽斯强调："教育人是艺术中的艺术，因为人是一切生物之中最复杂和最神秘的。"他认为："描绘艺术中的艺术是一件繁难的工作，需要非凡的批判；不单需要一个人批判，而且需要许多人的批判……"语文教学艺术的创造与升华是语文教育工作者的永恒的事业。

三、语文课堂教学的艺术

教学是一种独具特色的艺术活动，语文课堂教学是语文教学艺术活动的中心。"在教书匠和教学艺术家之间，最大的区别恐怕就是是否具有教学的创造性。"我们应该认真研究语文课堂教学的艺术创造。

（一）导语设计艺术

导语是课堂教学的第一个环节，或能总摄全篇，或能统领一节课。它是课堂教学的门户，而不是可有可无的花边。导语设计的方法没有固定模式，下面提供一些实际操作的方法。

1.由旧课导入

任何教学内容都不是孤立存在的，教师可以寻找新旧内容之间的联系点，从联系点出发设计导语。这样可以承前启后，既复习了旧知识，又引起学生对新课内容的预测和关注，同时也有利于他们领悟贯通知识的方法，真是一举三得。

2.介绍时代背景

时代背景是学生理解文章的基础知识之一，教师应该尽可能使学生多了解背景知识。利用导语介绍时代背景是一种常用的方法。

3.介绍作者

介绍作者可从不同角度着手，常用的方法有：介绍作者创作时的思想状况，介绍作者的写作动机，介绍作家的代表作。了解作者是理解作品的重要途径。关于名家名篇的知识，亦是语文教学的重要内容之一。阅读课的导语从介绍作者着手,既完成了讲析作品的第一个步骤,又传授了语文知识,所以这种方法便成为导语的常用形式。

（二）课堂提问艺术

提问在语文课堂具有多重作用,它是引起学习活动的常用的刺激信息。它能激发思考,培养思维习惯;能引导学生注意教材中的重点难点;能训练学生系统地回答问题,锻炼学生的表达能力;它是教师了解学生的重要手段,能促进师生之间的交流。教师在发问以前,对所提问题是否有必要,提问的时机是否合适,问题是否难易适中,这一问题与上个问题以及之后将要提出的问题是否有内在联系等,都要心中有数。

1.问题的明确性

教师提问首先要做到问题明确。提问明确就是要划定一个明确的问域,这是运用提问方法、提问艺术的基础。

2.巧妙的曲问

陶行知先生说过:"发明千千万,起点是一问;智者问得巧,愚者问得笨。"曲问是一种经过教师设计的巧妙的问题。或采取迂回的方法,或采取化整为零的方法,要经常变换提问的角度,而不是想起什么就直接问什么。

设计曲问应做到曲而不繁,力求曲而有效。同时曲问与直问应结合使用,不能一"曲"到底。

3.提问的启发功能

至今还有人误以为启发式教学等于提问式,凡讲解就是注入式。一些教师由"满堂灌"变成"满堂问",在语文课上展开了"提问比赛"。评价一节课,不问学生的实际收获,只要提问多,回答"积极",就是好课。这些都是错误的、庸俗的教学观念。启发式既是科学的教学主张,也指一类（不是某一种）高质量的教学实践活动,其核心是对学生的思维发展具有启迪作用。运用提问的方法,首先应该注重提问的意义、质量和价值,应善于运用问题将学生导入思维的王国。教师能够提出富有启发性的问题,是一种高超的教学艺术。

4.提问的坡度

著名教育家赞可夫在《教育与发展》一书中提出了高难度的教学原则，强调要让学生"跳起来摘果子"，这很有道理。但是问题一下子提得太难，学生不能回答，就失去了提问的意义。教师应该讲究设置问题的坡度。《学记》中说："善问者，如攻坚木，先其易者，后其节目。"要求提问应先易后难。

5.诱导式提问

诱导式提问并不要求学生回答具体的问题，而是引导他们产生浓厚的学习兴趣和强烈的学习愿望。例如，于漪老师讲《孔乙己》时，提了很多问题：根据鲁迅先生的学生孙伏园回忆，鲁迅先生在他所写的小说中最喜欢《孔乙己》。为什么呢？有人说希腊神话是命运的悲剧，莎士比亚的悲剧是性格的悲剧，易卜生的悲剧是社会问题的悲剧。那么，孔乙己悲惨的一生究竟是怎样的一种悲剧呢？

6.追问的艺术

追问是一种帮助学生理解教学内容，推进教学程序的提问方法。追问由一连串的提问组成，有方向、有步骤地引导学生寻找答案。追问教学法的倡导者是古希腊的苏格拉底。他认为，教师的使命就是启发学生自己去发现存在于本性中的真理。苏格拉底称自己的追问法为"知识的产婆术"。追问应强调学生的主体学习地位，强调在学生产生学习需要时再进行追问。

运用提问教学方法，切忌问题过多过碎，截断了意流语脉，破坏了文章的完整性。空泛的提问无法引起思维活动，属于无用的信息。不合逻辑的提问会影响学生思维的发展，属于有害信息。只有树立正确的教育观念，深入钻研教学内容，才可能将提问的方法升华为提问的艺术。

（三）课堂调控艺术

控制论越来越多地运用于社会科学。从控制论看，课堂教学是一个调控系统。它包括两个分系统：教师的控制系统和学生的自控系统。教师的控制流程与学生的自控流程是不能割裂的，二者通过教学的反馈回沟通、调整、深化，形成完善的课堂教学系统。把握课堂教学需要一种调控艺术，语文课堂教学调控可从以下方面掌握。

1.氛围与节奏的调控

整学期的教学的"量"与"序"的安排，单元教学设计都属于宏观调控，这里不多解释。一篇课文、一个单元练习或一节课是微观过程的调控，微观过程的调控应该重视氛围与节奏。

教学节奏是另一项调控内容。学生紧张时，教师应该让学生有所缓解，在学生学习不起劲时，则应该施加压力，使他们紧张起来。学生就加快了阅读速度，寻找答案。课堂教学的节奏不会如教案设计一样，一成不变，教师应审时度势，随机调控。

2.教学定向、定位调控

语文课堂教学要受教学目的定向控制，这样才能将教学纳入正确的轨道。定向控制的特点是设点、定线、选角度。例如，讲朱自清的散文《绿》，在大学讲，就要研究现代散文的成就，朱自清散文的艺术特色及这篇散文的文学地位。在高中讲，主要作为典范的言语作品而学习，并不过多涉及现代文学史。这样我们就将教学定在散文欣赏这个点上，以理解课文、品味课文的基本内容与艺术美为基准，然后选择切入的角度。

3.教学定序调控

定序调控表现在教学程序的调控上，它要兼顾教材的纹路与教学思路。语文教学程序大多依据课文的思路，有时也要变通。灵活地控制教学程序，是一种创造。定序调控应该考虑学生的接受思路。例如，综合性强的课文可采用先分解后综合的程序，帮助学生理解作者的写作思路；故事性强的课文，学生会更多地注意情节，可以先讲指导理论，然后再分析课文。

4.教学定量调控

教学定量调控指在一定的教学时间教师对一定的教学对象进行信息传递或智能训练活动的量次控制。量次不足，不能完成既定的教学任务；量次过于频繁，学生不胜负担，也会影响教学任务的完成。语文教学必须科学地研究定量控制。在一课时教学中，应该确定最佳篇幅量、生字量、词汇量、阅读理解量、写作量及其他各种作业的量。语文课堂教学的定量控制目前较为薄弱，有待改善。

5.根据反馈信息调控

由受控者学生发出反馈信息,施控者教师根据信息及时调整教学行为是最常见的调控方式。对学生发出的信息,教师一定要敏锐地接受,迅速地判断,及时地处理。如果对这些信息反应迟钝,那么就不能有效控制教学。通过反馈信息,教师能准确地判断教与学之间的差距,准确地寻找学生的疑点、难点、错误点,灵活地调整教学速率,调整不平衡状态,从而使教学取得最佳效果。

艺术是人类创造力的产物。课堂是教师和学生生活的一个特殊的空间,教学空间的主要内容是知识的传授与能力的习得、智慧的碰撞与情感的交流。要提高课堂教学的质量,使师生对语文课堂教学充满向往而绝无厌倦之情,就必须不断注入创造性的内容。从这一方面说,语文课堂教学艺术创造是教学的需要与教学发展的必然。

四、语文教学中学生艺术思维的培养

新课程标准下,对培养学生的艺术思维和艺术能力提出了新的要求。在语文教学中,注重对学生艺术思维的培养,不仅有利于加深学生对文学作品内容的理解,帮助学生与作者形成情感上的共鸣,提高语文的学习效率,而且能够帮助学生形成正确的审美价值,培养高尚的艺术情趣。立足于语文教学,深入分析如何在语文教学中培养学生的艺术思维。

(一)培养学生的想象能力,实现语言的画面转化

想象力是人类社会进步和发展的重要推动要素。在语文教学中,教师应让学生根据自己的生活实际经验对课文内容展开想象,在头脑中形成生动形象的画面。如,在教朱自清的《荷塘月色》时,教师应引导学生抓住课文中的关键词句,例如"舞女的裙""零星地点缀的白花""月光如流水""袅娜地开着""羞涩地打着朵儿""像笼着轻纱的梦""远处高楼渺茫的歌声"等描写景色的句子,让学生运用丰富的想象力,把这些景物有机地融合成一幅荷塘月色图,把作者所描绘的景象与作者的写作背景和生活经历联系起来,体会作者表达的情感。在教杜甫的《茅屋为秋风所破歌》时,教师可以引导学生抓住从"床头屋漏无干处"到"长夜沾湿何由彻"四句诗,从眼前之景

和心中所想之景两个角度展开想象，体会作者忧国忧民的思想。

（二）激发学生的情感活动，体会作品的思想感情

情感活动是艺术表达的第一要义和最终目的，情感表达不仅是文学艺术作品的核心所在，也是语文教学的主要内容。许多优秀的文学艺术作品都凝结着作者的思想感情。例如，《紫藤萝瀑布》描绘了美丽动人的紫藤萝，激发了学生对大自然的喜爱之情；《风筝》表达了作者对童真童趣的歌颂，激发了学生对孩童时代的回忆。文学作品中不仅有许多鲜明生动的人物形象，如爱国科学家邓稼先、勇敢机智的小英雄雨来、俗世奇人泥人张等。在语文课堂教学中通过分析这些人物的形象，能够深入激发学生的情感活动，使其与作者共鸣。

（三）加强学生的移情训练，培养学生的艺术思维

一般来说，移情指的是情感的生发主体，也就是人，从自身的主观感受出发，为本没有情感的客观事物赋予感情，使它有思想、有情感，是人将自身的感情转移到客观事物上的一种修辞手段。在文学作品中比较常见。运用移情的手段，可以将作者的主观情感与外界的客观事物有机地融合在一起，是一种含蓄、委婉的情绪表达方式，达到寓情于景、情景交融的境界，不仅可以丰富文学作品的写作内容，而且可以让读者有身临其境的感受，能够加深读者对文学作品的印象，帮助读者更加深刻地理解作品内容和其中所表达的情感。例如，分析杜甫《月夜忆舍弟》中"露从今日白，月是故乡明"这一句诗，结合诗人颠沛流离的生活经历，作者把自己的思想情绪转移到露水和月色上，表达了作者对故乡的浓浓思念。

移情通常有三种主要的表现手法，分别是：比喻、拟人、夸张。比喻是指作者结合生活实际，用与甲物具有相似性的乙物来说明和描述甲物，例如朱自清《荷塘月色》中写道"叶子出水很高，像亭亭的舞女的裙"，就是抓住了荷叶和舞女裙摆形状的相似之处，生动形象地描绘了荷叶舒展的状态。分析《紫藤萝瀑布》中"紫色的大条幅上，泛着点点银光，就像迸溅的水花"，将紫藤萝比作大条幅，将阳光的辉映比作晶莹的水花。通过这种表现手法，生动形象地描绘了阳光下的紫藤萝的美好姿态，让学生能够体会到大自然的美好和神奇，促进生发出对自然的向往和热爱。拟人是指作者赋予本没有生

命的物体以生命，仿佛它是具有生命、具有情感的。例如，秦观在《春日》中写道："有情芍药含春泪，无力蔷薇卧晓枝。"为蔷薇和芍药赋予了人的生命，将雨后芍药和蔷薇的形态描写得别具情味。例如，朱自清《春》中开篇写道："盼望着，盼望着，东风来了，春天的脚步近了。"为春天赋予了人的生命，"春天的脚步"生动地描绘了春之将近的喜悦心情。夸张是指在文学作品中，作者为达到某种写作效果，而对事物的形态、程度刻意地夸大或缩小的修辞方式。例如，李白"白发三千丈，缘愁似个长"，将白发夸张成有三千尺长，突出了"愁"的程度。

因此，在语文教学中，教师应该注重学生对移情这一修辞手法的理解和感悟，帮助学生形成系统的艺术思维。例如，教师可以组织学生参加丰富多样的课外实践活动，让学生走出课堂，去体验生活中的万事万物，让学生结合自己的实际生活经验体会和感受蕴含在生活和自然中的艺术魅力，为学生语文学习营造轻松愉快的学习氛围。

总之，在语文教学中，渗透学生的艺术思维能力，不仅能增强学生的语文理解能力，提高学生的学习效率，而且可以丰富学生的精神世界，提升学生的审美能力。

第十六章 逻辑教学重回语文课堂的构想

第一节 观念上提高对逻辑教学的重视

根据前文所述，中学语文教学中逻辑教学得不到发展的一个重要原因就是从教育部门到语文教学理论的研究者到一线语文教师再到学生自身都没有认识到在中学语文教学中进行逻辑教学的重要性，其重要作用没有得到重视。的确，逻辑知识枯燥难懂，不能带来直接的效益，不能够在短时间里使学生的成绩大幅度提高，但是语文课堂中进行逻辑教学带给学生的益处将使学生终身受益，这是毋庸置疑的。进行逻辑教学可以帮助学生认识和把握思维的形式和思维规律，培养正确的思维习惯和思维意识；有利于提高学生的思维能力和认识水平，有助于学生更清楚准确的表达自己的思想；有助于增强学生的思维能力，可以训练、培养学生的抽象思维能力；提高学生的思维水平，提高思维效率，这些重要作用都是无法取代的。

随着我国教育的发展，绝大多数进入中学学习即将或者已经成为现实，那么在中学的各科教学中尤其是语文教学中进行逻辑教学将会使大多数人受益，这是一件百利无害的措施，回顾中国几千年的历史，我们拥有举世瞩目的灿烂文化，我们拥有的四大发明：火药、指南针、造纸术和印刷术，让世界为我们骄傲，还有无数的历史名人，但是却没有产生一门系统的自然科学。我们需要进行逻辑教学，但是我们不能将希望全部寄托在高校开设逻辑课，毕竟高校里可以开设逻辑课的专业是很有限的，而且就目前而言，我国大多数人是没有机会进入高校学习的，这是无法不面对的现实，各级各类中学必须开始重视逻辑教学，这其中，语文教师必须担负起自己的责任，在教学过程中要注重逻辑教学的实施，培养学生正确的思维习惯和思维意识。

逻辑是各科的基础，是学习其他学科的重要工具，逻辑课是基础课、是工具课，应该要认识到逻辑的实用价值很高，那种认为逻辑教学在学校可以完全取消的观点是非常不可取的，逻辑不应该被排除在中学教学之外，而应该把它渗透到中学各科的教学和教育活动中，真正成为学生认识世界、提高思维效率的工具。提倡素质教育，其目的是要提高国民素质、优化国民思维结构，那就应该把逻辑教学放在其应有的重要位置上。各级各类中学和政府以及教育的相关部门都应该转变观念、克服偏见，重视这项工作，充分认识到这项工作在提高学生素质乃至整个国民素质以及培养人才方面所做出的重要贡献，只有大部分的人都认识到这点，逻辑教学才能真正落到实处。

第二节 内容上呈现对逻辑教学的重视

语文教学要重视学生的智力发展，要在读、写、听、说训练之中，指导学生运用比较、分析、归纳等方法发展他们的观察力、记忆力、思考力、想象力。对此，教育的相关部门应将逻辑教学列入中学教学的计划之中，制定中学逻辑教学大纲，对课程性质、课程目的、教学内容、教学方法、教学进度教学时数、教学目标、教学任务等都要相应地做出明确的规定。中学的各科教学大纲应该做出相应的修改，内容安排上重视逻辑基础知识，教学方法上要充分利用逻辑思维，对学生进行逻辑教学。

要做到内容编排上提高对逻辑教学的重视，就要弄清楚中学语文教材中提供逻辑教学的内容和形式。一般情况下，语文教学被分为听、说、读、写四个教学部分，新课程为了提高学生口语交际的能力，强化口语的交际功能，将旧大纲中的听、说两部分合并为口语交际一个大的方面，这样语文教材的编写就被分为口语交际、阅读和写作三个部分，从语文教材内容出发，中学语文教材中所选用的逻辑知识应该包括概念、判断、推理、假说、证明、分析、比较、概括、归类和思维规律等，而且这些逻辑基础知识要易懂、好学、实用，要真正为学生着想，要根据学生实际情况做出正确的选择。中学语文教材中提供逻辑教学的形式主要有四种：一、以附录形式集中编排在教材中的逻辑基础知识，这种形式具有集中性和整体性，便于学生整体感知逻辑知识，有利于学生根据自身情况进行自学，也方便教师根据实际的教学情况对学生进行集中教授；二、以短文形式分散编排的逻辑基础知识，这种形式灵活性比较大，但是过于分散不便于学生对逻辑基础知识的整体学习，会使得学生的学习不具有连贯性，易造成记忆上的困难；三、渗透于课文内容中的逻辑基础知识；四、渗透于课文注释和课后习题中的逻辑基础知识。后两种形式，也就是渗透于课文内容、课文注释和课后习题中的逻辑基础知识，充分尊重了思维规律，对培养学生正确的思维习惯起重要作用，能够提高学生的思维效率，是语文教学中进行逻辑教学的很好的形式。总之，从教学大纲的制定到内容的编排上都要提高对逻辑教学的重视。

第三节 教法上体现对逻辑教学的重视

一、课堂导入，激发学生逻辑思维的兴趣

兴趣是每个学生投入学习的内在动力，没有兴趣，学生就没有学习的前进动力，也就不可能有思维的欲望。语文教师进行课堂教学，如果导语设计得很好，就能做到"一石激起千层浪"，可以引起学生的兴趣，能够充分调动学生课堂上逻辑思维的积极性和主动性，使课堂的气氛活跃。激发学生逻辑思维兴趣、引导学生进入有效教学氛围的课堂导入方法有以下几种：①以趣入境，如教《荷花淀》一文时，根据学生爱听故事的特点，就以嫦娥奔月时镜子碎落人间成为荷花淀的故事导入新课，使学生饶有兴趣地进入了课堂的意境；②以情入境，如教《再别康桥》一诗时，根据学生感情丰富的特点，就以声情并茂地朗读描写康桥的优美文字导入新课，这样既陶冶了学生的情

操,又使学生在静听朗诵中自然而然地进入课文的意境;③以疑入境,如教《花未眠》一文时,根据学生好奇心切、求知欲强的特点,就设计这样的开头语:生活中我们每天都要面对很多问题,本文的作者也遇到了一个"微不足道的问题",那么这个问题到底指的是什么问题?文章中作者说自己"大吃一惊",为什么会惊,惊的是什么?在学生接触到新课时就埋下悬念、营造一种思维的气氛,他们必然开动脑筋,随着老师的指点在课文中寻找答案。

二、板书设计,扩展学生逻辑思维的广度

板书内容是语文课堂教学内容的直观展示,可以说是语文课堂教学的"眼睛"。板书是教师课堂教学不可缺少的重要辅助手段之一,板书设计是教师在教学过程中运用文字、符号、绘图、列表等形式和手段集中反映教材内容、有效提高教学质量的一种教学行为,是整个教学课堂的有机组成部分,是教师应当具备的教学基本功之一。精心设计板书,是中学语文教师的教学任务之一,一个直观形象、富有启发性的板书能启发学生思考,能为学生进行逻辑教学提供有利的条件。在课堂教学中,语文教师如果能充分利用板书再加上准确、生动形象的语言描述配以适当的肢体语言,就能唤起学生的想象,有利于发展学生的形象思维。一个设计合理的板书必然是作者文路、教者教路、学者学路等多种信息的呈现。语文教师可以借助板书来引导学生理清文章脉络分析课文结构,进而具体感知教材,充分理解课文,能够使学生的形象思维得到训练,更重要的是可以使学生的逻辑思维也得到相应的发展。

三、课堂朗读,拨动学生逻辑思维的琴弦

中学语文教学的一个重要目的就是提高学生的语言能力,提高学生的语言能力,朗读就显得不可缺少,它是语文课堂教学中一个非常重要的环节。文章是作者思维的产物,是寄托作者思想感情的形式。要让读者特别是中学生理解作者的行文思路、与作者进行心灵沟通,就必须通过对文章有感情的朗读来达到这一目的,这也就是所谓的"书读百遍,其义自见"。引导学生对课文多读,读出感情,读出节奏是拨动学生逻辑思维琴弦的有效途径之一。如学习普希金的政治抒情诗《致大海》时,语文教师带领学生有感情地朗读

这首诗,学生便能体会到反抗暴政、反对独裁、追求光明、讴歌自由的真挚感情;如有感情地朗读朱自清的《春》全文,学生便会感觉到一种盎然的生机和活力,会为那美丽的春光所陶醉,会为那洋溢的诗情所感染,会为那盎然的生机所激励,也就能够体味到作者由衷的喜悦和赞美之情;有感情地朗读《白毛女》选段中喜儿的独白,学生便能体会到喜儿当时的心情,感觉到这段独白背后所蕴含的社会矛盾。语文教师引导学生或齐读、或分角色朗读,在入情入境地朗读中,就会发觉学生的思维十分活跃,就能使学生的逻辑思维得到训练,从而使学生对课文的理解更加深刻。

四、大胆质疑,开启学生逻辑思维的途径

质疑,就是要学生将所学习的知识经过仔细分析、深入思考和反复推敲后发现疑点,提出有研究价值的一些新问题。质疑就是一个学生主动地发现问题、提出问题和分析问题的过程。语文教师鼓励学生大胆质疑,有益于提高学生的逻辑思维能力,因为只有多思才能质疑,只有质疑才能取得进步。在中学语文教学中,语文教师要鼓励学生大胆提问,要表扬那些乐于提问和善于提问的学生。如果学生能突破老师的知识和能力范围而问倒老师,老师应感到高兴,因为这些问题,往往是学生思维中带有灵活创造性的部分,而这些学生,往往是勤于思考、主动学习的学生。

学生主动学习,积极思考,提出了自己的问题,他们肯定希望能得到一个圆满的答复。在同样的时间里面对同样的材料和同样的问题,学生对问题的分析往往呈现出不同的层次,有的学生面对问题不知道如何下手,有的学生对问题分析的很泛泛,有的学生却能一针见血,直指问题的关键,这其实也反映了学生逻辑思维能力的不同程度,也就是说学生逻辑思维能力的深刻性具有很大的差异。一般情况下,语文教师对学生的质疑不要作简单的肯定或粗暴的否定,而应该继续对他们进行引导,可以采用层层设问的形式让学生继续思考问题、深入地探究问题,然后学生通过自己积极主动地找根据、谈理由、摆看法,找出客观事物的本质,揭示问题的实质,并适当地通过讨论后去统一认识、答疑解惑,在这个答疑解惑的过程中使学生的逻辑思维能力得到有益的训练。如教《普通劳动者》一文,讲解标题时,其实就是对文

中叙写的主要人物——林部长的评价,可以设计这样的问题:"普通劳动者"这个标题指的是谁?他普通吗?普通在哪些地方?他不普通吗?不普通又表现在哪些地方?本文既写了林部长普通的一面又写了林部长不普通的一面,这二者之间有什么关系?换句话说就是,本文为什么既写林部长普通,又写林部长不普通?语文教师抓住"普通劳动者"这一评价性语言,通过这样一层一层地提问和引导,带领学生层层深入地研读课文,最后共同明确:写林部长言行举止的普通,正是表现了他思想觉悟的不普通;写林部长经历的不普通,正是表现了他作风的普通。经过这样的逻辑教学和逻辑思维训练可以使学生对客观事物的认识从具体上升到抽象、透过表象抓住事物的本质,最终达到逻辑思维的深刻。

五、分析归纳,训练学生逻辑思维的严谨性

快速发展的时代和社会要求学校培养出反应迅速、思维敏捷的高素质人才,培养这种高素质的人才需要学校实施长期的思维训练,教师要加快教学节奏,教学中要做到语言简洁流畅,要加大对学生的训练量,使学生处于一种快速、高效的学习氛围里,还可以运用比较和联想等逻辑方法,引导学生纵横比较、互相联想,训练学生逻辑思维的灵活性,这样可以养成学生快速思维的习惯,提高学生逻辑思维的敏捷性,但是快速并不代表粗糙,必须要克服学生逻辑思维的片面、肤浅和无效的弊端,教学生用全局观看待问题、全方位地分析问题,提高学生的辩证能力,掌握辩证思维的能力,以辩证的方法训练学生逻辑思维的严谨性,可以让学生在写作训练中不断提高自己的思辨能力比如给学生出这样的作文题目《思和行的关系》《人文素养和发展》《行走在消逝中》等,让学生看到事物之间的联系,纵横比较,从而提高辩证的思维能力。还可以让学生对风格相类似的特别是不同国籍和处于不同时代的作家、作品以及同时代的风格迥异的作家、作品甚至是同一作家的不同风格的作品进行归纳和总结,也可以再在这个基础上深入分析其背后的原因,总之,是要训练学生逻辑思维的全面和严谨。

六、读写结合，提升学生逻辑思维的深度

学生学习语文的最终目的是为了运用语文知识。读书读得好，文章写得好，读和写结合的好，才能达到学有所用。在语文教学中可以经常对学生进行发散思维训练，用训练写作来巩固读的能力，把读书中无形的思维转变为有形的文字呈现出来，逻辑知识的教学必须结合语文知识，结合阅读和写作训练来进行，不仅要使学生学懂逻辑知识，更重要的是要重视应用，学以致用，只有这样做才能锻炼学生的逻辑思维能力，才能真正提高他们的写作水平，才能不断提高学习和使用逻辑知识的自觉性，只有这样才能到达事半功倍。如教《南州六月荔枝丹》一文后，可以以"介绍你家乡出产的一种水果或其他特产"为题，要求学生用文艺性的笔调写一篇短文，鼓励学生在平时的生活中仔细观察，力求写出其中蕴含的文化意味；又如教《蚊子和狮子》这则寓言后，可让学生就"蚊子撞到蜘蛛网上之后"进行想象，要求学生安排一个与课文不同的结局，看谁写得好。这样可以激发学生们的写作热情，都会愿意静静地想、认真地写，在这种氛围中练习写作可以收到很好的效果。

七、联系实际，提高学生逻辑思维的自觉性

对中学生进行逻辑教学，必须要密切联系实际，着眼于理解和应用，实际的学习过程是进行逻辑教学的土壤，理解和应用是进行逻辑教学的目的，在实际运用中加深对逻辑教学的基本原理、基本规律和基本规则的理解。要把逻辑教学渗透到中学各个学科教学的每一个环节中，要渗透到中学教学活动的每一个活动过程中。中学要形成良好的学习氛围，为逻辑教学提供可实施的场所，进行全方位的多方面的逻辑教学，"要充分发挥课堂主渠道的作用，也要大力开辟第二课堂、第三课堂"，对学生进行逻辑教学必须要结合语文知识，中学语文的基本内容与逻辑的关系十分密切，如前所述，听、说、读、写四个部分的训练是中学语文教学的基本方式和手段，各种语文基础知识的掌握和运用，各种能力的培养都不能离开逻辑教学，逻辑是中学语文教学中必不可少的认识工具和思维工具，而逻辑教学也不能脱离语言基础知识，不能脱离听、说、读、写训练，这样才能真

正提高学生的语文学习能力和运用能力，教师还要不断地对学生进行引导，使学生具有在平时的学习、工作和生活中进行逻辑思维训练的自觉性，使学生养成正确的思维习惯和思维观念。如在进行古文教学时，语文教师要教学生学会运用分析、分类、归纳、比较等逻辑方法，可以引导学生对具有可比性的文言虚词、文言实词等在词性、作用、意义、用法、句中位置等方面的不同进行比较，分析归纳，通过互换、改变句中位置等方法研究其产生的不同效果，然后找出其中的异同，找出同中之异、异中之同，总结规律，在这个过程中学生自然会掌握正确的学习方法，而且这样做可以加深印象，便于记忆，也有利于今后的学习和运用。

八、打破常规，锻炼学生逻辑思维的独创性

训练中学生的逻辑思维，不仅要提高其自觉性、严谨性，还要提高学生逻辑思维的独创性，逻辑思维的独创性，是指能够产生新颖的、前人所没有的思维方式。想象是进行创造的源泉，没有想象就像干涸了的井、干枯了的树根，没有源泉也就不可能进行创造。所以，要培养中学生逻辑思维的独创性首先要做的就是培养学生的想象力。语文教学中有很多可以刺激学生的想象力的方法，比如让学生进行创造性复述，文学作品续写，看图想象作文等方法，都可以达到培养学生想象力的目的。除了想象力，还要培养学生的求异思维，求异思维是进行创造性精神活动的重要途径，是有创见性的思维，即通过思维创造性活动，不仅揭露事物的本质及其内在联系，而且在这个基础上产生新颖的、超出一般规律的思维成果，进行求异思维要求取消思维定势，打破思维惰性，跳出陈旧思维模式。也可以说是思维的逆向发散，让思维形成对立面，从问题的相反方向进行多方探索，最后形成一种新的认识。成功运用求异思维而出现的好文章比比皆是，如自古以来，大多数文人墨客描写的秋天都是萧瑟、冷清、凄凉、悲怆的，人们通常喜欢借秋天来写离乡愁思、郁闷不得志的情怀，而唐代诗人刘禹锡的《秋词》却一反写过去文人墨客悲秋的传统，表达了自己对秋天的独特感受，他写到"自古逢秋悲寂寥，我言秋日胜春朝。晴空一鹤排云上，便引诗情到碧霄。"，认为秋天胜过万物复苏、花红柳绿的春天，还借秋日晴空中振翅高飞的鹤的形象来冲破秋天

的萧瑟凄凉氛围,让人看了之后精神为之一振。

综上所述,我国中学语文教学中逻辑教学要抓住语文课程改革的时机,从自身观念、教学大纲、内容编排、教学方法等各个方面同时不断完善,切实推动中学语文教学中逻辑教学的回归和发展。

参考文献

[1]蔡伟. 现代语文教学方法案例分析[M]. 银川：宁夏人民教育出版社，2021.

[2]张林. 高中议论文写作逻辑性教程[M]. 上海：上海交通大学出版社，2017.

[3]李媛. 语文教学与思维创新[M]. 天津：天津科学技术出版社，2019.

[4]孙善丽. 语文教学方法创新与文学艺术思维培养[M]. 长春：吉林人民出版社，2020.

[5]谭维河. 中学语文教学与实践探索[M]. 北京：世界图书出版公司，2019.

[6]杭州师范大学中文系. 新课改背景下语文教学刍议[M]. 杭州：浙江工商大学出版社，2019.

[7]王昱华. 中学语文教学探索[M]. 成都：电子科技大学出版社，2019.

[8]邵红立. 中学语文教学实践研究[M]. 成都：电子科技大学出版社，2015.

[9]李相银. 中学语文教学课例精选[M]. 苏州：苏州大学出版社，2016.

[10]杨秋玲. 语文阅读教学反思[M]. 成都：电子科技大学出版社，2017.

[11]孙太军. 高中生语文逻辑思维能力培养路径[J]. 教师教育论坛，2022（10）：92.

[12]王凌峰. 浅谈碎片化阅读对高中语文逻辑思维的影响[J]. 考试周刊，2019（47）：42、44.

[13]安杨华. 核心素养视阈下的中学语文逻辑思维训练策略[J]. 天津师范大学学报（基础教育版），2018（4）：42-45.

[14]朱艳斌. 立足课堂学逻辑——核心素养视野下高中语文逻辑思维培养策略初探[J]. 读与写，2019（24）：95.

[15]候智慧. 高中语文教学中发展学生逻辑思维的研究与实践[J]. 家长，2021（7）：137-138.

[16]苏秋婵.基于逻辑思维能力培养的高中语文作文教学研究[J].科学咨询,2020(10):223.

[17]母碎华.高中语文阅读教学与逻辑思维培育策略[J].新智慧,2019(11):105.

[18]李永海.逻辑思维下的高中语文教学要点分析[J].作文成功之路(下),2019(3):3.